인간이라는 해변
Cape Cod

인간이라는 해변

헨리 데이비드 소로 지음
마이너스 옮김

일러두기

- 책의 각주는 모두 지은이의 주입니다.
- 인명, 지명, 독음 등은 외래어표기법을 따르되, 설명이 필요한 경우 주석 처리하였습니다.

목차

서문	6
난파	12
역마차에서 본 풍경	30
노셋 평원	43
해변	72
웰플리트의 굴 장수	97
다시 해변으로	122
케이프를 가로질러	151
하이랜드 등대	174
바다와 사막	203
프로빈스타운	244
옮긴이의 말	314

서문

지난 세기 중반, 매사추세츠의 작은 마을 콩코드를 보금자리 삼아 독특하면서도 영원한 문학적 명성을 안겨준 저명인사들 가운데, 소로는 유일하게 콩코드에서 태어난 인물이다. 그의 이웃 에머슨은 장년이 되어 은둔처를 찾아 이곳으로 왔고, 그가 이곳을 안식처로 삼은 뒤 호손, 올컷, 그리고 다른 이들이 뒤따라왔다. 그러나 그들 중 가장 독특한 천재였던 소로는 바로 이 곳의 토박이였다.

1837년, 스무 살의 나이로 그는 하버드를 졸업하고 3년간 고향에서 교편을 잡았다. 그 후 그는 아버지가 종사하던 사업, 연필 제조업에 뛰어들었다. 그는 당시 사용되던 어떤 연필보다 더 나은 연필을 만들 수 있다고 믿었다. 그렇게 그는 성공했고, 친구들이 이제 부자가 될 길이 열렸다고 축하했다. 그때 소로는 갑자기, 다시는 연필을 만들지 않겠다고 선언했다.

"내가 왜 그래야 하지?"
그가 말했다.
"한 번 했던 일을 다시 하진 않을 거야."

그는 잡다한 학문과 자연으로 관심을 돌렸다. 돈이 필요할 때는 보트나 울타리를 만들거나, 밭을 갈거나, 측량을 하는 등 자신이 즐거워하는 육체노동으로 돈을 벌었다. 그는 평생 결혼하지 않았고, 교회에도 거의 가지 않았으며, 투표도 하지 않았고, 세금 내기 또한 거부했다. 고기를 먹지 않았고, 포도주는 마시지 않았으며, 담배도 피우지 않았다. 오랫동안 그는 동네 사람들 눈에 그저 별난 사람일 뿐이었다. 그러나 그들이 그를 더 잘 이해하게 되었을 때, 마침내 그들은 그의 진정성과 성실함, 그리고 독창성을 인정했고, 그를 존경하고 흠모했다. 그는 인습으로부터 완전히 독립적이었으며, 자신이 옳다고 여기는 대로 살고 자신이 옳다고 믿는 것을 옹호하고 지지하는 용기를 보여줬다. 그는 원칙과 이상에 너무도 헌신적이어서, 단 한 순간도 무관심하거나 부주의한 자신을 허락하지 않았던 것처럼 보인다.

그는 지역에 대한 애착이 매우 강한 사람이었고, 고향 마을을 벗어나 방랑하는 일이 거의 없었다. 해외여행은 그를 조금도 유혹하지 못했다. 그의 생각에 그것은 고향 마을을 즐길 시간을 그만큼 잃는 것을 의미했다. 그는 이렇게 말한다. "기껏해야 파리는 사는 법을 배우는 학교, 고향으로 가는 디딤돌일 뿐이다."

그는 평범하고 부유한 도시인에 대해 매우 뚜렷한 반감을 가지고 있었고, 이런 부류의 사람들에 대해 말할 때 이렇게 평했다.

"그들은 숙식비를 내기 위해 매일 약간의 일을 하고, 그러고 나서는 거실에 모여 앉아 힘없이 잡담을 나누고 사교계의 진창 속에서 허우적거리다가, 부끄러운 줄도 모르고 잠자리에 들어 나태의 옷을 덧입는다."

그가 사랑했던 사람들은 더 원시적인 부류로, 꾸밈이 없고, 유행과 세습된 관습의 족쇄를 끊어버릴 용기를 가진 이들이었다. 특히 그는 자연과 긴밀하게 접촉하는 사람들과의 교제를 좋아했다. 반쯤 야생인 아일랜드인, 혹은 투박한 농부나 어부, 사냥꾼들이 그에게 진정한 기쁨을 주었다. 바로 이런 이유로 그는 문명에서 멀리 떨어진 그 반도, 케이프 코드[1]에 강하게 끌렸다. 그 당시 그곳은 주에서 매우 고립된 지역이었고, 그곳 주민들은 바로 그를 매료시킬 만한 독립적이고 자립심 강한 사람들이었다. 그곳에서의 산책에 대해 남긴 그의 기록에서 인간적인 요소는 큰 비중을 차지하며, 우연히 만난 사람들의 특징에 애정을 담아 남겼고, 그들의 모든 두드러진 말을 기록했다. 그들 역시, 의심할 여지없이 소로를 흥미롭게 여겼을 것이다. 비록 방랑자의 목적이 그들에게는 상당한 미스터리였고, 그들은 그를 행상인이라고 생각하는 경향이 있었지만 말이다.

그의 책은 많은 여행의 결과물이지만, 그가 우리에게 상세히 이야기하는 유일한 여행은 10월에 있었다. 따라서 내가 케이프를 방문했을 때 선택한 달도 바로 그 달이었다. 나는 소로가 묘사한 모습과 가능한 한 거의 같은 모습으로 그 지역을 보고 싶었기 때문이다. 그의 케이프 경험 기록이 시작되는 곳이자, 안쪽 해안이 처음으로 뚜렷하게 동쪽으로 꺾이는 샌

---

[1] 케이프 코드(Cape Cod) : 미국 매사추세츠 주 남동쪽 해안에서 대서양으로 길게 뻗어 나온, 갈고리 모양의 반도

드위치에서부터, 나는 그가 1849년에 여행했던 경로와 거의 같은 길을 따라 갈고리 모양 땅의 맨 끝에 있는 프로빈스타운까지 갔다.

　소로는 모랫길과 힘겨운 걷기에 대해 할 말이 많다. 그 점에 있어서는 뚜렷한 개선이 있었다. 최근에는 주요 도로의 상당 부분이 쇄석으로 포장되었기 때문이다. 그렇지만 여전히 발로 걷든 마차를 타든, 여행을 고역으로 만드는, 푹푹 빠지는 옛 모랫길을 얼마든지 마주칠 수 있다. 자연 애호가가 거듭 언급하는 또 다른 특징은 풍차이다. 이들 중 마지막 풍차가 방아를 찧기를 멈춘 지 20년이 지났지만, 몇몇은 여전히 꽤 완벽한 상태로 서 있다. 케이프에는 변화가 있었지만, 풍경은 대체로 소로 시대와 같은 모습을 보여준다. 만약 당신이 소로처럼 도보 여행을 하며 격식 없이 그들을 본다면, 그들은 그가 발견했던 흥미로운 개성을 많이 간직하고 있음을 알게 될 것이다.

　저자의 여행기는 꽤나 매혹적인 재치를 담고 있다. 이는 그의 모든 책에 대해 할 수 있는 말이기도 하다. 그가 무엇에 대해 쓰든, 그의 논평은 분명히 비범했기 때문이다. 우리가 그를 읽는 이유는 그가 다루는 주제만큼이나, 혹은 그 이상으로 그 자신의 취향, 생각, 그리고 기벽이 드러나기 때문이다. 1862년, 마흔넷의 나이로 세상을 떠났을 때 그는 단 두 권의 책만을 출판했고, 그의 '케이프 코드'는 1865년까지 출간되지 않았다. 대중 또한 처음에는 그의 책에 뚜렷한 관심을 보이지 않았다. 따라서 그의 생전에 그를 흠모하는 사람들의 원은 매우 작았지만, 그의 명성은 그 이후 꾸준히 증가해왔고, 그의 생생한 묘사와 관찰이 주는 자극은 영원한 감상을 받을 것이 확실해 보인다.

클리프턴 존슨.
해들리, 매사추세츠.

난파

 나는 아직껏 제대로 본 적 없는 대양을 더 잘 보고 싶었다. 대양은 지구의 3분의 2 이상을 덮고 있다고들 하지만, 내륙에서 몇 마일 떨어진 곳에 사는 사람은 그것을 마치 다른 세상처럼, 미지의 세계로 생각하곤 한다. 그래서 나는 1849년 10월에 케이프 코드(미국 매사추세츠 주 남동쪽 해안에서 대서양으로 길게 뻗어 나온, 갈고리 모양의 반도)를 방문했고, 이듬해 6월에 또 한 번, 그리고 1855년 7월에 트루로를 다시 방문했다. 첫 번째와 마지막 방문은 동행 한 명과 함께였고, 두 번째는 혼자였다. 나는 케이프에서 총 3주가량을 보냈다. 이스트햄에서 프로빈스타운까지 대서양 쪽 해변을 두 번 걸었고, 만(灣) 쪽 해변도 4~5마일을 제외하고는 한 번 걸었다. 그리고 길을 오가며 케이프를 여섯 번쯤 가로질렀다. 하지만 바다에 너무 소극적으로 다가간 탓에, 나는 소금기에 거의 절여지지 않았다. 내 독자들은 육지 바람이 바다의 한 자락을 스쳐 지나며 얻는 정도의 짠맛, 혹은 9월의 폭풍이 지나간 뒤 내륙 20마일 지점의 창문이나 나무껍질에서 맛볼 수 있는 정도의 짠맛만을 기대해야 할 것이다. 나는 콩코드에서 10마일 이내에 있는 연못들로 소풍을 가곤 했지만, 근래에는 나의 소풍 범위를 해변까지 넓혔다.

 내 이웃이 '인간 교화'에 관한 책을 쓸 수 있다면, 나라고 케이프 코드에 관한 책을 쓰지 못할 이유가 없다고 생각했다. 그것은 같은 것을 지칭하는 또 다른 이름일 뿐이며, 그것의 모래알 같은 단면에 지나지 않을 것이다. 내 책의 제목에 관해 말하자면, 케이프(Cape)라는 단어는 프랑스어 'cap'에서 왔고, 이는 라틴어 'caput', 즉 머리에서 유래했으며, 이는 아마도 '잡다'라는 뜻의 동사 'capere'에서 왔을 것이다. 머리는 우리가 무언가를 잡을 때 쓰는 부분이니까. '시간을 앞머리채로 잡아라(Take Time by the forelock)'라는 말처럼 말이다. 뱀을 잡을 때도 가장 안전한 부분이기도 하다. 그리고 코드(Cod)에 관해서는, 1602년 바솔로뮤 고스놀드 선장이 그곳에서 잡았던 "엄청난 양의 대구(codfish)"에서 직접 유래했다. 이 물고기는 색슨어 'codde', 즉 "씨앗이 담긴 꼬투리"에서 그 이름이 유래한 것으로 보이는데, 이는 물고기의 모양 때문이거나 그것이 품고 있는 알의 양 때문일 것이다. 아마도 여기서 코들링(codling, 설익은 사과)과 코들(coddle, 약한 불로 삶다)—완두콩처럼 설익은 것을 요리한다는 뜻—이라는 말도 나왔을 것이다.

케이프 코드는 매사추세츠의 맨살을 드러낸 채 구부린 팔이다. 어깨는 버저드 만에 있고, 팔꿈치, 혹은 '얼얼한 뼈(crazy-bone)'는 케이프 말레바르에, 손목은 트루로에, 그리고 모래로 된 주먹은 프로빈스타운에 있다. 그 뒤로 주는 그린 산맥에 등을 대고, 마치 만(灣)을 지키는 운동선수처럼 대양의 바닥에 발을 딛고 경계 태세로 서 있다. 북동풍 폭풍과 권투를 벌이고, 틈만 나면 대서양이라는 상대를 대지의 무릎에서 번쩍 들어 올리며, 다른 한 주먹은 케이프 앤에서 가슴을 지키며 언제든 앞으로 뻗을 준비를 하고 있다.

지도를 살펴보니, 케이프의 팔뚝 동쪽, 즉 바깥쪽에는 해안의 본줄기에서 30마일 이상 뻗어 나온, 끊이지 않는 해변이 있을 것이고, 그곳에서는 바다를 잘 볼 수 있을 것 같았다. 그러나 올리언스의 노셋 항구 입구를 형성하는 해변의 끊어진 부분 때문에, 육로로 접근하려면 이스트햄에서 해변으로 들어서야 했다. 아마도 그곳에서부터 레이스 포인트까지 약 28마일을 아무런 장애물 없이 곧장 걸어갈 수 있을 것이었다.

우리는 1849년 10월 9일 화요일, 매사추세츠 주 콩코드를 떠났다. 보스턴에 도착하니, 전날 들어왔어야 할 프로빈스타운행 증기선이 거센 폭풍 때문에 아직 도착하지 않았다는 것을 알게 되었다. 그리고 거리에서 "속보! 코하셋에서 145명이 목숨을 잃다"라는 제목의 전단지를 보고, 우리는 코하셋을 거쳐 가기로 결정했다. 기차 안에는 시신을 확인하고 생존자들을 위로하며, 오후에 있을 장례식에 참석하러 가는 아일랜드인들이 많았다. 코하셋에 도착하니, 승객 대부분이 약 1마일 떨어진 해변으로 향하고 있었고, 인근 시골에서도 많은 사람들이 몰려들고 있었다. 수백 명의 사람들이 코하셋 공유지를 가로질러 그 방향으로 줄지어 가고 있었는데, 어떤 이들은 걸어서, 어떤 이들은 마차를 타고 있었다. 그들 중에는 사냥 재킷을 입고 총과 사냥감 주머니, 개를 데리고 온 사냥꾼들도 있었다. 묘지를 지나갈 때 우리는 지하실처럼 갓 파놓은 커다란 구덩이를 보았다. 그리고 해안에 다다르기 직전, 기분 좋게 구불거리고 바위가 많은 길에서, 우리는 건초 마차와 농장 마차 여러 대가 집회소를 향해 떠나오는 것을 마주쳤는데, 각각 세 개의 크고 거친 소나무 상자를 싣고 있는 것을 보았다. 그 안에 무엇이 들었는지는 물어볼 필요도 없었다. 마차 주인들이 장의사가 된 것이다. 해안 근처 울타리에는 마차에 맨 말들이 많이 묶여 있었고, 위아래로 1마일 이상 해변은 시신을 찾거나 난파선 조각을 살피는 사람들로 뒤덮여 있었다. 해안 바로 앞에는 브룩 섬이라는 작은 섬이 있었고, 그 위에는 오두막 한 채가 있었다. 이곳은 낸터스켓에서 시추에이트에 이르는 매사추세츠에서 가장 바위가 많은 해안이라고 한다. 파도가 맨살을 드러냈지만 부수지는 못한 단단한 섬장암 바위들이다. 이곳은 수많은 난파의 현장이었다.

아일랜드 골웨이에서 이민자들을 싣고 온 브리그선 세인트 존 호가 일요일 아침에 난파되었다. 지금은 화요일 아침이었고, 바다는 여전히 바위에 격렬하게 부딪치고 있었다. 내가 언급했던 것과 같은 커다란 상자 18~20개가 물가에서 몇 로드 떨어진 푸른 언덕 비탈에 놓여 있었고, 군중이 둘러싸고 있었다. 수습된 시신은 총 27~28구로, 그곳에 모아져 있었다. 어떤 이들은 서둘러 관 뚜껑에 못질을 하고 있었고, 다른 이들은 상자를 실어 나르고 있었으며, 또 다른 이들은 아직 닫히지 않은 뚜껑을 열고 천 밑을 들여다보고 있었다. 각 시신은 아직 붙어 있는 누더기 옷과 함께 흰 천으로 엉성하게 덮여 있었기 때문이다. 나는 슬픔의 기색은 보지 못했지만, 가슴 아플 정도로 침착하게 일이 처리되고 있었다. 한 남자는 특정 시신을 확인하려 애쓰고 있었고, 한 장의사 혹은 목수는 다른 이에게 어떤 아이가 어느 상자에 들어 있는지 소리쳐 묻고 있었다. 천이 들춰질 때마다 나는 수많은 대리석 같은 발과 엉킨 머리카락을 보았다. 그리고 물에 빠져 죽은 한 소녀의 시퍼렇게 붓고 훼손된 시신도 보았다. 아마도 어느 미국 가정에 하녀로 들어가려 했을 그 소녀는, 누더기 옷가지가 아직 붙어 있었고, 부어오른 목에는 살에 반쯤 가려진 끈이 감겨 있었다. 바위나 물고기에 찢겨 뼈와 근육이 드러났지만 피 한 방울 없는, 그저 붉고 흰, 인간 폐선의 웅크린 잔해였다. 눈은 크게 뜨고 있었지만 생기 없는, 죽음의 불빛이었다. 혹은 모래로 가득 찬, 좌초된 배의 선실 창문 같았다. 때로는 한 상자에 두 명 이상의 아이들이나, 부모와 자식이 함께 들어 있기도 했고, 뚜껑에는 붉은 분필로 "아무개 브리짓, 그리고 여동생의 아이"라고 쓰여 있기도 했다. 주변 잔디밭은 돛 조각과 옷가지로 뒤덮여 있었다. 나는 나중에 이 해변가에 사는 사람에게서 들었는데, 이전에 먼저 건너왔지만 갓난아기를 여동생에게 맡기고 온 한 여인이 와서 이 상자들을 들여다보다가, 한 상자—아마도 내가 인용한 글귀가 쓰여 있던 바로 그 상자—에서 여동생의 품에 안긴 자기 아이를 보았다고 한다. 마치 여동생이 그렇게 발견되기를 바랐던 것처럼. 그리고 사흘 뒤, 그 어머니는 그 광경의 충격으로 세상을 떠났다.

우리는 그곳을 떠나 바위 해안을 따라 걸었다. 첫 번째 작은 만에는 배의 파편으로 보이는 것들이 모래와 해초, 그리고 엄청난 양의 깃털과 뒤섞여 작은 조각들로 흩어져 있었다. 하지만 그것은 너무 낡고 녹슬어 보여서, 나는 처음에 그것이 여러 해 동안 그곳에 놓여 있던 오래된 난파선인 줄 알았다. 나는 심지어 키드 선장[2]을 떠올렸고, 그 깃털들은 바닷새들이 그곳에 떨어뜨린 것이며, 아마도 이 근방에 그에 관한 전설이 있을지도 모른다고 생각했다. 나는 한 선원에게 저것이 세인트 존 호냐고 물었다. 그는 그렇다고 말했다. 나는 그에게 배가 어디에 부딪혔냐고 물었다. 그는 우리 앞, 해안에서 1마일 떨어진 그램퍼스 록이라는 바위를 가리키며 덧붙였다.

"지금도 배의 일부가 솟아 있는 게 보일 겁니다. 작은 보트처럼 보이죠."

나는 그것을 보았다. 쇠사슬 닻줄과 닻에 걸려 있는 것으로 생각되었다. 나는 내가 본 시신들이 익사한 사람 전부냐고 물었다.

"4분의 1도 안 됩니다." 그가 말했다.

"나머지는 어디에 있습니까?"

---

[2] 본명은 윌리엄 키드(William Kidd, 1645~1701)로, 17세기 말 스코틀랜드 출신의 항해사이자 선장이었다. 처음에는 영국 정부의 허가를 받아 해적을 단속하던 인물이었지만, 나중에는 스스로 해적 행위를 했다는 혐의를 받아 체포되어, 1701년에 런던에서 교수형에 처해졌다. 사후 그가 어딘가에 막대한 금은보화를 묻어두었다는 전설이 생겼다.

"대부분은 당신이 보는 저 조각 바로 밑에 있습니다."

우리에게는 이 작은 만 하나에만도 큰 배 한 척의 잔해를 만들고도 남을 만큼의 쓰레기가 있는 것 같았고, 그것을 치우는 데는 여러 날이 걸릴 것 같았다. 그것은 몇 피트 깊이로 쌓여 있었고, 여기저기에는 부인의 모자나 재킷이 널려 있었다. 이 난파선 주위의 군중 한가운데서, 수레를 끄는 남자들이 폭풍이 밀어 올린 해초를 부지런히 모아 조수가 닿지 않는 곳으로 옮기고 있었다. 비록 그들은 종종 옷 조각들을 해초에서 분리해야 했고, 언제라도 그 밑에서 사람의 시신을 발견할 수도 있었지만 말이다. 누가 물에 빠져 죽든, 그들은 이 해초가 귀중한 비료라는 것을 잊지 않았다. 이 난파는 사회 구조에 눈에 띄는 진동을 일으키지 않았다.

남쪽으로 약 1마일 떨어진 곳에서는, 세인트 존 호가 뒤따르려 했던 영국 브리그선의 돛대들이 바위 위로 솟아 있는 것을 볼 수 있었다. 그 배는 닻줄을 풀고 운 좋게 코하셋 항구 입구로 들어갔다. 해안을 따라 조금 더 가니 바위 위에 한 남자의 옷이 있었고, 더 가니 여자의 스카프, 드레스, 밀짚모자, 브리그선의 조리실, 그리고 높고 건조한 곳에 여러 조각으로 부서진 돛대 하나가 있었다. 또 다른 바위투성이 작은 만, 물가에서 몇 로드 떨어지고 20피트 높이의 바위 뒤에, 아직 서로 붙어 있는 배의 한쪽 면 일부가 놓여 있었다. 그것은 길이가 약 40피트, 폭이 14

피트 정도였다. 나는 이전에 보았던 더 작은 파편들을 보았을 때보다, 이 부서진 조각에서 드러난 파도의 힘에 훨씬 더 놀랐다. 가장 큰 목재와 쇠 버팀대들이 불필요할 정도로 부서져 있었고, 나는 어떤 재료도 파도의 힘을 견딜 수 없다는 것을 알았다. 그런 상황에서는 쇠도 산산조각이 나고, 철선이라도 바위 위에서 달걀 껍데기처럼 깨질 것이었다. 목재들 중 일부는 너무 썩어서 우산으로 거의 뚫을 수 있을 정도였다. 그들은 이 조각 위에서 몇몇이 구조되었다고 말했고, 또한 바다가 그것을 지금은 말라 있는 이 작은 만으로 밀어 올린 곳을 보여주었다. 나는 그것이 어디로 들어왔고 어떤 상태였는지를 보고, 그 위에서 누가 구조되었다는 사실에 놀라움을 금치 못했다. 조금 더 가니 한 무리의 남자들이 세인트 존 호의 일등 항해사 주위에 모여 그의 이야기를 듣고 있었다. 그는 마른 체구의 젊은이로, 선장을 '주인(master)'이라고 불렀고, 약간 흥분한 듯 보였다. 그는 그들이 보트에 뛰어들었을 때 보트가 물에 찼고, 배가 기우뚱하면서 보트 안의 물 무게 때문에 뱃머리 밧줄이 끊어져 그들이 헤어지게 되었다고 말했다. 그러자 한 남자가 자리를 뜨며 말했다.

"글쎄, 내 생각엔 그가 꽤 솔직하게 이야기하는 것 같군. 보트 안의 물 무게 때문에 밧줄이 끊어졌다는 거잖아. 물이 가득 찬 보트는 아주 무겁지." 그는 마치 내기라도 건 듯, 그러나 그 문제에 인간적인 관심은 전혀 없는 듯, 크고 무례할 정도로 진지한 어조로 계속 말했다.

또 다른 덩치 큰 남자는 근처 바위 위에 서서 바다를 응시하며, 마치 그 습관이 영원히 굳어진 듯 커다란 담배 덩어리를 씹고 있었다.

"이봐." 다른 이가 동료에게 말했다. "이제 가자. 볼 건 다 봤어. 장례식까지 머물러 있을 필요는 없지."

더 가니, 바위 위에 서 있는 한 남자를 보았는데, 그는 구조된 사람 중 한 명이라고 했다. 그는 재킷과 회색 바지를 입고 주머니에 손을 넣은 채, 진지한 표정을 하고 있었다. 내가 몇 가지 질문을 하자 그는 대답했지만, 그 일에 대해 이야기하기를 꺼리는 듯했고 곧 자리를 떴다. 그의 옆에는 구명보트 대원 한 명이 기름 먹인 방수 재킷을 입고 서 있었다. 그는 우리에게 어떻게 영국 브리그선을 구하러 갔는지 이야기했다. 도중에 지나친 세인트 존 호의 보트에 모든 선원이 타고 있다고 생각했다는 것이다. 파도 때문에 배 위에 있는 사람들을 볼 수 없었기 때문이다. 만약 그곳에 누가 있다는 것을 알았더라면 몇 명은 구할 수 있었을 텐데. 조금 더 가니 세인트 존 호의 깃발이 바위 위에 펼쳐져 마르고 있었고, 모서리는 돌에 눌려 있었다. 바람의 희롱을 그토록 오래 받아온, 이 연약하지만 본질적이고 의미심장한 배의 일부는 기어코 해안에 닿았다, 이 바위들에서는 집이 한두 채 보였는데, 그 안에는 생존자 몇몇이 몸과 마음이 겪은 충격에서 회복 중이었다. 한 명은 살아남지 못할 것으로 예상되었다.

우리는 코하셋 바위들을 더 보기 위해 화이트헤드라는 곳까지 해안을 따라 계속 내려갔다. 반 마일 이내의 작은 만에서는 한 노인과 그의 아들이 마차를 끌고 와, 그 치명적인 폭풍이 밀어 올린 해초를 모으고 있었다. 그들은 마치 세상에 난파선 따위는 한 번도 없었던 것처럼 평온하게 일하고 있었다. 비록 두 사람은 세인트 존 호가 부딪힌 그램퍼스 록이 보이는 곳에 있었지만 말이다. 노인은 난파선이 있었다는 소식을 들었고 대부분의 자초지종을 알고 있었지만, 사고가 일어난 이후로는 그곳에 가보지 않았다고 말했다. 그에게 가장 중요한 것은 파도에 휩쓸려 온 해초, 즉 그가 부르는 대로 암초 해초, 켈프, 그리고 바닷말이었다. 그는 그것들을 마차에 실어 헛간 마당으로 날랐다. 그리고 그에게 시신들은 조수가 밀어 올린 다른 해초들과 다를 바 없는 것들이었으며, 그에게는 아무런 쓸모가 없었다. 우리는 나중에 또 다른 비상사태를 기다리며 항구에 있는 구명보트를 보았다. 그리고 오후에는 멀리서 장례 행렬을 보았는데, 그 선두에는 선장과 다른 생존자들이 걷고 있었다.

전체적으로, 내가 예상했던 것만큼 인상적인 장면은 아니었다. 만약 내가 외딴 곳의 해변에 밀려온 시신 한 구를 발견했다면, 그것이 나에게 더 큰 영향을 미쳤을 것이다. 나는 오히려 바람과 파도에 공감했다. 마치 이 가련한 인간의 몸뚱이들을 내던지고 난도질하는 것이 그날의 순리인 것처럼. 이것이 자연의 법칙이라면, 경외나 연민으로 시간을 낭비할 이유가 무엇인가? 만약 마지막 날이 온다면, 우리는 친구들과의 이별이나 개인의 꺾인 희망에 대해 그다지 많이 생각하지 않을 것이다. 나는 전쟁터처럼 시체가 늘어날수록, 죽음이 더 이상 특별한 비극이 아니라 인간의 운명 그 자체로 느껴져, 마침내 아무런 감정도 일으키지 않게 된다는 사실을 보았다. 모든 묘지를 합쳐보면, 그들은 언제나 다수이다. 우리의 동정심을 요구하는 것은 개인적이고 사적인 것이다. 한 사람은 일생에 단 한 번의 장례식에만 참석할 수 있고, 단 한 구의 시신만을 볼 수 있다. 그러나 나는 해안가 주민들이 이 사건으로 적잖이 영향을 받을 것임을 알았다. 그들은 바다가 죽은 자들을 내어주기를 기다리며 여러 날 밤낮으로 그곳을 지킬 것이고, 그들의 상상력과 공감은 아직 난파 소식을 모르는 멀리 있는 애도자들의 자리를 대신할 것이다. 그 일이 있은 지 며칠 뒤, 해변을 거닐던 한 사람이 물 위에 떠 있는 하얀 무언가를 보았다. 보트를 타고 다가가 보니, 그것은 한 여인의 시신이었는데, 똑바로 선 자세로 떠올라, 하얀 모자가 바람에 뒤로 젖혀져 있었다. 나는 그 해변 자체의 아름다움이 그곳의 많은 외로운 산책자들에게는 망가져 버렸음을 보았다. 마침내 그와 같은 난파로 인해 그 아름다움이 어떻게 더 깊어졌는지를 깨닫고, 그리하여 그것이 더욱 희귀하고 숭고한 아름다움을 얻게 되기 전까지는 말이다.

이 죽은 몸뚱이들을 왜 신경 쓰는가? 그들에게는

벌레나 물고기 외에는 진정한 친구가 없다. 그 주인들은 콜럼버스와 필그림들이 그랬던 것처럼 미지의 대륙으로 오고 있었다. 그들은 그 해안에서 1마일도 채 안 되는 거리에 있었다. 그러나 그곳에 닿기도 전에, 그들은 콜럼버스가 꿈에도 생각지 못했던 더 새로운 세계로 이주했다. 그리고 우리는 그 세계의 존재에 대해, 콜럼버스가 이 세계에 대해 가졌던 증거보다 훨씬 더 보편적이고 설득력 있는 증거가 있다고 믿는다. 비록 과학에 의해 아직 발견되지는 않았지만 말이다. 그것은 단지 선원들의 이야기나 하찮은 표류목과 해초가 아니라, 우리의 모든 해안으로 향하는 끊임없는 표류와 본능이다. 나는 육지에 닿은 그들의 텅 빈 선체를 보았다. 그러나 그들 자신은 그동안 더 서쪽에 있는 어떤 해안에 던져졌을 것이다. 우리 모두가 향하고 있는, 그리고 마침내 도달하게 될 그 해안으로. 아마도 그들처럼 폭풍과 어둠을 통해서일 것이다. 의심할 여지없이, 우리는 그들이 "다시 생명 속으로 난파되지" 않은 것에 대해 신께 감사할 이유가 있다. 천국이라는 가장 안전한 항구에 닿은 선원은, 지상의 친구들에게는 난파된 것처럼 보일 것이다. 그들은 보스턴 항구가 더 나은 곳이라고 여기기 때문이다. 비록 그들의 눈에는 보이지 않겠지만, 숙련된 조타수가 그를 맞으러 오고, 가장 맑고 향기로운 바람이 그 해안에서 불어오며, 배는 평온한 날에 육지에 닿고, 그는 황홀경 속에서 그 해안에 입 맞춘다. 그의 낡은 선체가 이곳 파도 속에서 나뒹구는 동안에 말이다. 자신의 몸과 헤어지는 것은 힘들지만, 일단 사라지고 나면 그것 없이 지내는 것은 충분히 쉬울 것이다. 그들의 모든 계획과 희망은 거품처럼 터져버렸다! 수십 명의 갓난아기들이 성난 대서양에 의해 바위에 내동댕이쳐졌다! 아니, 아니다! 만약 세인트 존 호가 이곳 항구에 닿지 못했다면, 그곳으로 전보가 보내졌을 것이다. 자연의 폭풍도 영혼을 흔들 수는 없다. 왜냐하면 바람조차 영혼의 일부이기 때문이다. 의로운 이의 뜻은 세상의 어떤 장애에도 부서지지 않고, 오히려 그것을 돌파한다.

죽어가는 콜럼버스에게 바쳐진 시는, 약간의 수정을 거쳐 세인트 존 호의 승객들에게도 적용될 수 있을 것이다.

머지않아 모든 것이 끝나리,
머지않아 항해는 시작되리,
그들을 태우고 출발할 항해는,
저 멀리, 미지의 땅을 향하리.

홀로 방문해야 할 땅이기에,
사람들에게 소식을 전하지 못하리.
한 번 떠난 선원은,
다시 돌아오지 못했으니.

조각된 나무도, 부러진 가지도,
저 먼 야생에서 떠내려오지 않으리.

그 바다로 나아가는 자는
천사의 아이도 이제 만나지 못하리.

두려워 말라, 나의 고귀한 선원들이여,
어서 돛을, 돛을 펼쳐라.
영혼들이여! 에테르의 바다 위에서
머지않아 너희는 평온히 떠다닐 것이니!

닿을 수 없는 깊은 곳일지라도,
숨은 암초를 겁내지 말라,
천사들의 바쁘디 바쁜 날갯짓이
너희 배를 곧게 앞으로 인도하리라.

떠나라! 위안과 용기를 품고서
이 거친 해안은 땅의 것이니.
장밋빛 구름이 갈라지는 곳에
축복의 섬들이 눈부시게 솟으리라.

시간이 흘러, 어느 여름날에 나는 보스턴에서 해안을 따라 걸어서 이 길로 왔다. 날이 너무 더워서 말 몇 마리가 헐(Hull)에 있는 오래된 요새의 성벽 꼭대기까지 올라가 있었는데, 그곳은 바람을 쐬기에는 좋았지만 몸을 돌릴 공간조차 거의 없는 곳이었다. 해안에 피어난 독말풀(Datura stramonium)을 보고. 나는 그것이 밸러스트(배의 평형을 위한 짐)에 실려 전 세계로 퍼졌음을 떠올렸다. 나는 마치 내가 여러 나라의 대로 위에 선 탐험가가 된 듯한 기분을 느꼈다. 아니, 차라리 만의 왕, 바이킹이라 부르는 편이 낫겠다. 그것은 순진한 식물이 아니기 때문이다. 그 안에는 상업 뿐만 아니라, 그 뒤를 따르는 탐욕과 타락의 냄새까지 서려있다. 마치 그 섬유로 실을 만들어 해적들이 자신들의 허풍을 자아내는 것처럼. 나는 해안에서 반 마일 떨어진 배 위에서 남자들이 외치는 소리를 들었는데, 그 소리는 마치 시골 헛간 안에 있는 것처럼 들렸다. 그들이 돛 사이에 있었기 때문이다. 그것은 순전히 시골스러운 소리였다. 물 위를 내다보니, 섬들이 빠르게 사라져가고, 바다가 게걸스럽게 대륙을 갉아먹고, 언덕의 솟아오르는 아치가 포인트 앨드튼에서처럼 갑자기 끊겨 있는 것을 보았다. 식물학자들이라면 절두상(premorse)이라고 부를 만한 모습으로, 하늘을 배경으로 한 그 곡선은 지금은 물뿐인 그곳이 얼마나 많은 공간을 차지했었는지를 보여주었다. 반면에, 이 섬들의 잔해는 헐 안쪽의 호그 섬에서처럼, 환상적으로 새로운 해안으로 배열되고 있었다. 그곳에서는 모든 것이 부드럽게 미래 속으로 흘러 들어가는 듯했다. 이 섬은 잔물결의 형태를 그대로 하고 있었고, 나는 주민들이 방패에 잔물결을 문장으로 새겨야 한다고 생각했다. 그들 위를 지나가는 파도, 그리고 그 가장자리에서 돋아나는 독말풀. 이 독말풀[3]은

---

[3] 제임스타운 잡초(또는 독말풀). "이것은 일찍 자라는 식물이었기 때문에, 베이컨의 반란을 진압하기 위해 그곳[즉, 버지니아]으로 파견된 일부 군인들이 삶은 샐러드를 만들기 위해 아주 어릴 때 채집했다. 그들 중 몇

신체 건강에는 영향을 주지 않으면서 오랫동안 정신 착란을 일으킨다고 한다. 이 헐이라는 마을에서 내가 들은 가장 흥미로운 것은 마르지 않는 샘이었는데, 내가 해안을 따라 헐떡이며 걸을 때 누군가 그것이 멀리 떨어진 언덕 기슭에 있다고 알려주었지만, 나는 가보지는 않았다. 아마도 내가 로마를 지나간다면, 가장 오래 기억할 것은 카피톨리노 언덕의 어떤 샘일 것이다. 물론, 옛 프랑스 요새에 있는 우물에도 다소 흥미가 있었는데, 그 깊이가 90피트이고 바닥에 대포가 있다고 했다. 낸터스켓 해변에서는 여관에서 나온 이륜마차를 열두 대나 세었다. 때때로 마차를 탄 사람들은 말을 바다 쪽으로 돌려 물에 들어가 시원함을 즐겼고, 나는 도시 사람들에게 해변이 해풍과 목욕을 위해 얼마나 중요한 곳인지를 깨달았다.

예루살렘 마을에서는 주민들이 이제 막 다가오는 뇌우를 앞두고 말리기 위해 널어놓은 아이리시모스를 서둘러 거두고 있었다. 소나기는 한쪽으로 지나가며 몇 방울만 떨어뜨렸을 뿐, 공기를 식히지는

몇은 그것을 양껏 먹었는데, 그 효과는 매우 유쾌했다. 그들은 며칠 동안 천연 바보가 되었다. 한 명은 공중에 깃털을 불어 올리고, 다른 한 명은 짚을 맹렬하게 던졌으며, 또 다른 한 명은 발가벗은 채 원숭이처럼 구석에 앉아 히죽거리며 그들을 향해 우스꽝스러운 표정을 지었다. 네 번째는 동료들에게 다정하게 키스하고 어루만지며, 네덜란드 희극에 나오는 어떤 인물보다 더 기이한 표정으로 그들의 얼굴을 보며 히죽거렸다. 이 광란의 상태에서 그들은 감금되었는데, 혹시라도 자해할까 염려되었기 때문이다. 비록 그들의 모든 행동이 순수함과 선량함으로 가득 차 있다는 것이 관찰되었지만 말이다. 사실, 그들은 그다지 깨끗하지는 않았다. 그들은 그런 단순한 장난을 천 가지나 했고, 11일 후에야 제정신으로 돌아왔으며, 무슨 일이 있었는지 전혀 기억하지 못했다." —베벌리의 '버지니아 역사', 120쪽.

못했다. 나는 단지 뺨에 스치는 바람만 느꼈을 뿐이지만, 만에서는 배 한 척이 뒤집혔고, 다른 여러 척은 닻이 끌려 거의 해안으로 밀려갈 뻔했다. 코하셋 바위에서의 해수욕은 완벽했다. 물은 진흙이나 점액질 한 점 없었고, 내가 본 어떤 것보다 더 맑고 투명했다. 바닥이 모래라서 농어들이 헤엄치는 모습이 훤히 보였다. 매끄럽고 유려하게 닳은 바위들, 그리고 머리채처럼 부드럽게 흔들리는 해초들이 내 위로 드리워져 있었다. 그것들은 바위에 단단히 붙어 있어 손으로 잡고 몸을 끌어올릴 수도 있었고, 이런 감촉이 목욕의 즐거움을 더했다. 해초 위로는 따개비 떼가 마치 식물이 자라나는 듯 줄지어 있었고, 봉오리와 꽃잎, 씨방이 줄기를 따라 이어진 것처럼 바위 틈새를 따라 조끼의 단추처럼 놓여 있었다. 그날은 그해 가장 더운 날 중 하나였지만, 물이 얼음처럼 차가워 한두 번밖에 들어가지 못했다. 물속에 잠긴 순간 몸이 얼어붙을 만큼 차가웠으나, 단 한 번만 담가도 복날의 더위를 완전히 잊을 수 있었다. 비록 당신이 전에는 땀을 뻘뻘 흘렸더라도, 이제는 날이 더웠다는 것을 기억해내는 데 30분은 걸릴 것이다. 거기에는 누런 바위들이, 마치 웅크린 사자처럼, 대양에 맞서고 있었다. 대양의 파도는 끊임없이 그들을 두드리며 엄청난 양의 자갈로 그들을 매끈하게 했다. 썰물 때에 작은 움푹한 곳에 고인 물은 너무나 수정처럼 맑아서 나는 그것이 짠물이라고 생각할 수 없을 정도였고, 마시고 싶다는 생각이 들었다. 더 높은 곳에는 비가 남긴 민물 웅덩이들이 있었는데, 이 모든 것들은 깊이와 온도가 각각 달라서 여러 종류의 목욕에 편리했다. 또한, 더 크게 움푹 들어간 곳들은 가장 편리한 의자와 탈의실을 형성했다. 이런 점들에서 그것은 내가 본 가장 완벽한 해변이었다.

나는 코하셋에서, 좁은 해변 하나만을 사이에 두고 바다와 분리된, 약 400에이커 크기의 아름답지만 얕은 호수를 보았다. 듣자 하니, 봄에 큰 폭풍이 불었을 때 바다가 해변 너머로 물을 퍼부었고, 청어(alewives)들이 그 안으로 들어간 후에는 출구가 막혀버렸다고 한다. 이제 그 청어들은 수천 마리씩 죽어가고 있었고, 주민들은 물이 증발하면서 전염병이 돌 것을 우려하고 있었다. 그 호수 안에는 바위로 된 작은 섬 다섯 개가 있었다.

이 바위 해안은 어떤 지도에서는 '플레전트 코브(Pleasant Cove, 기분 좋은 만)'라고 불린다. 코하셋 지도에서는 그 이름이 내가 세인트 존 호의 난파선을 본 바로 그 만에 국한된 것으로 보인다. 지금 바다는 마치 그 안에서 누가 난파된 적이 한 번도 없었던 것처럼 보였다. 그것은 웅장하거나 숭고하지 않았다. 다만 호수처럼 고요하고 아름다웠다. 난파선의 흔적은 어디에도 없었고, 그 순수한 모래 아래에 수많은 이들의 뼈가 잠들어 있다는 사실이 믿기지 않았다. 우리는 그렇게, 첫 여정을 계속 이어갔다.

역마차에서 본 풍경

우리는 브리지워터에서 하룻밤을 묵었다. 다음 날 아침, 그곳 들판에서 화살촉 몇 개를 주운 뒤에 샌드위치행 기차에 올랐다. 정오가 되기 전, 우리는 목적지에 도착했다. 이곳은 '케이프 코드 철도'의 종착역이었지만, 시작점에 불과했다. 비가 세차게 내리고 짙은 안개가 몰아치는 가운데 그칠 기미가 보이지 않아, 우리는 거의 사라져버린 교통수단인 역마차를 탔다. 마부에게는 "가는 데까지" 간다고 말했다. 우리는 역마차가 하루에 얼마나 멀리 갈 수 있는지 잊고 있었지만, 케이프의 길은 매우 힘들다는 말을 들었다. 비록 모랫길이라 비가 오면 오히려 길이 좋아질 것이라고 덧붙이긴 했지만 말이다. 마차는 유난히 좁았지만, 한 좌석에 두 명을 태울 수 있는 약간의 구형(球形) 과잉이 있었기에, 마부는 승객들의 치수를 재보지도 않고 아홉 명이 탈 때까지 기다렸다. 그러고는 두세 번 헛되이 문을 쾅쾅 닫은 후에야 문을 닫았다. 마치 모든 잘못이 경첩이나 걸쇠에 있는 것처럼. 그동안 우리는 그를 돕기 위해 호흡의 박자를 맞추었다.

우리는 이제 본격적으로 케이프에 들어섰다. 케이프는 샌드위치에서 동쪽으로 35마일, 거기서부터 북쪽과 북서쪽으로 30마일 더 뻗어 있어, 총 65마일에 달하며 평균 폭은 약 5마일이다. 내륙은 해수면보다 200피트, 때로는 아마 300피트까지 솟아 있다. 주의 지질학자인 히치콕에 따르면, 이곳은 거의 모래로 이루어져 있으며, 어떤 곳은 깊이가 300피트에 달하기도 한다. 비록 표면 바로 아래에는 암석의 숨겨진 핵이 있을 가능성이 있지만, 이곳의 땅은 비교적 최근에 쌓인 땅이며, 맨 끝과 해안을 따라 있는 다른 곳의 작은 부분만이 오래된 흔적을 조금 간직하고 있을 뿐이다. 케이프의 전반부에는 여기저기 모래와 섞인 커다란 돌덩이들이 발견되지만, 마지막 30마일 동안은 둥근 돌이나 자갈조차 거의 찾아볼 수 없다. 히치콕은 시간이 흐르면서 대양이 보스턴 항구와 본토의 다른 만들을 침식했고, 그 미세한 파편들이 해류에 의해 해안에서 멀리 떨어진 곳에 퇴적되어 이 모래톱을 형성했다고 추측한다. 모래 위에는 얇은 흙층이 덮여 있는데, 반스터블에서 트루로로 갈수록 점점 얇아지다가 그 끝에서 완전히 사라진다. 낡은 옷처럼 닳고 찢긴 곳이 많아, 곳곳에서 케이프의 맨살이 드러나 있으며 끝자락은 거의 벗겨진 듯하다.

나는 즉시 내 책, 1802년에 인쇄된 매사추세츠 역사 학회 컬렉션 제8권을 꺼내 읽기 시작했다. 기차 안에서는 여행하는 속도만큼 빨리 읽을 수가 없었기 때문이다. 플리머스 쪽에서 온 사람들에게 그 책은 이렇게 말하고 있었다. "몇 채의 집이 드문드문 흩어져 있는 12마일 길이의 숲을 지나고 나면, 샌드위치 정착지가 여행자의 눈에 더욱 기분 좋은 모습으로 나타난다." 다른 작가는 이곳을 아름다운 마을이라고 묘사한다. 그러나 우리 마을들은 자연 앞에서는 한없이 초라하다. 다만 다른 마을들과 견주어볼 때만, 조금 나아 보일 뿐이다. 나는 "방모 공장", "훌륭한 아카데미"나 집회소, 그리고 "다양한 기계 기술을 위한 여러 상점"으로 장식된, 아름다운 마을에 대해 쉽게 이야기하는 작가의 취향을 그다지 존중하지 않는다. 그런 곳에서는 신사들의 녹색과 흰색 집들이 줄지어 늘어서서, 사막인지 긴 마구간 마당인지 분간하기 어려운 거리를 마주 보고 있다. 그런 장소는 지친 여행자나 고향으로 돌아온 사람, 혹은 아마도 회개한 인간 혐오자에게만 아름다울 수 있다. 막 숲에서 나와, 구빈원이 어느 집인지 분간할 수 없는 드문드문 이어진 농가들을 지나 맨 길을 따라 그곳에 접근하는 사람에게는 그렇지 않다. 하지만 샌드위치에 관해서는, 내가 특별히 말할 수는 없다. 우리가 본 샌드위치는 초라한 반쪽짜리였기 때문이다. 그마저 버터를 바른 면이 아래로 떨어진 듯했다. 마을은 작고 빽빽했으며, 모래를 개량하려는 유리 공장 하나와 방향을 잃게 하는 좁은 골목들만 눈에 띄었다. 비는 사방에서 들이쳤고, 집 안의 사람들이 우리보다 훨씬 편히 있을 거라는 생각이 들었다. 내 책은 또한 이 마을에 대해 "주민들은 대체로 실속 있게 사는 사람들이다"라고 말하고 있었다. 즉, 내 생각에 그들은 철학자처럼 살지 않는다는 뜻이다. 역마차가 우리가 점심을 먹을 만큼 오래 멈추지 않았기 때문에, 우리는 이 진술의 진실성을 시험할 기회가 없었다. 하지만 그것은 그들이 "산출할 기름의 양"을 의미했을 수도 있다. 책은 더 나아가 "샌드위치 주민들은 일반적으로 그들의 조상들의 예절, 직업, 그리고 생활 방식을 좋아하고 꾸준히 고수하는 경향을 보인다"고 말했는데, 이는 결국 그들이 세상의 다른 모든 사람들과 매우 비슷하다고 생각하게 만들었다. 책은 이렇게 덧붙였다. "오늘날, 그들의 미덕이나 취향 어느 쪽에도 흠이 되지 않을 만큼의 유사성이 있다." 그 말을 읽고 나는, 그 책의 저자 역시 그들과 한패라는 것을 확신했다. 어떤 민족도 자신의 조상을 저주하지 않는다. 설령 그 조상이 후손에게는 큰 저주였을지라도 말이다. 다만 우리가 참고하는 것은 오래된 기록일 뿐이니, 지금쯤 그들은 그 모든 것을 바꾸었을 거라 믿어야 할 것이다.

우리의 경로는 만(灣) 따라 반스터블, 야머스, 데니스, 브루스터를 거쳐 올리언스로 가는 길이었고, 오른쪽에는 케이프를 따라 뻗어 있는 낮은 언덕들이 있었다. 날씨는 길가의 풍경을 감상하기에 좋지 않았지만, 우리는 빗속에서 간신히 보이는 땅과 물의 모습을 최대한 활용했다. 시골은 대부분 황량하거나, 언덕 위에 약간의 관목 숲만 남아 있었다. 우리는 야머스에서, 그리고 내가 착각하지 않았다면 데니스에서도, 4~5년 전에 피치파인을 심은 넓은 지역을 보았다. 우리가 그 옆을 지날 때 보니 그것들은 줄지어 있었고, 넓은 빈 공간이 있다는 점을 제외하면, 놀라울 정도로 잘 자라고 있는 것 같았다. 듣자 하니, 이것이 그런 땅을 유익하게 사용할 수 있는 유일한 방법이라고 했다. 더 높은 언덕마다 기둥이 세워져 있었고, 거기에는 낡은 폭풍 외투나 돛이 신호용으로 묶여 있었다. 예를 들어 케이프 남쪽에 있는 사람들이 보스턴 우편선이 북쪽에 도착했는지 알 수 있도록 하기 위해서였다. 이 용도로 케이프의 낡은 옷 대부분이 소모되어, 행상인들에게 돌아갈 누더기는 거의 남지 않은 것처럼 보였다. 언덕 위의 풍차들—크고 비바람에 얼룩진 팔각형 구조물—과 해안을 따라 흩어져 있는 염전들, 습지에 박은 말뚝 위에 놓인 긴 통들의 행렬, 낮고 거북이 등 같은 지붕, 그리고 더 가냘픈 풍차들은 내륙 사람에게는 새롭고 흥미로운 대상이었다. 길가의 모래는 이끼 같은 식물, 허드소니아 토멘토사(Hudsonia tomentosa) 다발로 부분적으로 덮여 있었는데, 역마차 안의 한 여인은 그것이 "가난뱅이 풀(poverty-grass)"이라고 불린다고 우리에게 말했다. 아무것도 자라지 않는 곳에서 자라기 때문이라고 했다.

역마차 안에서는 누구나 자유롭게 웃고 대화했다. 그들의 유머는 세련되거나 공격적이지 않고, 넉넉하면서도 따뜻했다. 그들은 소위 말하는 자유롭고 편안한 사람들이었고, 마침내 어떻게 살아야 하는지를 배운 사람들처럼 서로를 대했다. 그들은 낯선 사이일 때도 서로를 아는 듯했고, 그만큼 단순하고 솔직했다. 그들은 보기 드문 의미에서 잘 만난 사람들이었다. 즉, 그들은 만날 수 있는 최선으로 만났고, 어떤 장애물에도 구애받지 않는 듯했다. 그들은 서로를 두려워하거나 부끄러워하지 않았고, 그저 주어진 만큼의 동행을 이루는 것에 만족했다. 뉴잉글랜드의 많은 지역에서처럼 단순한 부와 지위에 대한 어리석은 존경심이 이곳에서는 통용되지 않는다는 것이 분명했다. 그럼에도 불구하고 그들 중 일부는 우리가 지나온 여러 마을의 소위 '상류층' 사람들이었다. 은퇴한 선장들은 편안한 형편이었고, 선장들이 으레 그렇듯 농사에 대해 이야기했다. 랩 코트를 입은, 꼿꼿하고, 존경스럽고, 신뢰가 가는 모습의 한 남자는, 한때 바다의 소금이었던, 이 땅의 소금 같은 사람이었다. 혹은 더 예의 바른 신사는, 아마도 한때 주의회 의원이었을 것이다. 넓고 붉은 얼굴의 케이프 코드 남자는 너무 많은 폭풍을 겪어 쉽게 화를 내지 않았다. 혹은 어부의 아내는 보스턴을 떠나는 연안선을 일주일이나 기다리다가 결국 기차를 타고 온 사람이었다.

진실을 존중하자면, 그날 우리가 본 몇 안 되는 여성들은 꽤 초췌해 보였다. 이가 빠져 턱과 코가 도드라졌고, 옆모습은 날카로운 W자를 닮아 있었다. 남편들보다 덜 보존된 듯했지만, 어쩌면 건조 표본처럼 말라 있어서일지도 모른다. 그렇다고 해서 우리가 그들을 덜 존경하는 것은 아니다. 우리 자신의 치아 상태도 완벽과는 거리가 멀지 않은가.

우리는 여전히 빗속을 달렸다. 멈춘다면, 보통 우체국에서였다. 우리는 비 오는 날 케이프 주민들의 주된 일은 편지를 쓰고, 우리가 도착할 때를 대비해 그것들을 분류하는 것일 거라고 생각했다. 이곳의 우체국은 유난히 가정적인 기관처럼 보였다. 이따금 역마차는 어떤 낮은 상점이나 주택 앞에 멈췄고, 셔츠 소매 차림에 가죽 앞치마를 두른 수레 제작자나 구두 수선공이 갓 쓴 안경 너머로, 마치 집에서 만든 케이크 한 조각인 양 엉클 샘의 가방을 여행객들을 위해 들어 올렸다. 그러면서 마부에게 잡담 한 조각을 늘어놓았는데, 여행객들의 존재에는 마치 그들이 짐짝이라도 되는 양 정말로 무관심했다. 한 번은 우리가 알기로는 여성이 우체국장이었는데, 사람들은 그녀가 최고의 우체국장이라고 말했다. 하지만 우리는 그곳에서 편지들이 검열될지도 모른다고 의심했다. 데니스에 잠시 멈춰 있는 동안, 우리는 조심스레 창밖으로 고개를 내밀어 어디로 가는지 살펴보았다. 그리고 안개 속에서, 우리 앞에 기이하고 황량한 언덕들이 솟아 있는 것을 보았다. 모두 가난뱅이 풀로 뒤덮여 있었고, 바로 우리 곁에 있었음에도 불구하고 마치 지평선에 있는 것처럼 희미하게 나타났다. 말들이 여전히 그쪽으로 향하고 있었음에도 불구하고, 우리는 그쪽 땅의 끝에 다다른 것 같았다. 실제로, 우리가 본 데니스의 일부는 내가 이름 붙일 수 없는 성격의, 극도로 황량하고 쓸쓸한 시골이었다. 아마도 그저께 마른 땅이 된 바다 밑바닥과 같은 표면이었을 것이다. 그것은 가난뱅이 풀로 덮여 있었고, 나무는 거의 보이지 않았지만, 여기저기 비바람에 얼룩진, 붉은 지붕의 단층집이 있었다. 종종 집의 다른 부분은 칠하지 않았어도 지붕은 칠해져 있었다. 그 집은 황량하고 쓸쓸하게 서 있었지만, 땅에 넓은 기초를 두고 있어, 안락함은 모두 내부에 있었음에 틀림없다. 우리는 지명 사전을 읽었다. 그것도 가지고 다녔기 때문이다. 1837년, 이 마을 소속의 선장 150명이 연방 각지의 항구에서 바다로 출항했다고 한다. 마을 남쪽에는 아마도 집이 훨씬 더 많을 것이다. 그렇지 않다면, 그들이 집에 머물 때 —물론 집에 있을 때가 있긴 하다면— 도대체 어디서 묵는지 상상하기 어렵다. 진실은, 그들의 집은 바다 위에 있고, 그들의 고향 역시 바다라는 것이다. 데니스 근처에는 나무가 거의 없었고, 나무를 심을 계획이 있다는 얘기도 들리지 않았다. 물론 움푹한 사각형 안에 롬바르디아 포플러로 둘러싸인 집회소가 하나 있긴 했다. 나무들은 건물의 기둥처럼 곧았고, 모서리는 정확히 직각이었다. 하지만 내가 잘못 본 게 아니라면, 그 나무들은 이미 모두 죽어 있었다. 나는 이곳에야말로 부흥이 필요하다고 느꼈다. 책에는 1795년에 '첨탑이 있는 우아한 집회소'가 세워졌다고 쓰여 있었으니, 아마 그것이 바로 이 건물일 것이다. 비록 첨탑이 있었는지, 아니면 포플러에 대한 동정심으로 그만큼 시들었는지는 기억나지 않지만 말이다. 이 마을의 또 다른 집회소는 "깔끔한 건물"로 묘사되었다. 그러나 이웃 마을인 채텀의 집회소에 대해서는, 당시에는 하나뿐이었는데, "수리가 잘 되어 있다"는 말 외에는 아무것도 쓰여 있지 않다. 이 두 가지 말 모두, 물질적인 교회뿐만 아니라 영적인 교회에도 적용되는 것으로 이해하기를 바란다. 그러나 브로드웨이의 트리니티 교회에서 놉스커셋의 교회에 이르기까지, 이른바 '우아한 집회소'라는 것은 내 생각에 '아름다운 마을'과 같은 부류에 속한다. 나는 그런 것을 단 한 번도 제때 본 적이 없다. 훌륭한 것은 외형이 아니라 행동 그 자체다. 이곳 사람들은 더운 날에 그늘을 어떻게 마련하는지 알 수 없었지만, 한 기록에는 이렇게 쓰여 있었다. "채텀에서는 다른 어떤 지역보다 안개가 더 자주 끼며, 여름에는 나무 대신 집이 햇빛을 막는 역할을 한다. 넓은 시야를 즐기는 사람들에게는—채텀 주민들은 그렇지 않다는 뜻일까— 그것이 불쾌할 수는 있어도, 건강에 해롭지는 않다."

어쩌면 막힘없는 바닷바람이 이곳의 부채 역할을 하는지도 모른다. 채텀의 역사가에 따르면, "이 마을에서는 아침 식사와 저녁 식사가 거의 구별되지 않는다. 치즈, 케이크, 파이가 한 끼에 흔한 만큼 다른 끼니에도 흔하다." 그러나 그 말로는, 그 음식들이 정말 어느 한 끼에 흔한 것인지 여전히 알 수 없었다.

꽤 언덕이 많은 그 길은 여기서 만(灣) 해안 가까이로 이어졌는데, 한쪽에는 만이 있고 다른 쪽에는 케이프에서 가장 높은 땅이라고 하는 "스카고의 거친 언덕"이 있었다. 이 언덕 정상에서 보이는 만의 넓은 전망에 대해, 안내서는 이렇게 적고 있다. "그 경치에 아름다운 점은 많지 않지만, 숭고함을 강하게 느끼도록 한다." 바로 그런 종류의 표현이 우리가 듣고 싶어 하는 소통 방식이다. 우리는 데니스의 수엣 마을을 지나, 수엣 곶과 퀴벳 곶을 통과했다. 그곳에 대해 안내서는 이렇게 덧붙였다. "놉스커셋과 비교하면 이곳은 쾌적한 마을이라 할 수 있다. 그러나 샌드위치와 비교하자면, 그곳에는 아름다움이 거의, 아니 전혀 없다고 해야 할 것이다." 우리는 그 문장을 읽으며, 아마 놉스커셋을 스쳐 지나갔거나 그 근처를 지나쳤던 희미한 기억을 떠올렸다. 하지만 우리는 데니스가 좋았다. 케이프에서 본 어떤 마을보다도 좋았다. 너무나 새로우며, 폭풍우 치는 날이 되면 너무나 숭고하게 쓸쓸했기 때문이다.

수엣의 존 시어스 선장은 이 나라에서 태양의 힘으로 순수한 소금을 얻은 최초의 인물이었다. 프랑스와 다른 유럽 해안에서는 이미 오래전부터 비슷한 방식으로 소금을 만들었지만, 그가 실험을 시작한 1776년 당시에는 전쟁으로 인해 소금이 귀하고 값비쌌다. 그의 실험에 대한 흥미로운 기록이 『역사 컬렉션』에 남아 있으며, 우리는 염전의 지붕을 처음 보았을 때 그 기록을 읽었다. 반스터블 카운티는 북부 해안 가운데서도 이 사업에 가장 유리한 곳이었다. 바다로 흘러드는 민물이 거의 없기 때문이다. 한때 이곳에는 200만 달러가 넘는 자금이 소금 사업에 투자되었지만, 지금은 서부의 대규모 소금 제조업자들과 수입상들과의 경쟁에서 밀려 염전들은 빠르게 사라지고 있다. 소금 제조업이 쇠퇴하자 사람들은 다시 어업으로 돌아갔다. 지명 사전을 펼쳐 보면, 각 마을마다 낚시를 하는 사람의 수, 잡은 물고기와 기름의 값, 만들어진 소금의 양과 사용량, 그리고 연안 무역이나 모자·가죽·신발·양철 제품 제조업에 종사하는 사람들의 수가 한결같이 기록되어 있다. 그리고 그 목록을 읽고 나면, 우리는 세계 어디서나 거의 비슷하게 이어지는 ― 진정한 의미의 가내 수공업의 풍경을 자연스레 떠올리게 된다.

늦은 오후, 우리는 브루스터를 지나갔다. 그 이름은 잊히지 않기를 바라는 마음으로 브루스터 장로의 이름을 딴 것이다. 브루스터 장로를 들어보지 못한 사람이 있을까? 그러나 정작 그가 누구였는지 아는 사람은 또 얼마나 될까? 이곳은 케이프의 마을들 중에서도 비교적 현대적인 곳으로, 은퇴한 선장들이 특히 즐겨 정착하는 곳인 듯했다. "외국 항해를 하는 선박의 선장과 항해사가 이 나라의 다른 어떤 마을보다 이곳에 더 많이 속해 있다"고 한다. 마을에는 케임브리지포트에서 흔히 볼 수 있는 현대적인 미국식 주택들이 모래 위에 줄지어 서 있었다. 마치 그것들이 찰스 강을 따라 떠내려와 만을 건너 이곳까지 표류해 온 듯한 착각이 들 정도였다. 나는 그런 집들을 '미국식'이라 부른다. 미국인들이 돈을 내고 미국인 목수들이 지은 집들이기 때문이다. 하지만 내 눈에는 그것들이 단지 흰 페인트로 칠한 목재 덩어리에 불과했다. 나에게는 그저 가장 흥미롭지 않은 형태의 표류목일 뿐이었다. 어쩌면 우리는 우리의 해군 건축술에 자부심을 가져야 할지도 모른다. 우리 배의 설계는 그리스인이나 고트족, 혹은 이탈리아인의 도움을 빌릴 필요가 없다. 선장들은 자신들의 떠다니는 집을 짓기 위해 케임브리지포트의 목수를 고용하지 않는다. 그러니 육지에서 집을 짓는다면, 차라리 누미디아식으로 — 그들의 배 중 하나를 거꾸로 뒤집어 놓은 모습이 — 훨씬 상상력을 자극할 것이다. 우리는 또 이런 구절을 읽었다. "특정한 계절이 되면, 웰플리트와 트루로, 즉 케이프 팔꿈치 안쪽의 마을 창문에 반사된 햇빛이 18마일 떨어진 카운티 도로에서도 육안으로 식별된다." 우리는 24시간 동안 해를 보지 못했으므로, 그 빛을 직접 보는 대신 상상 속에서 떠올리며 만족해야 했다.

존 심프킨스 목사는 오래전 주민들에 대해 이렇게 말했다. "어떤 사람들도 사교 모임과 가정의 즐거움을 이들보다 더 즐기는 것 같지 않다. 그들은 공적인 경우가 아니면 선술집에 자주 가는 습관이 없다. 나는 이곳에서 제대로 된 게으름뱅이나 선술집 단골을 알지 못한다." 이것은 동네 사람들에 대해 할 수 있는 말 이상이다.

마침내 우리는 올리언스의 히긴스 여관에서 하룻밤을 묵기로 했다. 마치 바다 한가운데 모래톱 위에 선 듯한 기분이었고, 안개가 걷히면 앞에 보일 것이 땅일지, 아니면 물일지 알 수 없었다. 그곳에서 우리는 두 명의 이탈리아 소년을 만났다. 그들은 오르간을 등에 메고 모래를 헤치며 이 먼 케이프를 걸어 내려왔고, 여전히 프로빈스타운을 향해 가고 있었다.

우리는 문득, 만약 프로빈스타운의 사람들이 그들에게 문을 닫는다면 얼마나 고된 운명이 될까를 생각했다. 그렇다면 그들은 다음에는 누구의 마당으로 향해야 할까? 그러나 곧, 그들이 이곳을 택한 것이 오히려 현명한 결정이었다는 생각에 이르렀다. 이곳에서는 파도 소리 말고는 다른 음악을 듣기 어렵기 때문이다. 이렇게 위대한 문명은 마침내 인구조사원의 발길이 닿는 신세계의 모든 모래 곶과 등대에까지 그 사절들을 보내어, 그곳의 야만인들에게 항복을 요구하는 법이다.

노셋 평원

다음 날 아침, 10월 11일 목요일, 비는 여전히 세차게 내리고 있었다. 그럼에도 우리는 걷기로 마음을 굳혔다. 먼저 여관의 주인 히긴스에게 물었다. 대서양 쪽 해안을 따라 프로빈스타운까지 걸어갈 수 있을지, 도중에 개울이나 습지 같은 장애물이 있지는 않은지 말이다. 히긴스는 아무런 장애물도 없고, 길을 따라가는 것보다 오히려 더 가깝다고 했다. 다만 모래 위를 걷는 일은 꽤 "고된" 일일 거라고 덧붙였다. 길도 그리 좋지는 않아, 말이라면 발이 푹푹 빠질 것이라고 했다. 여관에 있던 또 한 사람은 실제로 그 길을 걸어본 적이 있다고 했는데, 우리도 충분히 걸어갈 수 있을 거라고 했다. 다만 동풍이 불며 만조가 되면, 모래가 무너져 내리고 둑 아래로 내려서는 길이 불편하거나 때로는 위험해질 수 있다고 경고했다. 우리는 처음 네다섯 마일을 길을 따라 걸었다. 그 길은 케이프에서 가장 좁은 부분인 팔꿈치 지점을 지나 북쪽으로 굽어 있었는데, 오른편의 노셋 항구 — 바다에서 안쪽으로 들어온 작은 만 — 을 피해 나가도록 만들어져 있었다. 우리는 곧 알았다. 길 양옆은 사람에게는 그럭저럭 괜찮았지만, 가운데는 말에게 "힘든 길"이었다는 것을. 우리는 우산을 접고 걸었다. 전날처럼 비가 세차게 내렸고, 거센 바람과 짙은 안개가 몰아쳤기 때문이다. 그러나 그 바람 덕분에 노새 위를 빠른 속도로 나아갈 수 있었다. 모든 풍경이 우리가 이제 완전히 낯선 해안에 들어섰음을 말해주었다. 길은 황량한 언덕들을 굽이굽이 넘어가는 좁은 흙길이었고, 그 언덕들은 마치 생명 없는 불모지처럼 보였다. 집들은 드물었고 작고 낡았지만, 어딘가 정갈하게 손질되어 있었다. 그들의 마당, 혹은 울타리 하나 없는 케이프의 들판은 깔끔했다. 아니, 어쩌면 바람이 그 주변의 흙먼지를 쓸어가 버린 탓일지도 모른다. 아마 나무가 거의 없는 이 지역의 특성이, 장작더미나 울타리 같은 것들이 사라진 풍경을 만들어낸 듯했다. 그들은 마치 육지에 잠시 올라온 선원들 같았다. 옷차림이나 자세 따위엔 신경 쓰지 않고, 단단한 땅 위에 앉아 그 견고함 자체를 즐기고 있었다. 그들에게 이곳은 단지 '확실히 존재하는 땅'이었을 뿐, '비옥하고 즐거운 땅'은 아니었다.

나는 모든 쓸쓸한 풍경 속에서 일종의 아름다움을 느낀다. 이곳의 황량함 또한 그랬다. 오히려 그 영구적인 특성이 흐린 날씨 속에서 더 뚜렷하게 드러났다. 우리는 그 적막함을 보지 않아도, 그 포효를 듣지 않아도 알 수 있었다. 모든 것이 바다의 존재를 말하고 있었기 때문이다. 하늘에는 갈매기가 날았고, 들판에는 수레 대신 뒤집힌 배들이 놓여 있었으며, 어떤 울타리에는 고래의 갈비뼈가 엮여 있었다. 나무는 거의 찾아볼 수 없었다. 드물게 움푹한 곳에 작은 과수원이 있을 뿐이었다. 그곳의 나무들은 바람에 시달리며 옆가지를 잃고 위로만 자라, 마치 꼭대기가 평평한 자두나무처럼 보이거나, 아니면 마르멜로 덤불처럼 왜소했다. 그런 모습은 이 척박한 환경에서 자란 모든 나무가 결국 비슷한 생존 습성을 얻게 됨을 보여주었다. 나는 케이프 곳곳에서 사람 머리보다 높지 않은 사과나무들을 여럿 보았다. 어떤 과수원에서는 모든 사과를 땅에 선 채로 손쉽게 딸 수 있었다. 그러나 나무 밑으로는 기어 들어갈 수 없었다. 주인들이 20년이 되었다고 말한 나무의 높이는 겨우 세 피트 반 정도였고, 땅에서 여섯 인치 떨어진 곳부터 사방으로 다섯 피트쯤 뻗어 있었다. 그 나무들은 벌레를 막기 위해 타르 상자로 둘러싸여 있었는데, 마치 큰 화분에 심긴 식물처럼 보여, 겨울이면 집 안으로 들여놓을 수도 있을 듯했다. 다른 과수원의 나무들은 건포도 덤불만큼 작았고, 그해 수확한 사과는 한 통 반이 전부였다. 만약 그것들이 가까이 자라 있었다면, 나는 한 번에 모두 뛰어넘을 수도 있었을 것이다. 트루로의 하이랜드 등대 근처에서 본 나무들은 어릴 적 관목 숲에서 옮겨와 접붙인 것들이었는데, 심은 지 10년 된 나무의 평균 높이는 고작 18인치였고, 평평한 꼭대기로 9피트까지 퍼져 있었다. 2년 전에는 사과 한 부셸을 수확했다고 했다. 씨앗에서 자라 20년 된 또 다른 나무는 높이 5피트, 폭 18피트였으며, 언제나처럼 땅 가까이에서 가지를 쳐 밑으로는 기어 들어갈 수 없었다. 그 나무는 2년 전에 사과 한 통을 맺었다고 한다. 그 나무의 주인은 언제나 인칭대명사를 써서 말했다. "내가 숲에서 그놈을 데려왔는데, 녀석이 열매를 맺지 않아." 내가 그 근처에서 본 가장 큰 사과나무는 맨 꼭대기 잎까지 9피트였고, 사방으로 33피트 퍼져 있었으며, 다섯 갈래의 굵은 가지가 땅에서 바로 뻗어 나와 있었다.

한 마당에서 나는 유난히 건강해 보이는 나무 한 그루를 보았는데, 나머지 나무들은 모두 죽거나 죽어가고 있었다. 그 집 주인은 그 한 그루를 제외한 모든 나무에 (blackfish)로 거름을 주었다고 말했다.

이러한 성장 습성은 의심할 여지없이 장려되어야 하며, 일부 순회 전문가들이 조언했듯이 위로 다듬어서는 안 된다. 1802년에는 올리언스 남쪽의 다음 마을인 채텀에는 과일나무가 단 한 그루도 없었다. 그리고 올리언스에 대한 오래된 기록에는 이렇게 쓰여 있다. "과일나무는 바다에서 1마일 이내에서는 자라게 할 수 없다. 더 멀리 떨어진 나무들조차 동풍에 의해 피해를 입으며, 봄에 격렬한 폭풍이 지나간 후에는 그 껍질에서 짠맛이 느껴진다." 우리는 그것들이 종종 노란 이끼 같은 녹, 즉 파르멜리아 파리에티나(Parmelia parietina)로 덮여 있는 것을 보았다.

내륙 사람의 눈에 케이프에서 가장 이국적이고 그림 같은 구조물은, 염전을 제외하면 단연 풍차다. 그것은 회색빛의 팔각형 탑으로, 뒤쪽에는 긴 나무 기둥이 땅으로 비스듬히 뻗어 있고, 그 끝은 수레바퀴 위에 얹혀 있다. 이 바퀴를 굴려 풍차의 날개를 바람이 부는 방향으로 돌릴 수 있다. 그 바퀴는 동시에 바람의 힘을 견디는 버팀목 구실도 하는 듯했다. 그래서 풍차 주변에는 언제나 커다란 원형 바퀴 자국이 남아 있었다. 풍차를 돌리기 위해 모여든 이웃들은 굳이 풍향계를 보지 않아도 바람의 방향을 알 수 있었을 것이다. 풍차들은 느슨하게 흔들리며, 마치 상처 입은 거대한 새가 날개를 끌거나 다리를 절뚝이며 움직이는 듯한 모습이었다. 그것들은 네덜란드 풍경화를 연상시켰다. 높은 지대에 세워진 데다 스스로도 키가 높기 때문에, 풍차는 자연스레 이정표의 역할을 한다. 멀리서 보이는 키 큰 나무도, 다른 뚜렷한 구조물도 거의 없기 때문이다. 이곳에서는 땅의 윤곽이 워낙 또렷해, 작은 원뿔 모양의 언덕이나 모래 절벽조차도 바다 건너 멀리서 식별된다. 육지로 돌아오는 선원들은 보통 풍차나 집회소를 보고 방향을 잡는다. 시골에서는 오직 집회소만이 그 구실을 한다. 그러나 집회소 역시 일주일에 하루만 돌아가는 또 다른 형태의 풍차다. 교리의 바람이나 여론의 바람, 혹은 드물게는 하늘의 바람이 그것을 움직인다. 그곳에서는 다른 종류의 곡물이 빻아진다. 만약 그 곡물이 모두 겨나 곰팡이가 아니고, 회반죽이 아니라면 — 우리는 언젠가 그것으로 생명의 빵이 만들어지기를 기대할 수 있을 것이다.

들판 곳곳에는 조개껍데기 더미가 쌓여 있었다. 어부들이 미끼로 쓸 조개를 까서 버린 흔적이었다. 올리언스는 조개류, 특히 클램(clam)으로 유명한 곳이다. 그러나 우리 저자의 표현을 빌리자면, "벌레"가 더 어울릴지도 모른다. 해안은 마른 땅보다 훨씬 비옥하다. 이곳 주민들은 자신들의 수확을 옥수수 부셸로만이 아니라 조개 배럴로도 잰다. 조개 미끼 천 배럴은 옥수수 여섯에서 여덟천 부셸에 해당하는 값어치를 지녔다고 한다. 한때 그것은 거의 노동도, 비용도 들지 않고 손쉽게 얻을 수 있었으며, 그 양은 무한하다고 믿어졌다. 역사는 이렇게 덧붙인다. "해안의 일부를 파헤쳐 거의 모든 조개를 캐내도, 2년이 지나면 그곳에는 예전처럼 다시 조개가 가득하다. 많은 이들은 감자밭을 괭이질하듯 조개밭도 자주 뒤집어줘야 한다고 말한다. 그렇지 않으면 조개들이 너무 빽빽하게 모여 자라지 못하고, 크기가 작아지기 때문이다." 그러나 지금은 작은 조개, 즉 미아 아레나리아(Mya arenaria)가 예전만큼 많지 않다고 들었다. 아마도 조개밭을 너무 자주 뒤집은 탓일 것이다. 그럼에도 불구하고, 한 남자는 이렇게 말했다. "요즘은 돼지에게 조개를 먹여 조개를 귀하게 만들어버렸다니까요." 그러면서 그는 자신이 트루로에서 한겨울 동안 126달러어치의 조개를 캐고 깠다고 자랑했다.

우리는 올리언스와 이스트햄 사이에 있는, 길이 약 70미터도 되지 않는 개울을 건넜다. 그 이름은 '예레미야의 도랑(Jeremiah's Gutter)'이었다. 때때로 대서양이 이곳에서 만(灣)과 만나 케이프 북부를 섬처럼 고립시킨다고 한다. 케이프의 개울들은 필연적으로 작을 수밖에 없다. 흘러갈 공간이 없어 곧장 바다로 쏟아져 버리기 때문이다. 게다가 우리는, 비록 공간이 충분하더라도 이 모래에서는 달리기조차 쉽지 않다는 사실을 곧 깨달았다. 그래서 이곳에서는 물이 흘러가거나 흘러갈 수 있는 가장 작은 수로조차 소중하게 여겨지고, 이름을 부여받아 존중받는다. 다음 마을인 채텀에는 흐르는 물이 하나도 없다는 기록을 우리는 읽었다. 그 땅의 황량한 모습은 직접 보지 않으면 믿기 어려울 것이다. 내륙의 어느 농부도 그런 땅에 씨를 뿌리거나 울타리를 칠 생각조차 하지 않았을 것이다. 겉보기에도 케이프의 토양은 소금과 옥수수 가루를 섞은 듯 희고 노르스름했다. 그것을 '토양'이라 부르지만, 내륙 사람이라면 이곳에 와서 한동안은 토양과 모래의 차이를 구별하지 못할 것이다. 채텀의 역사가는 이렇게 썼다. "바다에서 얻은 그 마을의 일부에는, 토양이 막 형성되기 시작하는 불확실한 징후가 보인다. 그것이 불확실한 이유는, 그 변화가 모든 눈에 보이는 것도 아니고, 많은 사람에게 인정받지도 못하기 때문이다." 우리는 이 묘사가 케이프 전체의 모습을 잘 표현하고 있다고 생각했다. 이스트햄 서쪽에는 우리가 다음 해 여름에 건넜던, 폭이 반 마일에 달하고 마을을 가로질러 뻗어 있는 "해변"이 있다. 그 면적은 약 1,700에이커에 이르며, 지금은 식물성 부식토가 전혀 없지만, 한때는 밀을 재배하던 땅이었다. 케이프에서는 모든 모래 언덕을 "해변"이라 부른다. 그것들이 부딪히는 것이 물결이든 바람이든 상관없다. 대부분이 해안에서 비롯된 모래이기 때문이다. 이스트햄의 역사가는 이렇게 덧붙였다. "어떤 곳에서는 모래가 해변 풀에 걸려 50피트 높이의 언덕을 이루었는데, 25년 전만 해도 그 자리에 언덕은 없었다. 다른 곳에서는 작은 계곡과 늪이 모래로 메워졌다. 뿌리가 튼튼한 덤불이 서 있던 자리는 이상한 풍경이 되었다. 흙과 모래 덩어리가 뿌리에 달라붙어 작은 탑처럼 보였다. 여러 곳에서, 예전에는 흙으로 덮여 있던 바위들이 드러나 바람에 맞아, 마치 갓 채석장에서 캐낸 돌처럼 보였다."

우리는 이스트햄에서 여전히 재배하는 옥수수의 엄청난 수확량에 대해 듣고 놀랐다. 명백한 불모지임에도 불구하고 말이다. 올리언스의 우리 여관 주인은 매년 300~400부셸(약 1톤)의 옥수수를 재배하고, 또한 그가 살찌우는 돼지의 수가 많다고 우리에게 말했다. 샹플랭의 '항해기'에는 1605년에 보였던 이곳 주변의 인디언 옥수수밭과 그 가운데 있는 그들의 위그왬을 묘사한 판화가 있다. 그리고 필그림들의 말을 인용하자면, 1622년에 굶주림을 면하기 위해 노셋 인디언들에게서 "옥수수와 콩 8~10통"을 산 곳이 바로 여기였다.[4]

"1667년에 이스트햄 마을은 모든 가구주가 옥수

---

[4] 그들은 이 후 마타치스트라는 곳에 들러 더 많은 옥수수를 얻었다. 그러나 그들의 작은 배가 폭풍에 난파되자, 총독은 숲을 가로질러 50마일을 걸어서 플리머스로 돌아가야 했다. 모트의 기록에 따르면, "그는 지치고 발이 부르텄지만(surbated), 무사히 집에 도착했다." 즉, 발이 아팠다는 뜻이다. (이탈리아어 sobattere, 라틴어 sub 또는 solea battere, 발바닥을 멍들게 하다; 사전 참조. 이 구절에 대한 한 주석가가 추측하듯이 "acerbatus, 쓰라리기니 괴로운"에서 본 것이 아니다.) 이 단어는 매우 드물게 사용되며, 그런 곤경에 처한 총독이나 그와 같은 부류의 사람들에게만 적용된다. 비록 그런 사람들은 일반적으로 상당한 마일리지를 허용받고, 신경 쓴다면 발바닥을 아낄 수도 있겠지만 말이다.

수에 큰 피해를 주는 검은새 12마리나 까마귀 3마리를 죽여야 한다고 의결했다. 그리고 의결은 여러 해 동안 반복되었다." 1695년에는 추가적인 명령이 통과되었는데, 즉 "이 마을의 모든 미혼 남성은 독신으로 있는 동안 검은새 6마리나 까마귀 3마리를 죽여야 한다. 이를 어길 시 벌칙으로, 이 명령에 복종할 때까지 결혼할 수 없다"는 것이었다. 그러나 검은새들은 여전히 옥수수를 괴롭힌다. 나는 다음 여름에 그들이 그러는 것을 보았고, 들판에는 허수아비, 아니 허수 검은새가 많았는데, 나는 종종 그것들을 사람으로 착각했다.

나는 이곳의 남자들 가운데 결혼하지 않은 사람이 많았거나, 아니면 까마귀가 유난히 많은 탓이라고 생각했다. 그들은 한 구덩이에 서너 알의 씨앗만 심고, 우리보다 훨씬 적은 식물만 남겨둔다. 1802년에 인쇄된 『역사 컬렉션』의 이스트햄 기록에는 이렇게 적혀 있다.

"이곳 주민들은 자신들이 소비하는 양보다 더 많은 옥수수를 재배하며, 매년 약 천 부셸이 시장으로 보내진다. 이 지역의 흙에는 돌이 없어 쟁기가 빠르게 지나가고, 옥수수가 돋은 뒤에는 염소보다 조금 큰 케이프의 작은 말이 두 소년의 도움을 받아 하루에 세네 에이커를 쉽게 괭이질할 수 있다. 여러 농부들은 매년 500부셸의 곡물을 수확하는 데 익숙하며, 얼마 전에는 한 농부가 60에이커에서 800부셸을 거두었다."

오늘날에도 비슷한 기록이 전해진다. 그러나 최근의 자료들은 대부분 옛 기록을 되풀이한 것이거나, 실제보다는 예외적인 사례를 과장한 듯하다. 나는 여전히 이 지역의 많은 땅이 불모지로 남아 있다고 믿는다. 사실 이 척박한 곳에서 어떤 작물이라도 자란다는 것 자체가 놀라운 일이다. 사람들은 그 이유를 대기 중의 습기, 모래의 온기, 그리고 서리가 거의 내리지 않는 기후 덕분이라고 말한다.

한 제분업자는 40년 전 자신이 참석했던 옥수수 껍질 벗기기 행사를 이야기해 주었다. 그날 밤에만 500부셸의 옥수수가 벗겨졌고, 껍질을 벗긴 옥수수는 높이 6피트가 넘게 쌓여 있었다고 한다. 그러나 지금의 평균 수확량은 에이커당 15~18부셸에 불과하다. 나는 이 마을만큼 옥수수밭이 왜소하고 희망 없어 보이는 곳을 본 적이 없다. 그럼에도 주민들은 손쉽게 갈 수 있는 땅에서 적은 수확에도 만족하는 듯했다. 언제나 가장 비옥한 땅이 가장 많은 보답을 주는 것은 아니다. 이 모래밭도 서부의 기름진 저지대 못지않게 경작의 결실을 안겨줄 수 있다. 게다가 거름 없이 모래에서 자란 채소는 놀랍도록 달다고 한다. 특히 호박이 그렇다. 다만 그 씨앗을 내륙으로 옮겨 심으면 금세 퇴화해버린다고 했다. 나는 이곳의 채소들이 한 번 자라기만 하면 놀라우리만큼 푸르고 생기 있어 보인다는 사실을 직접 확인했다. 물론 그 생기조차도 황량한 모래와의 대비 속에서 더욱 돋보였을 것이다. 그러나 케이프 마을의 주민들은 대체로 자신들의 곡식이나 돼지고기를 직접 기르지 않는다. 그들의 밭은 습지나 늪의 가장자리를 조금 개간한, 작고 겸손한 텃밭들일 뿐이다.

아침 내내 우리는 몇 마일 떨어진 동쪽 해안에서 밀려오는 바다의 포효를 들었다. 세인트 존 호가 난파되던 폭풍의 여파가 아직 남아 있었던 것이다. 우리가 만난 한 소년은 그 소리에 이미 익숙해져 있어서, 우리가 무슨 말을 하는지도 거의 알아듣지 못했다. 아마 조개껍데기 속에서 같은 소리를 더 뚜렷하게 들을 수 있었을 것이다. 그 파도 소리는 공기를 가득 메우며, 걷는 발걸음마다 힘을 주었다. 바다가 육지를 두드리는 그 소리는 내륙 깊숙이까지 퍼져 들렸다. 마치 문 앞에 으르렁거리는 개 대신, 케이프 전체가 대서양의 포효를 지키개로 두고 있는 듯했다. 우리는 폭풍이 오히려 반가웠다. 그것이야말로 바다가 가장 성난 얼굴을 보여주는 때였기 때문이다. 찰스 다윈은 칠로에 해안에서, 거센 폭풍이 지나간 뒤 파도 소리가 밤에 언덕과 숲이 우거진 시골을 가로질러 21해리(약 39킬로미터) 떨어진 곳까지 들렸다고 기록한 바 있다.

함께 걷던 소년은 여덟 살쯤 되어 보였다. 우리는 그를 우리 우산의 바람막이 쪽에 두었다. 케이프에서의 삶이 어른에게 어떤 의미인지만큼, 아이에게 어떤 것인지 아는 것도 중요하다고 생각했기 때문이다. 그는 근처에서 가장 좋은 포도가 나는 곳을 가르쳐 주었고, 점심이 든 양동이를 들고 있었다. 우리가 묻지도 않았지만, 곧 그 안의 내용이 무엇인지 알게 되었다. 언제나 가장 소박한 사실들이 탐구하는 마음에는 가장 큰 즐거움을 준다.

이스트햄 집회소에 이르기 전, 우리는 길을 벗어나 시골을 가로질러 동쪽 해안의 노셋 등대로 향했다. 세 개의 등대가 나란히 서 있었는데, 서로 구분하기 위해 여러 개를 세운 듯했다. 그러나 목적에 비해 너무 번거롭고 값비싼 방법처럼 보였다. 곧 우리는 끝없이 펼쳐진 평원 한가운데 서 있었다. 나무도, 울타리도, 집 한 채도 보이지 않았다. 간혹 흙이 조금 쌓여 낮은 둑이 된 곳이 있었을 뿐이다. 내 동행은 그곳을 일리노이의 굽이치는 대초원에 비유했다. 세찬 비바람이 몰아칠 때 우리는 그것이 실제보다 훨씬 더 넓고 황량하게 느껴졌다. 언덕은 없고, 황무지에는 마른 웅덩이만 듬성듬성 있었으며, 먼 지평선은 안개에 가려져 높낮이를 알 수 없었다. 멀리서 어슬렁거리는 외로운 여행자는 거인처럼 보였다. 그는 마치 위에서 끈으로 매달려 있는 듯, 평원에 의해 지탱되는 듯한 기묘한 자세로 걷고 있었다. 조금만 떨어져 있어도 남자와 소년은 구분되지 않았을 것이다. 그들을 비교할 기준이 없었기 때문이다. 내륙 사람의 눈에 케이프의 풍경은 끝없는 신기루처럼 보였다. 이런 벌판이 사방으로 1~2마일씩 뻗어 있었다. 이곳은 '노셋 평원'이라 불렸으며, 한때는 숲으로 덮여 있었다. 겨울이면 바람이 울부짖고, 눈이 여행자의 얼굴을 스치며 불어왔다.

나는 비로소 숨 막히는 마을들을 벗어난 것이 기뻤다. 시가 연기로 가득한 매사추세츠의 술집들, 어른들이 여전히 더러운 습관에 젖어 어린아이처럼 담배를 빨고 있는 광경을 잠시라도 잊을 수 있어서 기뻤다. 내 기분은 외부의 쓸쓸함에 비례해 한층 고양되었다. 마을은 환기가 필요하다. 신들은 그들의 제단에서 맑은 불꽃이 피어오르는 것을 기뻐하지만, 시가 연기에는 결코 위로받지 않는다.

우리는 마을 뒤편을 따라 걸으며, 프로빈스타운에 닿을 때까지 어떤 마을에도 들어가지 않았다. 그래서 우산 아래에서 그들의 역사를 읽었고, 거의 아무도 만나지 않았다. 오래된 기록들은 특히 지형에 관한 내용이 풍부했는데, 그것이야말로 우리가 가장 알고 싶었던 부분이었다. 사실, 다른 주제들에서도 마찬가지였다. 나는 이 마을들에 대한 현대의 기록들이 대체로 오래된 자료에서 인용된 것들이며, 인정되었든 아니든 흥미로운 추가 정보 없이 거의 그대로 옮겨 놓았다는 사실을 발견했다. 마을의 역사는 결국 교회의 역사로 흘러들어가게 마련이었다. 그것이 그들이 전할 수 있는 유일한 이야기이기 때문이다. 그리고 그런 역사들은 언제나 옛 목사들의 라틴어 묘비명을 인용하며 끝을 맺는다 — 라틴어와 그리스어가 찬란하던 시절의 흔적을 되새기듯이.

그들은 모든 목사의 서품식까지 거슬러 올라가, 누가 개회 기도를 했는지, 누가 설교를 맡았는지, 누가 안수 기도를 했고, 누가 권면을 했는지, 또 누가 우정의 오른손을 내밀었고, 누가 축도를 했는지까지 세세히 기록해 놓았다. 때로는 한 목사의 정통성을 확인하기 위해 소집된 수많은 교회 협의회의 목록과, 그 자리에 참석한 모든 인물의 이름까지 빠짐없이 적어 놓았다. 우리는 이 평원을 건너는 데 한 시간이 걸릴 예정이었고, 풍경은 독특하지만 단조로웠다. 그래서 그동안 나는 이스트햄의 역사책을 조금 더 읽기로 했다.

플리머스에서 온 위원회가 인디언들에게서 이스트햄의 영토를 구입했을 때, 이런 질문이 제기되었다. "빌링스게이트의 소유권을 주장하는 사람은 누구인가?" 빌링스게이트는 그들이 사들이려던 땅의 북쪽, 케이프 전체를 가리키는 이름이었다. 이에 대한 대답은 이러했다. "그 땅을 소유한 사람은 아무도 없습니다." 그러자 위원회가 말했다. "그렇다면 그 땅은 우리 것입니다." 인디언들은 고개를 끄덕이며, "그렇습니다."라고 대답했다. 이 얼마나 주목할 만한 주장과 인정인가. 필그림들은 스스로를 '아무도 아닌 자(Not Any)'의 대리인으로 여겼던 모양이다. 어쩌면 이것이 '아직 점유되지 않았거나, 아직 충분히 개간되지 않은 땅'을 조용히 대신 소유하는 방식의 첫 번째 사례였을지도 모른다. 그들의 후손들은 이 방식을 광범위하게 이어받았고, 지금도 여전히 실천하고 있다. 미국인들이 오기 전까지 아메리카의 주인은 '아무도 아닌 자'였던 셈이다. 하지만 기록에 따르면, 필그림들이 빌링스게이트를 여러 해 동안 소유한 뒤, "스스로를 앤서니 중위라 칭한 한 인디언"이 나타나 그 땅의 권리를 주장했고, 결국 그들로부터 그 땅을 사갔다고 한다. 누가 알겠는가 — 언젠가 그 앤서니 중위의 후손이 백악관 문을 두드릴지도. 분명한 것은 단 하나다. 부당하게 얻은 것은 언젠가 반드시 그 대가를 치르게 마련이라는 것.

플리머스 식민지의 총독을 여러 차례 지낸 토머스 프린스는 이스트햄 정착의 지도자였다. 한때 그의 농장이었던 곳에는 오랫동안 한 그루의 배나무가 서 있었다. 그 나무는 약 200년 전, 프린스가 영국에서 가져와 직접 심었다고 전해진다. 우리가 그곳을 방문하기 몇 달 전, 그 나무는 결국 바람에 쓰러졌다. 그러나 최근의 기록에 따르면, 그 전까지도 여전히 건강했고, 열매는 작지만 품질이 뛰어났으며, 해마다 평균 15부셸의 배를 맺었다고 한다. 한편, 헤만 돈이라는 사람이 그 나무를 기리는 시를 썼다. 나는 그 시의 일부를 인용하려 한다. 그 이유는, 부분적으로 그것이 내가 기억하는 유일한 '케이프 코드 시'의 한 예이기 때문이고, 또 부분적으로는 — 그 시가 제법 괜찮기 때문이다.

**시간의 날개 위에서
이백 년이 기쁨과 슬픔으로 지나갔네
늙은 나무여, 그대여!**

먼 이국 땅에서 첫 잎을 내민 이래로.

생명이 바다 건너에서 옮겨 심어졌네."

* * * * *

[이 별들은 더 성직자적인 행들과,
또한 세상을 떠난 행들을 나타낸다.]

"망명자 무리는 오래전에 사라졌고,
늙은 나무여! 여전히 그대는 그 자리에 있네,
왕자의 손이 그대를 심었던 곳에―
가문과 시대의 의도치 않은 기념물로.
그들이 플리머스에서 건너와 정착했을 때,
돈, 히긴스, 스노, 그리고
다른 훌륭한 사람들은
그들의 아들들이 존경하며 기억하는
이름들이 되었네

* * * * *

오랜 세월이 그대의 가지를 솎아냈다네,
늙은 순례자 나무여!
그리고 많은 세월의 무게로
그대를 휘게 했다네.
그러나 노년의 서리 속에서도,
우리는 그대의 꽃을 보네,
해마다 그대의 잘 익은 열매가
여전히 나타나네.

인용할 만한 다른 구절들도 있긴 하지만, 억지 운율에 묶여 하찮은 구절들과 한데 엮여 있는 탓에 빛을 잃고 있다. 소 한 마리가 주저앉으면, 함께 멍에를 멘 다른 소가 그 무게를 대신 짊어지게 마련이다.

이스트햄의 초기 정착민 가운데 한 사람은 존 돈 부제였는데, 그는 1707년에 110세의 나이로 세상을 떠났다. 전해지는 이야기로는, 그는 생애 마지막 몇 해 동안 요람에 누워 흔들리며 지냈다고 한다. 분명 아킬레우스 같은 생은 아니었을 것이다. 그의 어머니가 그를 불사의 물에 담글 때 그를 놓쳐, 발뒤꿈치까지 완전히 담가 버린 게 분명하다. 오늘날에도 그가 세운 농장의 돌 경계표 일부는 그대로 남아 있으며, 그 위에는 그의 이니셜이 새겨져 있다.

이 마을의 교회 역사는 꽤 흥미로웠다. 기록에 따르면 "그들은 아주 이른 시기에 20피트 정사각형 크기의 작은 집회소를 지었는데, 초가지붕 사이로 머스킷 총을 쏠 수 있었다"고 한다. 물론 그 총구는 악마를 향해 있었다. 또 "1662년, 마을은 해안에 밀려오는 모든 고래의 일부를 목회자의 생활비로 할당하기로 합의했다"고 적혀 있다. 그들의 생계가 바다와 폭풍을 다스리는 신의 섭리에 달려 있었다는 점에서, 이는 나름의 논리가 있어 보인다. 고래가 잘 잡히지 않는 해에는, 그들의 기도가 하늘에 닿지 못했다고 의심했을지도 모른다. 목사들은 폭풍 속에서 절벽 위에 앉아 초조하게 해안을 바라보았을 것이다. 나 같았더라도 그랬을 것이다. 내가 만약 시골 교회의 목사라면, 교인들의 인색한 헌금에 기대기보다는 케이프 코드의 파도 속에서 내 몫의 고래 한 마리가 밀려오기를 기다리는 편이 나았을 것이다. 시골 목사의 봉급은 흔히 "고래와는 닮은 점이 없다"고 말할 수 있겠지만, 고래에 의존해야 했던 목사는 분명 고단했을 것이다. 차라리 내가 그였다면 작살을 들고 포클랜드 제도로 떠나, 그 생계를 스스로 해결했을 것이다. 폭풍에 휩쓸려 죽은 고래가 모래톱을 넘어 목회 지원금처럼 밀려 들어오는 모습을 상상해보라. 그것이야말로 신의 자비이자, 그에게 가장 확실한 위안이었을 것이다.

나는 한때 어부였던 목사가 브리지워터에 정착했다는 이야기를 들은 적이 있다. 그는 대구와 해덕을 구별할 줄 아는 한, 사람을 낚는 어부로서의 사명을 이어갈 수 있었다. 그 말은 관대하게 들리지만, 사실 대부분의 시골 강단은 그런 조건을 충족시키지 못해 텅 비게 될 것이다. 왜냐하면 사람을 낚는 어부들이 실제로 어부였던 시절은 이미 오래전이기 때문이다.

이 마을에서는 또 무료 학교를 유지하기 위해 고등어에 세금을 매겼다. 즉, 아이들의 학교를 '무료'로 만들기 위해 고등어 학교에 세금을 부과한 셈이다. 그리고 1665년, 법원은 "이 정부의 마을에 거주하는 사람 중 성경을 부인하는 자에게 체형을 가하는 법"을 통과시켰다. 봄 아침에 채찍질을 당하며, 성경이 진리라고 고백할 때까지 매를 맞는 사람을 상상해보

라. 또한 마을은 "예배 시간 동안 집회소 밖에 서 있는 모든 사람을 차꼬에 채운다"는 규정을 두었다. 그런 마을이라면, 집회소 안에 앉아 있는 것이나 차꼬에 묶여 있는 것이나 다를 바 없었을 것이다. 왜냐하면, 법을 지키는 대가가 불복종의 대가보다 더 큰 경우도 있었으니까. 아이러니하게도, 바로 이곳 — 한때 그런 법과 신앙의 규율로 가득했던 이스트햄 — 은 후에 야외 집회로 유명해진 마을이 되었다.

야외 집회는 근처 숲에서 열렸고, 만의 여러 지역에서 수천 명이 몰려들었다. 우리는 비정상적이지는 않더라도 다소 건강하지 않은 종교적 열정의 원인이, 남편과 아들들이 바다로 나가거나 익사해 버린 탓에 마을에 남은 이들이 주로 아내들과 목사뿐이었기 때문이라고 짐작했다. 오래된 기록에는 이렇게 쓰여 있다. "히스테리 발작은 올리언스, 이스트햄, 그리고 그 아래 마을들에서 매우 흔하며, 특히 일요일, 신성한 예배 시간에 두드러진다. 한 여성이 발작을 일으키면 다섯, 여섯 명의 다른 여성들이 곧 그녀에게 공감하며, 회중 전체가 극심한 혼란에 빠진다. 몇몇 노인들은, 비록 비철학적이고 비관용적인 태도이긴 하지만, 이 현상에는 의지가 부분적으로 작용한다고 믿었고, 조롱과 위협이 오히려 그 악을 방지할 수 있을 것이라고 생각했다." 지금은 어떤지 알 수 없었다. 그러나 우리는 바로 이 평원의 한 집에서 유난히 강인한 여성을 보았는데, 그녀는 히스테리로 고통받는 사람도, 그런 이들에게 공감하는 사람도 아닌 듯했다. 어쩌면 그녀의 삶 자체가 하나의 히스테리 발작이었는지도 모른다. 그녀는 어떤 남자도 흉내 낼 수 없는 거침과 단단함을 지닌 노셋의 여자였다. 목의 근육과 힘줄, 그리고 판자 못이라도 끊어낼 듯한 굳게 다문 쇠 같은 턱만 봐도 알 수 있었다. 세상과 맞서 버티며, 페티코트를 입은 군함의 수병처럼 말하거나, 파도를 뚫고 외치는 듯한 목소리를 지닌 여인. 사는 것만으로도 머리가 아플 만큼 거칠고 강인한 그녀는, 어떤 극단적인 행위도 서슴지 않을 것 같았다. 나는 그녀를 영아 살해범으로 여겼다. 그녀에게는 형제가 없었을 것이다. 있었다면 유아기에 죽었을 것이다. 그가 무슨 필요가 있겠는가? 그녀의 아버지는 아마도 그녀가 태어나기 전에 세상을 떠났을 것이다.

그 여인은 우리에게, 지난여름에는 콜레라가 번질까 염려되어 야외 집회가 열리지 않았다고 말했다. 올해는 더 일찍 열릴 수도 있었지만, 호밀이 늦게 자라 그들을 위한 짚이 준비되지 않았을 것이라 했다. 그들은 짚 위에서 잠을 자기 때문이다. 때로는 150명의 목사와 5천 명의 청중이 모이기도 한다. 밀레니엄 그로브라 불리는 그 땅은 보스턴의 한 회사가 소유하고 있으며, 내가 케이프에서 본 어느 곳보다도 이 목적에 적합하거나, 어쩌면 부적합했다. 울타리가 쳐진 그곳에는 떡갈나무들 사이로 텐트의 골격이 흩어져 있었다. 그들은 오븐과 펌프를 갖추었고, 주방용품과 텐트 덮개, 가구는 영구적인 건물 안에 보관한다. 달이 찰 때를 집회 시기로 삼고, 목사들이 설교를 준비하는 동안 한 남자가 미리 펌프를 청소하도록 임명된다. 다만 그 펌프가 항상 그들의 설교만큼 맑은 물을 내뿜지는 않을 것이다. 나는 그들이 지난여름 잔치를 벌였던 자리의 테이블 아래에서 조개껍데기 더미를 보았다. 물론 그것은 개종하지 않은 자들이나 신앙을 저버린 자들, 혹은 조롱하는 자들의 짓이었을 것이다. 야외 집회는 기도회와 소풍이 묘하게 뒤섞인 모임처럼 보였다.

이곳의 첫 목사는 1672년의 새뮤얼 트리트로, "뉴잉글랜드의 복음 전도자들 가운데 가장 뛰어난 위치에 오를 만한 인물"로 평가되었다. 그는 당시 백인뿐 아니라 많은 인디언들을 개종시켰고, 신앙고백서를 노셋 언어로 번역하기도 했다. 그 인디언들은 그들의 첫 번째 교사였던 리처드 본이 1674년에 구킨에게 편지를 쓸 때 언급한 바로 그들이었다. 본은 병든 인디언을 찾아가 "그의 입에서 매우 향기롭고 천상의 말들이 흘러나왔다"고 기록했다. 그러나 그는 동시에 "진실을 말하자면, 그들 중 다수의 삶이 너무나 방탕하여 내 마음을 찢어놓는 슬픔을 준다"고도 덧붙였다. 트리트 목사는 가장 엄격한 형태의 칼뱅주의자로 묘사된다. 그는 타협이나 변명으로 신념의 가시를 무디게 한 고슴도치가 아니라, 언제든 멀리까지 가시를 쏘아 올릴 수 있고, 용감히 자기 신앙을 방어할 줄 아는 일관된 칼뱅주의자였다. 그의 설교집 한 권이 필사본으로 남아 있으며, 한 주석가는 "그것이 출판을 염두에 두고 작성된 것으로 보인다"고 평가

했다. 나는 그가 누가복음 16장 23절을 주제로 죄인들에게 전한 설교에서 다음과 같은 구절을 인용한다.

"너는 머지않아 바닥 없는 구덩이로 떨어질 것이다. 지옥은 이미 스스로를 넓혀 너를 받아들일 준비를 마쳤고, 너를 맞이할 공간은 충분하다….

생각해보라, 너는 하나님께서 그의 정의를 드높이기 위해 특별히 마련하신 곳으로 가고 있다. 그곳은 고문 외에는 아무 일도 없는, 하나님이 친히 세우신 교도소이다. 그리고 기억하라, 하나님은 언제나 자신답게 일하신다. 그가 자신의 정의와 진노의 무게가 어떠한지를 드러내고자 할 때, 그것이 온전히 구현될 장소로서 지옥을 만드셨다. 네 영혼에 화 있을진저, 전능자의 화살이 네게 향할 때….

생각해보라, 하나님 자신이 네 비참함의 주된 행위자가 되실 것이다. 그의 숨결은 영원히 지옥의 불꽃을 피우는 풀무가 될 것이다. 만약 그가 너를 벌하신다면, 그의 분노 속에서 너를 만나신다면, 그는 너를 사람으로서 대하지 않으실 것이다. 그는 너에게 전능한 일격을 가하실 것이다.

어떤 이들은 죄가 이생에서 끝난다고 생각하지만, 그것은 착각이다. 피조물은 영원한 법 아래 붙들려 있다. 저주받은 자들은 지옥에서도 죄를 짓는다. 어쩌면 이 말을 듣고 네가 기뻐할지도 모르겠다. 그러나 기억하라, 그곳에는 즐거운 죄가 없다. 먹고, 마시고, 노래하고, 춤추고, 음탕한 장난을 치는 죄가 아니라, 저주받은 죄, 쓰디쓴 죄, 고통으로 찢기는 죄,

하나님을 저주하고 악의와 분노, 신성모독으로 얼룩진 죄만이 있을 것이다. 네 모든 죄의 무게가 네 영혼 위에 덮여, 끝없이 타오르는 땔감 더미가 될 것이다.

죄인이여, 내가 너에게 간청하노니 이 일들의 진실을 깨달으라. 이것을 하나님의 자비를 해치는 과장된 공포로 여기지 말고, 아이들을 겁주기 위한 허무한 우화로 치부하지도 말라. 하나님은 너를 비참하게 만드시더라도 여전히 자비로우신 분이다. 그는 영광의 자리에서 그 자비의 기념비들을 별처럼 빛나게 하시고, 구속받은 자들이 영원한 할렐루야를 부르게 하실 것이다. 비록 그 정의를 드높이기 위해 죄인들을 산더미처럼 쌓아 저주하실지라도 말이다."

그러나 같은 기록자는 이렇게 덧붙인다. "자연스럽게 숭고하고 인상적인 웅변을 낳는 공포의 교리를 설파했음에도 불구하고, 그는 대중적인 설교자의 명성을 얻지 못했다. 그의 목소리는 회중석 바깥까지, 히스테리 여성들의 비명과 노셋 평원을 가로지르는 바람 속에서도 들릴 만큼 컸지만, 그 불협화음보다 더 음악적이지는 않았다."

"그 설교의 효과는 그의 청중들이 여러 차례 깨어나 경각심을 갖게 되었다는 데 있었다. 한 번은 순진한 젊은이가 거의 정신을 잃을 정도로 두려워했고, 트리트 목사는 그에게 지옥이 조금은 시원하게 느껴지도록 애써야 했다." 하지만 기록은 또 이렇게 전한다. "트리트의 성격은 쾌활했고, 대화는 유쾌했으며, 때로는 익살스러웠으나 언제나 품위가 있었다. 그는 재치 있는 농담과 장난을 즐겼고, 그것에 대한 기쁨을 길고 큰 웃음으로 드러냈다."

이 인물이 바로, 내 독자들 중 많은 이들이 한 번쯤은 들어봤을, 그러나 여전히 내가 감히 다시 인용하고자 하는 잘 알려진 일화의 주인공이다.

트리트 목사는 보스턴 남부 교회의 윌러드 목사의 딸과 결혼했으며, 장인인 윌러드로부터 종종 강단에서 설교해 달라는 초대를 받곤 했다. 윌러드 목사는 품격 있는 화술과 힘 있고 조화로운 목소리를 지녔으며, 그의 저서인 『신학 대전』이 널리 존경받지는 못했지만, 설교에는 사상의 깊이와 언어의 에너지가 있었다. 그래서 그는 일반적으로 많은 존경을 받았다. 어느 날 트리트 목사는 장인의 회중 앞에서 자신의 가장 뛰어난 설교 중 하나를 평소의 다소 불운한 방식으로 전했는데, 청중은 널리 불쾌감을 드러냈다. 몇몇 신중한 회중들은 윌러드를 찾아가 "트리트 목사는 훌륭하고 경건한 분이지만, 설교는 끔찍하니 다시는 강단에 세우지 말라"고 간청했다. 윌러드는 아무 대답도 하지 않았으나, 사위에게 그 설교 원고를 빌려 달라고 요청했다.

며칠 후 그는 그 원고를 한 자도 수정하지 않은 채 그대로 자신의 회중 앞에서 낭독했다. 그 설교를 들은 사람들은 깊은 감동을 받아, 윌러드에게 달려가 그 설교를 출판해 달라고 요청했다. "보십시오, 당신과 당신 사위의 차이를!" 그들은 외쳤다. "두 분이 같은 본문으로 설교했지만, 트리트 목사의 설교는 불쾌했는데 당신의 설교는 훌륭했습니다!" 이에 윌러드는 트리트의 친필 원고를 보여주며, 파이드루스의 말을 인용했을 것이다.

"이것으로 너희의 안목이 어느 수준인지를 알겠구나."

트리트 목사는 결국 중풍으로 세상을 떠났다. 그것은 '대설(Great Snow)'이라 불린 기억에 남는 폭풍 직후였다. 그 폭풍은 그의 집 주변 땅의 눈을 모두 쓸어가 버렸지만, 길 위에는 보기 드문 높이로 눈이 쌓였다. 인디언들이 그 눈길을 아치형으로 파내어, 그를 무덤으로 운구했다고 전해진다.

독자는 우리가 그동안 내내, 비바람이 섞인 안개와 함께 세차게 불어오는 가운데, 마치 트리트 씨의 장례식에 걸맞은 기념일을 향해 가는 것처럼, 우산 밑에서 책을 읽으며 그 광활한 평원을 북동쪽 약간의 방향으로 노셋 해변을 향해 꾸준히 가로지르고 있었다고 상상할 것이다. 우리는 그것이 '스코틀랜드 삶의 빛과 그림자'에 나오는, 누군가가 눈 속에서 죽었다는 이야기 속의 황무지와 같은 곳이라고 상상했다.

이곳에 정착한 다음 목사는 "아일랜드에서 태어나 더블린 대학교에서 교육받은 새뮤얼 오즈번 목사"였다. 그는 "지혜와 덕을 갖춘 사람"으로 알려져 있으며, 그의 사람들에게 토탄의 사용법과 그것을 말리고 준비하는 기술을 가르쳤다. 그들은 거의 다른 연료가 없었기 때문에, 이것은 그들에게 큰 축복이었다. 그는 또한 농업에 개량을 도입했다. 그러나 그의 많은 공헌에도 불구하고, 그가 아르미니우스의 종교를 받아들이자, 그의 신도들 중 일부는 불만을 품게 되었다. 마침내, 열 명의 목사와 그들의 교회로 구성된 교회 협의회가 그를 심판했고, 그들은 당연하게도 그의 유용성을 망쳤다. 그 협의회는 두 명의 신성한 철학자, 조셉 돈과 너새니얼 프리먼의 요청으로 소집되었다.

그들의 보고서에는 이렇게 기록되어 있다. "협의회에 따르면, 오즈번 목사는 설교 중에 '그리스도께서 행하시고 고난받으신 것이 하나님의 법을 순종해야 할 우리의 의무를 조금도 줄이거나 덜지 않는다. 그리스도의 순종과 고난은 그 자신을 위한 것이었다'고 말했다. 이 두 가지 모두, 우리가 보기에 위험한 오류를 포함하고 있다."

또한 그들은 이렇게 덧붙였다. "오즈번 목사는 공적으로나 사적으로나 성경에는 조건부 약속 외에는 아무런 약속이 존재하지 않는다고 주장했다. 그러나 우리는 이것이 잘못이라고 생각한다. 새 마음을 주시겠다는 약속처럼, 절대적이고 무조건적인 약속들도 존재한다. '그가 그의 법을 우리 마음에 기록하리라'는 약속이 그 예이다."

그들은 또 이렇게 말했다. "오즈번이 '순종이 개인의 칭의에 상당한 원인이다'라고 선언했다는 주장이 제기되었으며, 우리도 그렇게 판단한다. 이것 역시 매우 위험한 오류를 포함하고 있다."

이처럼 그들은 신학적 세부 차이를 세밀하게 구

분했는데, 그 구분들은 아마 내가 아는 것보다 내 독자들 중 일부가 더 익숙할지도 모른다. 실제로 먼 동쪽, 예지디족이나 소위 '악마 숭배자'라 불리는 칼데아인들과 다른 부족들 사이에서도, 여행자들의 증언에 따르면 이와 비슷한 교리 논쟁이 여전히 이어지고 있다고 한다.

결국 오즈번은 해임되었고, 보스턴으로 이주해 여러 해 동안 학교를 운영했다. 그러나 내 생각에 그는 토탄 초원에서의 삶과 업적을 통해 완전히 정당화되었다. 그 증거 가운데 하나는 그가 아흔에서 백 살 사이까지 장수했다는 사실이다.

다음 목사는 벤저민 웹 목사였는데, 이웃 목사가 그를 "내가 아는 최고의 사람이자 최고의 목사"라고 칭송했음에도 불구하고, 역사가는 이렇게 말한다.

다음 목사는 벤저민 웹 목사였는데, 이웃 목사가 그를 "내가 아는 최고의 사람이자 최고의 목사"라고 칭송했음에도 불구하고, 역사가는 이렇게 말한다.

"그가 자신의 의무를 한결같이 수행하며 날들을 보냈기 때문에(시골의 훈련소 소집을 떠올리게 한다), 그리고 그의 성격에 입체감을 줄 그림자가 없었기 때문에, 그에 대해 많은 것을 말할 수 없다. (악마가 그의 길가에 그늘나무 몇 그루를 심지 않은 것이 안타깝다.) 그의 마음은 들판의 모든 어두운 점을 완전히 덮는 새로 내린 눈처럼 순수했고, 그의 정신은 구름 한 점 없이 달이 빛나는 6월의 온화한 저녁 하늘처럼 고요했다. 어떤 미덕을 말하든, 그는 그 미덕을 실천했고, 어떤 악덕을 말하든,

그는 그 악덕을 피했다. 그러나 만약 독특한 자질이 그의 성격을 특징지었다면, 그것은 그의 겸손, 그의 온유함, 그리고 하나님에 대한 그의 사랑이었다. 사람들은 오랫동안 천둥의 아들(트리트 씨)에게 가르침을 받았다. 그 안에서 그들은 위로의 아들에게 가르침을 받았는데, 그는 부드러운 설득과 지극히 높으신 분의 자비를 보여줌으로써 그들을 달콤하게 미덕으로 이끌었다. 그의 생각은 너무나 하늘에 있어서, 아래의 음울한 영역으로는 거의 내려오지 않았다. 그리고 트리트 씨와 같은 종교적 정서를 가졌음에도 불구하고, 그의 관심은 구세주께서 선포하러 오신 큰 기쁨의 기쁜 소식에 쏠려 있었다."

우리는 그런 사람이 노셋 평원을 밟았다는 이야기를 듣고 흥미를 느꼈다.

우리 책을 더 넘기다 보니, 우리 눈에 올리언스의 조나선 배스컴 목사의 이름이 들어왔다. "코가 예민한 노인, 학식 있고, 우아한 말의 창시자, 재치 있고, 달콤하고 즐거운 대화의 소유자." 그리고 다시, 데니스의 네이선 스톤 목사의 이름이 들어왔다. "그곳에 필요했던 사람; 겸손하고, 온화하고, 상냥한 사람, 나그네의 주인; 땅에서의 자신의 이익에 힘쓰지 않고, 하늘에 숨겨진 보물에 힘쓰는 사람." 그곳에서는 쉬운 미덕이다. 내 생각에 데니스의 어떤 주민도 자신의 지상 재물에 대해 그다지 열심히 공부할 수 없었을 것이고, 자신의 보물 대부분이 하늘에 있다고 여겼을 것이기 때문이다. 그러나 아마도 가장 공정하고 적절한 평가는, 후기 로마인들의 언어로 채텀의 에브라임 브릭스 목사에게 주어진 것으로 보이는 것이다. "Seip, sepoese, sepoemese, wechekum."—이것은 해석되지 않았으므로, 우리는 그것이 무슨 뜻인지 모른다. 비록 우리는 그것이 성경 어딘가에, 아마도 사도 엘리엇의 닙먹족에게 보낸 서신에 나올 것이라고 의심하지 않지만 말이다.

내가 옛 목사들을 존경하지 않는다고 생각하지는 말라. 그들은 분명 그 시대의 가장 훌륭한 사람들이었고, 그들의 삶은 마을의 역사 속에 기록될 만한 가치가 있다. 만약 내가 그들이 전했던, 그리고 아마도 그들 자신도 들었던 "기쁜 소식"을 직접 들을 수 있었다면, 나는 지금보다 훨씬 더 의미 있는 글을 쓸 수 있었을 것이다.

독자에게 그 평원이 얼마나 넓고 독특한지, 그리고 그것을 건너는 데 얼마나 긴 시간이 걸렸는지를 실감하게 하는 가장 좋은 방법은, 내 이야기 한가운데에 이 발췌문들을 삽입하는 것 외에는 없었다.

해변

 마침내 우리는 끝없이 이어지던 평원의 경계에 도달했다. 멀리서 보았을 때는 고지대의 습지처럼 보였지만, 가까이 가보니 그곳은 해변풀과 베어베리, 베이베리, 관목 떡갈나무, 그리고 해변 자두가 뒤섞여 자라는 마른 모래밭이었다. 해안에 가까워질수록 땅은 완만하게 솟아올랐다. 이어 우리는 아무것도 자라지 않는 모래 지대를 건넜다. 바다의 포효는 여전히 멀리서 들려왔고, 이전보다 그리 크지도 않았다. 우리는 해안에 닿으려면 아직 반 마일은 더 가야 하리라 생각했다. 그런데 갑자기, 우리는 대서양이 한눈에 내려다보이는 절벽 끝에 서 있었다. 발아래로는 폭이 6~12로드에 이르는 해변이 펼쳐져 있었고, 끝없이 이어진 파도 줄기가 해안을 향해 밀려들고 있었다. 바다는 사납고 어두웠으며, 폭풍우가 몰아쳤고, 하늘은 완전히 흐렸다. 구름은 여전히 비를 흩뿌리고 있었고, 바람은 흥분을 일으키기보다 오히려 격동하는 대양의 감정에 공감하는 듯했다. 파도는 해안에서 조금 떨어진 모래톱에서 부서지며, 마치 보이지 않는 댐 위를 넘는 듯 10~12피트 높이로 치솟았다. 녹색과 황금빛 물결이 뒤섞여 수천 개의 폭포처럼 거품을 일으키며 모래사장으로 굴러들었다. 우리와 유럽을 가르는 것은, 그 거칠고 사나운 대양뿐이었다.

 우리는 둑을 내려와 물가에 최대한 가까이, 모래

가 가장 단단한 지점에 닿았다. 노셋 등대를 뒤로한 채, 북서쪽으로 약 25마일 떨어진 프로빈스타운을 향해 여유롭게 해변을 걷기 시작했다. 강한 순풍이 여전히 등을 밀어주었고, 우리는 우산 아래에서 마치 항해하듯 걸으며, 대양의 거대한 힘(ποταμοῖο μέγα σθένος Ὠκεανοῖο)을 묵묵히 바라보았다.

하얀 파도들이 끊임없이 해안으로 밀려왔다. 거품은 모래 위를 달리듯 밀려왔다가, 우리가 볼 수 있는 한 먼 곳까지 다시 물러갔다. 우리는 그것이 우리 앞뒤로, 대서양의 해안을 따라 끝없이 되풀이될 장관을 상상했다. 그 움직임은 마치 흰 지휘봉으로 박자를 맞추는 합창단 지휘자의 손끝처럼 규칙적이었다. 가끔 더 높은 파도가 밀려와 우리는 급히 길가로 비켜섰고, 뒤돌아보면 파도와 거품이 우리의 발자국을 채우고 있었다. 파도는 마치 넵튠의 야생마 천 마리가 흰 갈기를 휘날리며 해안을 향해 돌진하는 듯했고, 마침내 잠시 구름이 걷히며 햇빛이 비추자, 그 흰 갈기들은 무지갯빛으로 물들었다. 때때로 긴 켈프 해초가 짠물 속에서 솟구쳐 오르며, 바다소가 꼬리를 힘차게 휘두르는 듯한 모습으로 출렁였다.

돛단배 한 척 보이지 않았다. 그날 하루 내내 바다 위에는 배의 그림자조차 없었다. 며칠 전의 폭풍으로 모든 배가 항구로 피신했고, 아직 아무도 다시 나올 엄두를 내지 못했기 때문이다. 우리가 며칠 동안 해변에서 본 유일한 인간은 표류목이나 난파선 조각을 찾아다니는 한두 명의 인양꾼뿐이었다. 봄철에

동풍이 한 차례 지나간 뒤에는, 이 해변이 종종 동쪽에서 밀려온 목재로 한쪽 끝에서 다른 쪽 끝까지 뒤덮인다. 그것들은 주운 사람의 것이 되었고, 나무가 드문 케이프에서는 주민들에게 하늘이 내린 선물이었다. 곧 우리는 그런 인양꾼 가운데 한 사람을 만났다. 전형적인 케이프 코드 사람이었다. 그의 얼굴은 햇볕과 비바람에 그을려 주름진 살결 속에서 뚜렷한 이목구비를 찾기 어려웠다. 그것은 마치 바람에 찢긴 낡은 돛이 생명을 얻은 듯했고, 비바람에 시달린 살덩이의 절벽 같았으며, 모래톱에서 굴러다니는 둥근 점토 돌을 닮아 있었다. 그는 소금기 밴 모자를 쓰고, 여러 조각 천이 덧대어진 코트를 입고 있었는데, 색깔조차 모래와 해변의 빛깔을 닮아 있었다. 마치 모래를 뒤집어쓴 듯했다.

그의 얼룩덜룩한 등, 어깨 사이의 덧댄 천 조각들은 우리가 그를 지나쳐 돌아볼 때에도 묘한 시선을 끌었다. 어쩌면 그의 등 뒤 흉터들은 불명예의 흔적일지도 모르지만, 만약 앞에 더 깊고 오래된 상처가 있다면 그것으로 충분히 명예로웠을 것이다. 그는 어딘가 도넛처럼 둥글게 세상을 바라보는 듯했지만, 결코 안락하게 내려앉지 않았다. 웃기엔 너무 진지했고, 울기엔 너무 강인했다. 조개처럼 무심했다. 모자를 쓰고 다리가 달린, 해변을 걷는 바다조개 같았다. 그는 필그림 중 한 사람, 어쩌면 페레그린 화이트의 후손이었을지도 모른다. 케이프의 뒷면에 머물며 세월이 흘러가도록 내버려 둔 채 살아가는 사람이었다. 그는 해변을 따라 떠밀려온 난파선의 잔해, 따개비로 뒤덮인 통나무, 널빤지와 장선 조각, 심지어 작은 나뭇조각까지 모았다. 그리고 그것들을 조수가 닿지 않는 곳으로 끌어내 말리기 위해 쌓아두었다. 나무가 너무 커서 옮길 수 없을 때면, 마지막 파도가 남겨둔 자리에서 잘라냈고, 혹은 몇 피트 굴려서 그 위에 막대기 두 개를 십자 모양으로 꽂아 자신의 소유임을 표시했다. 메인 주에서는 썩은 통나무가 버려지고 물에 던져지지만, 이곳에서는 그런 조각들조차 귀하게 다뤄졌다. 인양꾼들은 그것을 주워 쪼개고 말려 겨울을 나기 위한 연료로 썼다. 겨울이 오기 전, 그는 이 목재들을 어깨에 메고 둑 위로 옮겼는데, 움푹한 길이 없으면 모래 속에 괭이로 비스듬한 통로를 파내야 했다. 해변을 걷다 보면, 그의 갈고리 달린 장대가 언제나 둑 위에 기대어 놓여 있는 것을 볼 수 있었다. 그는 해변의 진정한 주인이었으며, "그의 권리를 다툴 자는 아무도 없었다." 그는 해변새처럼, 그 해변 자체와 하나가 되어 있었다.

크란츠는 『그린란드의 역사』에서 달라겐의 기록을 인용하며 이렇게 썼다. "해변에서 표류목이나 난파선의 전리품을 발견한 사람은 누구든, 그 지역 주민이 아니더라도 그것을 자기 것으로 삼을 수 있다. 다만 그는 그것을 해안으로 끌어올려 그 위에 돌을 올려두어야 한다. 그것이 자신의 소유임을 알리는 표시이며, 다른 그린란드인은 결코 그 돌이 얹힌 물건에 손대지 않는다." 이것이야말로 인간 본능에서 비롯된 자연법, 즉 만국법이라 할 수 있다.

크란츠는 또 이렇게 덧붙인다. "하나님은 이 추운 바위 땅에서 나무가 자라지 못하게 하셨지만, 대신 대양의 흐름을 통해 많은 나무가 해안으로 밀려오게 하셨다. 그 덕분에 유럽인들은 땔감이 있었고, 가난한 그린란드인들도 집을 짓고 배를 만들고, 화살을 만들 나무를 구할 수 있었다." 떠밀려온 나무들 중 일부는 뿌리째 뽑힌 채 오랜 세월 바다 위를 떠돌며 얼음에 부딪혀 가지와 껍질이 모두 벗겨지고, 벌레에 갉힌 흔적을 남긴다. 작은 조각들은 버드나무나 오리나무, 자작나무처럼 남쪽 만에서 흘러온 것이고, 더 큰 줄기들은 사시나무, 소나무, 전나무에서 비롯된 것들이다. 크란츠는 그중 결이 고우면서 향기로운 붉은 나무를 보고 "아마도 은전나무나 삼나무 냄새가 나는 스위스의 지르벨과 같은 종일 것"이라고 추정했다.

우리를 안내하던 인양꾼은 '스노우 할로우(Snow Hollow)'라 불리는 움푹한 지점으로 우리를 데려갔다. 그곳을 통해 둑 위로 오르자, 다른 길보다 훨씬 수월했다. 그 밖의 곳에서는 미끄러운 모래가 신발 속으로 밀려들어 발을 옮기기가 여간 불편한 일이 아니었다.

이 모래톱, 즉 케이프의 등뼈라 불리는 곳은 해변에서 곧장 솟아올라 대양 위로 100피트가 넘는 높이에 이르렀다. 우리가 처음 그 위에 서서 앞으로 걷게 될 길을 바라봤을 때, 묘한 전율이 밀려왔다. 오른

쪽 아래로는 완만하게 경사진 폭 12로드의 모래 해변이 이어졌고, 그 너머에는 끝없이 부서지는 흰 파도들, 다시 그 너머에는 케이프 팔뚝 전체를 따라 펼쳐진 옅은 녹색의 바다가 있었다. 그리고 그 바다의 끝에는, 지칠 줄 모르는 거대한 대양이 끝없이 펼쳐져 있었다.

왼쪽으로는 둑 가장자리 뒤편부터 빛나는 모래의 순수한 사막이 펼쳐져 있었다. 폭은 30에서 80로드에 이르렀고, 멀리에는 15~20피트 높이의 작은 모래 언덕들이 들쭉날쭉 솟아 있었다. 어떤 곳에서는 그 사이로 모래가 더 깊이 파여 들어가 있었고, 그 너머로는 식생이 나타나기 시작했다. 산뜻한 가을빛으로 반짝이는 관목들이 언덕과 계곡을 덮고 있었고, 그 사이사이로 만(灣)의 물빛이 반짝였다.

웰플리트 근처에서는 이 모래 고원을 선원들이 '이스트햄의 테이블랜드'라 불렀다. 한때 그 마을의 일부였고, 바다에서 바라보면 거대한 탁자처럼 보였기 때문이다. 이 순수한 모래의 평원은 폭이 50로드 이상, 때로는 훨씬 더 넓었으며, 높이는 대양 위로 150피트에 달했다. 식물 한 점 없는 완전히 평평한 지형이 2.5~3마일, 혹은 눈이 닿는 한 끝없이 북쪽으로 뻗어 있었다.

그 땅은 대양을 향해 약간 기울어 있었고, 모래는 흘러내릴 수 있는 최대한의 경사를 따라 해변 쪽으로 규칙적으로 굽어 있었다. 그것은 마치 거대한 요새의 깎아지른 성벽 같았고, 그 경사면은 해변이었으며, 그 평원은 대양이었다. 그곳에 서면 케이프 전체가 내려다보였다.

요컨대, 우리는 한쪽으로는 찬란한 빛으로 물든 가을의 약속의 땅을, 다른 한쪽으로는 거대한 대양을 바라보며 사막 위를 걷고 있었다. 그 풍경은 눈이 닿는 한 광활했고, 나무라곤 거의 없었다. 집 한 채 보이지 않았고, 해변에는 인적도 없었다. 그 고독은 바다와 사막이 합쳐진 고독이었다. 천 명의 사람이 함께 있더라도 그 침묵은 깨지지 않았을 것이다. 그들의 발자국이 모래 속에 사라지듯, 그 존재 또한 이 거대한 풍경 속에 흡수되어 버렸을 것이다.

이 해안은 바위가 거의 없어, 우리가 20마일 넘게 걸어도 바위를 한두 개밖에 볼 수 없었다. 모래는 해변처럼 부드러워 햇빛이 비칠 때면 눈이 부셨다. 사막 같은 모래 언덕 위에는 인양꾼들이 힘겹게 끌어올려 말리기 위해 쌓아둔 표류목 더미들이 드문드문 보였는데, 멀리서 볼 때는 마치 위그웜(인디언 천막)처럼 커 보였다. 하지만 가까이 다가가 보면 그것들은 보잘것없는 작은 나무더미에 불과했다. 노셋 등대에서 시작해 약 16마일 동안 둑은 거의 같은 높이를 유지했다. 북쪽으로 갈수록 조금씩 굴곡이 생기고 움푹한 지형이 드러났으며, 해변풀과 베이베리 덤불이 모래 속을 기어들 듯 둑 가장자리까지 번져 있었다.

1802년에 인쇄된 「반스터블 카운티 동부 해안의 설명」이라는 짧은 글에는, 자선단체 이사들이 난파된 선원들을 위한 피난처로 세운 '자선의 집'이나 '인도

주의의 집'의 위치가 기록되어 있다. 이 지도를 실은 2천 부의 안내서가 배에 배포되어, 이 해안을 오가는 선원들에게 유용하게 쓰였다. 나는 이 『난파된 선원의 안내서』를 읽으며 묘한 비애를 느꼈다. 전 문장마다 파도 소리, 바다의 신음이 들리는 듯했기 때문이다. 마치 그 책의 저자가 난파선에서 유일하게 살아남은 사람처럼 느껴졌다. 그는 이 해안의 위험을 이렇게 설명한다. "이곳의 둑은 가파르고 높아서 바다에서 오르기가 어렵다. 특히 폭풍이 몰아칠 때면 거의 불가능하다. 만조와 격렬한 바람이 겹치면, 파도가 해변 전체를 덮쳐 걷는 것조차 위험하다. 설령 선원이 이 둑을 오르는 데 성공하더라도, 곧장 내륙으로 들어가려 해서는 안 된다. 집들이 너무 멀리 떨어져 있어, 밤에는 그를 찾을 가능성이 거의 없기 때문이다." 그는 또한 이렇게 조언한다. "선원은 둑이 끊어지는 계곡을 찾아야 한다. 주민들이 '할로우(Hollow)'라고 부르는 이 골짜기들은 해안과 직각으로 뻗어 있으며, 그 가장 낮은 지점을 따라 집에서 바다로 이어지는 길이 있다." 다만, 여기서 '길'이라 함은 뚜렷한 수레자국이 난 도로를 의미하지 않는다. 단지 생존을 위한 좁고 희미한 통로일 뿐이었다.

우리는 두 개의 길 가운데 하나를 택해 걸었다. 하나는 둑 위의 길, 다른 하나는 바로 해변의 길이었다. 두 길 모두 노셋 항구에서 레이스 포인트까지 약 28마일 북서쪽으로 이어져 있었으며, 그 사이에는 사막 같은 모래밭이 끊임없이 펼쳐져 있었다. 해변으로 통하는 입구는 단 하나도 없었고, 길은 단조롭지만 웅장했다. 만조 때 노셋 항구의 얕은 수로를 건넌다면, 10~12마일을 더 걸어 총 40마일의 해안을 따라갈 수도 있었다. 낸터킷 동쪽의 둑과 해변은 그 연장선처럼 이어져 있었다. 나는 이곳에서 진정한 케이프 코드를 처음으로 느꼈다. 그것은 지도나 여행길에서 본 모양이 아니라, 실제로 눈앞에 드러난 거대한 실체였다. 인간의 손길이 닿지 않은, 오직 대양과 모래만 존재하는 땅. 이곳에서는 바다가 진정한 주인이며, 항구도 부두도 없이 육지를 잠식해 들어온다. 사람의 흔적이라곤, 난파선의 잔해와 바람에 깎인 모래뿐이었다.

    우리는 천천히 걸었다. 때로는 해변에서, 때로는 둑 위에서. 오래 떠돌다 밀려온 축축한 통나무—단풍나무나 자작나무 조각—위에 잠시 앉아 쉬기도 했고, 둑 위의 바람막이 언덕에 기대어 바다를 바라보기도 했다. 둑은 가팔랐지만, 무너지지 않는 가장자리에서는 벤치처럼 앉을 수 있었다. 육지 사람인 우리에게는 지평선에 아무 땅도 없는 바다를 바라보는 일이 낯설었다. 그러나 바다 위의 구름은 육지와 달리 낮게 깔려, 마치 물 위에 닿아 있는 듯했다. 아마도 그만큼 시야가 넓고 멀리까지 트여 있었기 때문일 것이다. 모래는 걷기에는 힘들었지만, 발에 닿는 감촉은 부드러웠다. 비가 이틀이나 내렸지만, 비가 그친 지 30분도 되지 않아 모래 언덕은 금세 말라 있었다. 이 사막 같은 풍경은 날씨와 상관없이 언제나 아름다웠다. 맑은 날엔 눈부시게 희고, 흐린 날엔 고요하며, 폭풍 후에는 해가 젖은 표면을 반사하며 빛났다. 모래의 미세한 굴곡 하나하나가 선명했고, 시선을 돌리면 곧바로 눈앞에는 끝없는 바다가 펼쳐졌다. 여름이 되면, 이 근처의 모래 언덕은 고등어 갈매기들의 둥지가 된다. 그들은 둥지를 지키기 위해 지나가는 여행자 주위를 맴돌며, 때로는 날카로운 울음소리를 내며 머리 위로 급강하한다. 그리고 해변에서 먹이를 먹던 까마귀를 쫓아, 거의 케이프 전체를 가로질러 날아가는 모습도 볼 수 있었다.

비록 내가 잠시 파도의 포효나 끊임없는 밀물과 썰물에 대해 언급하지 않았더라도, 그것들은 한순간도 멈추지 않았다. 파도는 끊임없이 부딪치고 포효했으며, 그 소리가 너무 커서 당신이 그 자리에 있었다면 내 목소리를 거의 들을 수 없었을 것이다. 그리고 지금 이 순간에도, 그 바다는 여전히 같은 소리로 부딪치고 있다. 다만 소음이 조금 덜할 뿐, 바다는 결코 쉼 없이 움직이고 있었다. 우리는 그 장대한 광경과 소리에 완전히 사로잡혀 있었다. 마치 호메로스의 『일리아스』에 등장하는 크리세스처럼―다만 그와는 다른 감정으로―우리는 '철썩이는 바다의 해안'을 따라 말없이 걸었다.[5]

---

5 우리는 수많은 파도가 한꺼번에, 부드럽게든 격렬하게든, 부딪히는 소리를 표현할 영어 단어가 없다. πολυφλοίσβοιος(폴리플로이스보이오스) '수많은 파도가 부딪치는 소리'라는 뜻이고, 바다가 고요하고 부드럽게 일렁일 때 눈에 보이는 것은 ἀνάριθμον γέλασμα(아나리드몬 겔라스마) '셀 수 없는 미소'라는 뜻(고대 그리스 희곡 '결박된 프로메테우스'에 나오는 표현)이다.

나는 때때로 문장에 그리스어를 섞는다. 그것이 부분적으로는 바다의 소리와 닮아 있기 때문이다. 비록 호메로스가 묘사한 지중해가 이 대서양처럼 거세게 울렸을지는 확신할 수 없지만 말이다.

이스트햄의 야외 집회에 오는 사람들은 감리교도의 설교와 케이프 뒤편에서 들려오는 파도 소리 사이에서 마음이 갈린다고 한다. 그들은 머무는 동안 결국 모두 이 해안으로 발걸음을 옮긴다. 나는 이런 경우, 단연코 바다가 이기길 바란다. 바다가 둑 위의 군중에게 "내 청중들이여!" 하고 외친다면, 그보다 더 강력한 설교가 어디 있겠는가. 저쪽에는 존 N. 마핏이, 이쪽에는 폴리플로이스보이오스 탈라사—즉, '수많은 파도의 목사'가 있는 셈이었다.

이 해안에는 해초가 거의 밀려오지 않았고, 밀려온 것도 대부분 켈프뿐이었다. 바위가 거의 없어 암초 해초가 붙어 살 수 없었기 때문이다. 바다 위에서 본 켈프는 거대한 갈색 앞치마처럼 물속에 반쯤 서서, 녹색 물결 사이로 떠다니며, 마치 살아 있는 손가락으로 돌이나 홍합을 붙잡고 있는 듯 보였다. 나는 그것이 내 머리만 한 돌을 끌고 있는 것을 본 적도 있었다.

때때로 우리는 파도 꼭대기에서 솟아오르는 이 해초 덩어리를 보며, 그 안에 어떤 보물이 들어 있을지 기대했지만, 가까이 다가가면 언제나 실망스러웠다. 멀리서 보면 작은 것들도 막연히 거대해 보였기 때문이다. 바다의 광활함 속에서, 사소한 것조차 눈에 크게 들어왔다. 그래서 해안에 닿은 것들이 너무 작거나 보잘것없을 때, 우리는 오히려 바다 자체가 실망스러워 보이기도 했다.

이 켈프, 노 해초, 탱글, 악마의 앞치마, 구두창, 혹은 리본 해초라 불리는 다양한 종들은 우리에게 신화적인 존재처럼 느껴졌다. 마치 넵튠이 자신의 전차를 장식하기 위해 만든 장식품 같았고, 프로테우스의 변덕스러운 마법 같았다. 육지 사람에게 바다의 세계는 그 자체로 전설이며, 바다의 산물들은 모두 이 세상 것이 아닌 듯 신비로웠다.

보리 드 생뱅상에 따르면, 한 종류의 켈프는 줄기 길이가 무려 1,500피트에 이르러 세계에서 가장 긴 식물로 알려져 있다. 어떤 선원들은 포클랜드 제도에서 이 거대한 줄기를 표류목으로 착각해 이틀 동안 헛되이 주워 모았다고 한다. 이 해초는 의외로 먹을 수 있을 것처럼 보였다. 한 선원은 소들이 그것을 먹는다고 했고, 실제로 그것은 치즈처럼 잘랐다. 나는 호기심에 그것을 깎아보며, 속이 비어 있는지, 단단한지 살펴보았다. 넓은 띠처럼 생긴 잎은 주름지고 꼬여 있었으며, 끝은 파도의 채찍질로 닳아 있었다.

내가 집으로 가져온 켈프 조각은 일주일 만에 4분의 1 크기로 줄었고, 표면은 서리처럼 소금 결정으로 덮였다. 강가에서 살아 해초를 볼 일이 없는 나로서는, 그것이 어떤 바다의 초원에서 자라났고, 어떤 날씨에 밀려왔는지 상상하는 것만으로도 흥미로웠다. 날씨에 밝은 한 사람은 그 비밀을 이렇게 설명해

주었다.

"대서양에 내려올 때
　　거대한
　춘분의 폭풍이,
육지를 향해 그의 분노로 채찍질하네
　　수고하는 파도를,
바위에서 온 해초를 싣고.

"버뮤다의 암초에서, 가장자리에서
　　가라앉은 암초의,
　어떤 멀고 밝은 아조레스에서;
바하마와 부딪치는,
　은빛으로 번쩍이는
산살바도르의 파도에서;

"떨리는 파도에서, 묻어버리는
　　오크니의 암초들을,
　거친 헤브리디스에 답하며;
그리고 난파선과 배와 표류하는
　　돛대에서, 들어 올리는
황량하고 비 내리는 바다 위에서;

"영원히 표류하며, 표류하며, 표류하며
변화하는
끊임없이 움직이는 대양의 해류 위에서."

그러나 그는 이 해안을 두고 한 말이 아니었다. 그리고 이렇게 덧붙였다.

> "마침내, 보호된 만과 후미에서
> 　모래 해변의,
> 　모두 다시 안식을 찾았네."

이 해초들은 아직 문학의 보호된 만으로 들어가지 못한, 그 기괴하고 전설적인 생각들의 상징이었다.

> "영원히 표류하며, 표류하며, 표류하며
> 　변화하는
> 　끊임없이 움직이는 마음의 해류 위에서."
> 그리고 아직 "책에 기록되지 않은
> 　그것들은, 마치 소중히 간직된
> 　가정의 말처럼, 더 이상 떠나지 않네."

해변에는 '선스콜(Sun-squall)'이라 불리는 아름다운 해파리들이 여기저기 흩어져 있었다. 인양꾼들은 그것을 그렇게 불렀고, 그것은 가장 단순한 형태의 생명체 중 하나였다. 어떤 것은 유백색으로, 어떤 것은 포도주빛으로 빛났으며, 지름은 1피트 정도였다. 처음에 나는 그것들이 폭풍이나 다른 적에게 찢겨 나간 거대한 해양 생물의 살점이라고 생각했다. 바다가 이토록 거칠고 잔혹해, 가장 견고한 구조물조차 부서져 난파되는데, 그 품속에 어찌 해파리나 이끼처럼 연약한 것들이 살아남을 수 있을까? 바다가 그 팔 안에 이런 섬세한 존재들을 안고 흔든다는 건 도무지 이해할 수 없는 일이었다.

그러다 문득 예전에 보스턴 항구에서 보았던 광경이 떠올랐다. 수없이 많은 해파리들이 햇빛을 향해 떠오르며, 잔잔한 수면 위에서 반짝이던 모습. 그들은 물빛을 바꾸어 놓을 정도로 빛났고, 그때 나는 마치 개복치 수프 위를 항해하는 것 같은 착각에 빠졌었다. 사람들은 그것을 손으로 잡으려 하면 수은처럼 손가락 사이로 흘러내린다고 했다. 이런 생각을 하다 보면, 땅이 아직 바다에서 솟아오르기 전, 혼돈이 지배하던 시절이 떠오른다. 그리고 지금도 만조와 간조 사이, 바다가 옷을 벗고 드러나는 그 경계에는 여전히 혼돈이 남아 있다. 그곳에는 오직 이런 변칙적이고 불완전한 생명체들만이 서식할 수 있다.

우리 머리 위와 파도 속에는 고등어 갈매기들이 날고 있었다. 때로는 흰 두 마리가 검은 한 마리를 쫓았고, 그들의 울음소리는 거센 바람 속에서도 맑고 날카롭게 들렸다. 해파리나 이끼처럼 연약한 몸을 가졌으면서도, 폭풍 속에서 완전히 편안한 존재들. 그들은 육체보다 정신으로 환경에 적응한 생명체였다. 그들의 본성은 종달새나 울새보다 훨씬 더 야생적이고, 덜 인간적이었다. 울음소리는 떨리는 금속의 음처럼, 바람과 파도 소리와 어우러져 있었다. 마치 해안가에 놓인 수금의 줄을 누군가 거칠게 퉁긴 듯한, 바다 음악의 너덜너덜한 조각 같았다.

하지만 만약 내가 이 해변의 인상을 가장 완전하게 되살릴 수 있는 소리를 꼽으라면, 그것은 물떼새(Charadrius melodus)의 쓸쓸한 울음소리일 것이다. 그 목소리는 마치 바다가 처음 창조된 이래로, 깊은 곳에서 길을 잃은 선원들을 위로하기 위해 해안을 따라 영원히 연주되는 장송곡처럼 들렸다. 그럼에도 불구하고, 그 모든 쓸쓸함 속에는 순수하고 변함없는 멜로디가 있었다. 언제나 한 가정에선 그것이 장송곡이었지만, 다른 가정에서는 새벽의 찬가였다. 바다의 노래는 늘 그렇게, 애도와 기쁨이 하나로 섞인 영원의 선율로 울려 퍼지고 있었다.

1794년 웰플리트에서는 인디언들에게서 전해진 독특한 갈매기 사냥법이 행해졌다. 이들은 "갈매기 집(Gull House)"이라 불리는 구조물을 만들었는데, 해변의 모래 위에 갈고리 모양의 기둥들을 박고, 그 위에 가로장대를 얹은 뒤, 옆면을 말뚝과 해초로 빽빽하게 엮어 가렸다. 지붕 역할을 하는 장대 위에는 고래의 살코기를 올려두었다. 사냥꾼은 안에 숨어 새들에게 들키지 않은 채, 갈매기들이 고기 쪼기를 두고 다투는 사이 장대 사이로 손을 뻗어 한 마리씩 붙잡았다. 이렇게 하여 한 번에 마흔, 쉰 마리까지 잡는 일이 드물지 않았다고 한다. 아마도 사람이 속았을 때 "갈매기 당했다(gulled)"고 말하는 표현이 여기에서 비롯되었을지도 모른다. 기록에는 이렇게 적혀 있다. "한 종류의 갈매기는 네덜란드인들에게 '말레무케(mallemucke)'라 불리는데, 이는 '어리석은 파리'를 뜻한다. 그들은 파리처럼 고래에게 달려들며, 지나치게 대담하고, 너무 멍청해서 쏘기도 쉽다. 노르웨이인들은 이 새를 '하브헤스트(havhest)', 즉 '바다의 말'이라 부른다. (영국 번역자는 이것이 우리가 '부비새(boobies)'라고 부르는 종류일 것이라고 덧붙인다.) 이 새들은 탐욕스럽기 그지없어, 너무 많이 먹으면 그걸 토해내고, 기운을 차리면 다시 먹는다. 바로 이 습성—도둑갈매기에게 자기 먹이를 토해주는 버릇—에서 '갈매기(gull)', '사기꾼(guller)', '속임수(gulling)'라는 단어가 생겨났다는 것이다." 기록에 따르면, 사람들은 또한 밤에 해변에서 잠든 작은 새들을 잡기도 했다. 프라이팬에 돼지기름을 태워 불빛을 만들면, 새들이 그 빛으로 날아들었다. 그러면 막대기로 쳐서 잡았다. 인디언들은 아마도 소나무 횃불을 썼을 것이다. 우리는 둑 근처에 파놓은 구멍들을 보았는데, 사냥꾼들이 그곳에 숨어 총을 들고 낚시하듯 갈매기들을 노린다고 했다. 이 커다란 새들은 고기로 먹기에도 좋았기 때문이다.

우리는 폭풍이 바다 밑바닥에서 뜯어 올려 해안으로 밀어낸, 마크트라 솔리디시마(Mactra solidissima) 종의 커다란 조개껍데기 몇 개를 발견했다. 그중 가장 큰 것 하나—길이 약 6인치쯤 되는—를 골라, 무언가 실험을 해볼 생각으로 가져가기로 했다. 곧 우리는 갈고리와 밧줄을 든 한 인양꾼을 만났다. 그는 봄에

이 근처에서 난파된 프랭클린 호의 화물 중 일부였던 토우 천 조각들을 찾고 있었다. 그 사고로 아홉 명에서 열 명이 목숨을 잃었다고 했다. 아마 독자도 그 난파 사건을 기억할 것이다. 당시 해안으로 밀려온 선장의 가방에서, "미국에 도착하기 전에 배를 일부러 난파시키라"는 지시가 담긴 편지가 발견되어 재판이 열렸던 사건이었다. 인양꾼은 내가 들고 있던 조개를 보고 "그건 바다조개, 즉 암탉조개(hen clam)야. 먹으면 아주 맛있지."라고 말했다. 우리는 해변풀로 덮인 모래 언덕 아래, 둑 위의 쓸쓸한 작은 구덩이에서 점심을 먹기로 했다. 비는 오락가락했고, 해는 간헐적으로 비쳤다.

나는 해안에서 주워온 젖은 표류목을 칼로 잘게 깎아 부스러기를 만들고, 성냥과 종이로 불을 붙였다. 그리고 잿불 속에 조개를 올려 구웠다. 이 여행 동안 집에서 가져온 아침 식사 외에는 제대로 된 식사가 거의 없었으므로, 이 조개는 나의 귀중한 저녁이 되었다. 조개가 다 익자, 한쪽 껍데기에는 살이, 다른 한쪽에는 국물이 담겨 있었다. 질기긴 했지만 달콤하고 감칠맛이 있었으며, 나는 그것을 맛있게 다 먹었다. 크래커 한두 개만 곁들였다면 제법 풍성한 저녁 식사가 되었을 것이다. 조개껍데기를 살펴보니, 그것이 우리집 설탕통에서 본 것과 같은 종류였다. 그리고 막대기에 묶으면, 예전 이 땅의 인디언들이 사용하던 괭이와 같은 형태가 되었다.

마침내 오후 무렵, 바다 위로 두세 번 무지개가

떠오르더니 소나기가 그치고 하늘이 서서히 맑아졌다. 그러나 바람은 여전히 거세게 불었고, 파도는 전과 다름없이 높게 일었다. 우리는 계속 걸어가다가 이윽고 자선 오두막(Charity-house)이라 불리는 곳에 도착했다. 난파된 선원들이 이곳에서 어떻게 지냈을지를 알고 싶어 문을 열어보았다. 그것은 해안의 황량한 모래 구덩이에, 둑 바로 안쪽에 덩그러니 서 있는 작은 집이었다. 모래 위에 박은 말뚝 위에 세워진, 외롭고 쓸쓸한 건물. 문에는 얼어붙은 손으로 간신히 구부릴 수 있을 만큼 얇은 못이 걸쇠로 박혀 있었고, 바닥에는 짚이 조금 깔려 있었다. 아마도 누울 자리이거나, 마지막 남은 힘으로 불을 피우기 위한 연료였을 것이다. 아마 이 오두막은 한 번도 누군가의 피난처가 된 적이 없었을 것이다. 매년 짚과 성냥을 채워두고, 바람을 막는 판자가 잘 버티는지 점검하겠다고 약속한 자비로운 이들은, 시간이 지나면서 점점 태만해졌을 것이다. 폭풍과 난파의 시대가 끝났다고 생각하면서. 그러나 어쩌면 바로 오늘 밤, 얼어붙은 선원들이 이 문을 억지로 열고 들어와, 아침이 밝기 전 그들 중 절반이 이 안에서 싸늘히 식어갈지도 모른다.

나는 잠시 그곳을 바라보며, 그들을 기다리는 가족들의 마음을 떠올렸다. 혹은 그들이 마지막 겨울밤을 어떤 절망 속에서 보냈을지를 생각했다. 이 오두막은 인간의 거주를 위해 세워졌지만, 내 눈에는 결코 따뜻해 보이지 않았다. 오히려 무덤으로 가는 무

대처럼 보였다.

갈매기들이 그 주위를 날며 울부짖고 있었다. 폭풍 속의 바다 포효와, 고요한 순간에도 이어지는 파도의 흐름만이 이 텅 빈 집 안을 메우고 있었다. 어쩌면 해마다 단 한 번—어느 기억에 남을 그 하룻밤만 빼고는—이 집은 그렇게 어둡고 쓸쓸하게, 비어 있었을 것이다. "난파된 사람들을 위한 숙소." 그 이름은 자비로웠지만, 정작 그곳은 살아남은 이들을 위한 집이라기보다, 죽은 자들을 위한 바다의 무덤 같았다. 『반스터블 카운티 동부 해안에 대한 설명』의 저자는 이렇게 말했다.

"각 오두막은 말뚝 위에 세워져 있으며, 길이 8피트, 너비 8피트, 높이 7피트이다. 남쪽에는 미닫이문이, 서쪽에는 덧문이 있고, 동쪽에는 지붕 꼭대기에서 15피트가량 솟은 기둥이 서 있다. 내부에는 짚이나 건초가 깔려 있고, 벤치 하나가 놓여 있어 보다 편리하다."

지금까지도 이 구조는 거의 변하지 않았다. 북쪽의 세이블 섬과 안티코스티 섬에도 비슷한 형태의 오두막이 있으며, 남쪽으로 얼마나 더 이어지는지는 알려지지 않았다. 그러나 이 책의 저자가, 난파된 선원이 가장 가까운 자선 오두막이나 피난처로 갈 수 있도록 세세하게 써 내려간 지침을 읽는 일은 그저 애처롭기까지 하다. 그는 이스트햄 해안에 대해 이렇게 덧붙였다.

"해안에서 1마일 이내에도 몇 채의 집이 있지만,

눈보라가 극심하게 몰아치는 이곳에서는, 밤낮을 막론하고 그것들을 찾는 것이 거의 불가능할 것이다."

그의 글을 읽다 보면, 마치 상상의 인도자가 눈보라 속에서 몸을 떨며 길을 잃은 선원들을 이끌고 있는 모습이 떠오른다. 그는 그들에게 이렇게 말한다. "이 계곡의 입구에는 모래가 쌓여 있어, 약간의 오르막을 올라야 한다. 여러 울타리를 넘되, 오른편의 숲으로 들어가지 않도록 조심하라. 약 4분의 3마일을 가면 집 한 채를 찾을 수 있을 것이다. 그 집은 길의 남쪽에 서 있으며, 조금 더 남쪽에는 파멧 강이 있다. 이 강은 염습지를 가로질러 동쪽에서 서쪽으로 흐른다."

또 이스트햄에 표류한 선원에게는 이렇게 조언한다. "집회소에는 첨탑이 없지만, 그 위치로 다른 집들과 구별할 수 있다. 두 개의 작은 아카시아 숲 사이에 있는데, 하나는 남쪽에, 다른 하나는 북쪽에 있다. 남쪽 숲은 북쪽의 것보다 세 배 길다. 오두막에서 서쪽으로, 약 1과 4분의 1마일 떨어진 곳에 풍차의 꼭대기와 날개가 보일 것이다."

그의 안내문은 이렇게 세세한 묘사와 지시로 여러 페이지에 걸쳐 이어진다. 마치 눈보라 속을 헤매는 난파 선원들이, 그 한 줄 한 줄의 문장을 따라 희미한 희망을 붙잡고 있는 듯했다. 우리는 이 집들이 생명을 구하는 수단이 되었는지 여부는 알지 못했다. 비록 이 작가는 트루로의 스타우트 크릭 상류에 세워진 한 집에 대해 이렇게 말하지만 말이다. "그것은 부적절한 방식으로 지어졌고, 안에 굴뚝이 있었으며, 해변풀이 자라지 않는 곳에 세워졌다. 강한 바람이 그 기초에서 모래를 날려버렸고, 굴뚝의 무게가 그것을 무너뜨렸다. 그래서 현재 연도[1802년] 1월에는 완전히 파괴되었다. 이 사건은 브루투스 호가 난파되기 약 6주 전에 일어났다. 만약 그것이 남아 있었다면, 그 배의 불행한 선원들 전체가 구조되었을 가능성이 높다. 그들은 오두막이 서 있던 곳에서 불과 몇 로드 떨어진 곳에서 해안에 닿았기 때문이다."

이 "자선 오두막(Charity-house)", 혹은 난파선 인양꾼들이 "인도주의의 집(Humane-house)"이라 부르던 바로 그 집은, 우리가 도착했을 때 참으로 황량한 모습이었다. 창문도, 미닫이 덧문도, 페인트도, 심지어 제대로 된 널빤지도 없었다. 문에는 녹슨 못이 걸쇠처럼 박혀 있었고, 집은 마치 오랜 세월 폭풍과 소금기에 잠식된 껍데기 같았다. 그럼에도 우리는 이 "인도주의의 집"이 어떤 곳인지 직접 보고 싶었다. 다시 이런 기회가 오지 않을 것 같았기 때문이다. 그래서 우리는 번갈아 가며 문에 난 옹이 구멍에 눈을 대고 안을 들여다보았다. 무엇이 보일지, 혹은 정말로 그 안에서 난파된 사람들의 뼈라도 마주치게 될지 알 수 없었다. 그러나 어둠 속을 뚫어보는 눈에는 일종의 믿음이 있었다. 두드린다고 항상 열리는 것은 아니지만, 꾸준히 응시하는 자는 마침내 안을 보게 된다는 믿음 말이다.

우리는 한쪽 눈으로는 세상의 빛을 차단하고, 다

른 한쪽 눈으로는 바다와 모래언덕, 그리고 이 세상의 모든 것을 잊은 채 그 어둠을 향해 초점을 맞췄다. 시간이 지나자 동공은 점점 커지고, 빛의 실낱같은 흔적을 잡아내려 애썼다. 아무리 짙은 어둠이라도, 인내하는 시선은 결국 그 안을 꿰뚫는 법이다. 그리하여 마침내, 우리 눈앞의 암흑 속에서 사물들이 희미하게 형태를 드러내기 시작했다. 마치 아무것도 없는 곳에서 무언가가 스스로 만들어지는 듯했다. 절망적인 시도라고 생각했지만, 눈이 어둠에 익숙해지고, 우리 감각이 그 속에서 방향을 잡기 시작하자, 시야는 점차 밝아졌다. 그리고 그 순간 우리는 '실낙원'의 시인 밀턴의 목소리를 함께 외칠 준비가 되어 있었다. 그 어둠 속에서, 우리는 단순히 텅 빈 오두막을 본 것이 아니라, 어쩌면 인간의 자비와 고독, 그리고 그것을 뚫고 나오는 '빛'의 형상을 본 것인지도 몰랐다.

"만세, 거룩한 빛이여! 하늘의 첫 자손이여,
혹은 영원한 자의 영원한 광선이여.
내가 너를 흠 없이 표현할 수 있을까."

조금 더 걸어가자, 붉은 굴뚝 하나가 시야에 불쑥 나타났다. 눈이 어둠에 익숙해지자 우리는 마침내 그 안의 모습을 분명히 볼 수 있었다. 바닥에는 돌 몇 개와 흩어진 양털 뭉치가 있었고, 저쪽 끝에는 텅 빈 벽난로 하나가 보였다. 그러나 성냥도, 짚도, 건초도 없었고, "벤치가 있다"던 기록도 거짓이었다. 그곳은 말 그대로, 우주적 아름다움의 폐허였다. 우리는 세상에 등을 돌리고, 그 옹이 구멍을 통해 '인도주의의 집', 자비의 가장 깊은 속살을 들여다보았다. 그러나 그 안에서 우리가 본 것은 빵이 아니라 돌이었고, 인간의 따뜻함이 아니라 찬바람이었다. 그 안에는 울부짖는 갈매기들의 메아리와 몇 뭉치의 양털만이 남아 있었다.

그럼에도 우리는 바람을 피하기 위해 그 바람막이 옆에 앉았다. 앉은 채로 생각했다. 자선이란 얼마나 차가운가, 인간성이란 얼마나 비인간적인가. 자선이란 이렇게 낡고, 먼 곳에 놓여 있으며, 문에는 늘 녹슨 못이 걸쇠처럼 박혀 있다. 아무도 고치지 않는다. 누군가가 이 해변까지 표류해 올 확률이 너무 희박하기 때문이다. 그래서 우리는 그 안에 들어가지 못한 채, 몸을 떨며, 별 하나 없는 밤하늘 아래에서 여전히 그 옹이 구멍을 들여다보았다. 그리고 마침내 결론에 이르렀다. 그곳은 인도주의의 집이 아니었다. 이미 문을 닫은, 바닷가의 낡은 여름 별장—어쩌면 밤이나 혼돈의 가족에게 속한 집— 그 이상도 이하도 아니었다. 우리는 그들의 사생활을 엿본 셈이었다. 그때 내 동행이 돌연 말했다. "당신은 감정이란 게 전혀 없군요."

그 말은 단정적이었고, 약간의 비난조차 담겨 있었다. 나는 잠시 놀랐지만, 곧 그가 '감정이 없다'는 말 대신, 단지 '다리가 아프지 않다'는 뜻으로 말했으리라 짐작했다. 나는 감정과는 낯설지 않았지만, 이 여행만큼은 감상에 빠질 생각이 없었다. 그저, 자비와 인간성이라는 이름 아래 남겨진 빈집의 냉기를, 담담히 바라볼 뿐이었다.

웰플리트의 굴 장수

우리는 해변을 따라 약 8마일을 걸은 끝에 웰플리트와 트루로의 경계를 알리는, 모래 속에 반쯤 묻힌 돌기둥에 이르렀다. 이처럼, 이 끝없는 모래마저도 어느 마을의 소유로 구분되어 있었다. 이후 우리는 황량한 언덕과 계곡을 가로질러 내륙으로 방향을 틀었다. 놀랍게도 바다는 더 이상 우리를 따라오지 않았다. 움푹한 골짜기를 따라 올라가자, 동쪽 해안에서 반 마일도 채 떨어지지 않은 곳에 진지한 표정의 집 두세 채가 나타났다.

그 집들의 다락은 꽉 찬 듯 무겁게 내려앉아 있었고, 지붕은 거의 누울 틈조차 없었다. 우리는 그 안 어딘가에, 잠시 몸을 눕힐 공간이 있을 것이라고 믿었다. 케이프의 바닷가 집들은 대부분 낮고 넓은데, 이 집들 또한 1층 반 높이였으나, 박공 벽에 난 창문들을 세어보면 층수가 훨씬 많아 보였다. 아니, 적어도 그 절반은 그림으로 남길 만한 가치가 있었다. 이 집들의 독특한 창문 배열이 우리 눈길을 끌었다. 끝 벽마다 창이 여러 개 뚫려 있었고, 크기와 위치가 불규칙했다. 마치 각 세대의 거주자들이 자기 필요에 따라 직접 창을 낸 듯했다. 키 큰 어른을 위한 창문, 아이를 위한 작은 창문, 그리고 각자 세네 개씩의 시야를 확보한 창들. 어떤 것은 처마 밑에 너무 낮게 달려 있어, 마치 들보를 뚫고 다른 방의 벽까지 연결된 듯 보였다. 심지어 삼각형 모양의 창문도 있어, 집 전체가 마치 구멍 많은 리볼버의 실린더처럼 보였다. 그 모습은 우스꽝스럽기도, 정겹기도 했다. 만약 그곳의 주민들이 우리 이웃들처럼 창밖을 자주 내다보는 습관이 있다면, 이 길을 지나는 여행자가 그 시선으로부터 도망칠 확률은 거의 없을 것이다.

대체로 케이프의 낡고 칠하지 않은 집들은 새로 지은 번듯한 집들보다 훨씬 자연스러웠다. 풍경과 더 잘 어우러지고, 마치 오래전부터 그 자리에 뿌리내린 듯 단단해 보였다. 반면 현대식 집들은 겉보기에만 세련됐을 뿐, 바람에 떠밀려 온 것처럼 이 낯선 땅 위에서 어딘가 어색하게 서 있었다.

그 집들은 일곱 개의 연못이 사슬처럼 이어진 곳의 기슭에 자리하고 있었다. 이 연못들은 작은 개울, 헤링 강(Herring River)의 발원지로서 만으로 흘러든다. 케이프 곳곳에는 이런 헤링 강이 많은데, 아마 머지 않아 실제 청어(herring)보다 강의 이름이 더 많아질지도 모를 일이었다.

우리는 첫 번째 집의 문을 두드렸지만 아무도 없었다. 옆집 사람들은 창문 너머로 우리를 엿보았고, 한 노파가 지하 저장고 문을 잠그고 들어가는 것이 보였다. 그러나 우리는 주저하지 않고 그 집의 문을 두드렸다. 잠시 후, 회색빛 머리칼의 남자가 문을 열었다. 나이는 예순이나 일흔쯤 되어 보였다. 그는 의심스러운 눈빛으로 우리를 훑으며 물었다.

"어디서 오셨소? 무슨 일로 왔소?"

우리가 솔직히 콩코드에서 왔다고 말하자, 그는 다시 물었다.

"콩코드는 보스턴에서 얼마나 멀지?"

"철도로 20마일입니다."

"철도로 20마일…" 그가 중얼거렸다.

"혁명으로 유명한 콩코드를 들어보신 적 없으십니까?"

그는 잠시 우리를 바라보다가, 마침내 웃으며 말했다.

"콩코드를 모른다고? 왜, 나는 벙커힐 전투의 총소리를 들었소. 만 건너편에서도 대포 소리가 울렸지. 나는 올해 여든여덟이오. 콩코드 전투 당시엔 열네 살이었는데, 당신은 그때 어디 있었소?"

우리는 부끄럽게도 그 전투에는 참여하지 못했다고 고백했다.

"그럼, 들어오시오. 여자들에게 맡깁시다."

그는 우리를 집 안으로 안내했다. 한 노파가 우리의 모자와 짐을 받아들었고, 노인은 커다란 낡은 벽난로 곁으로 다가가며 중얼거렸다.

"나는 이사야가 말한 대로, 아무짝에도 쓸모없는 가련한 피조물이오. 올해는 완전히 무너졌지. 이제는 이 치마폭 안에서 겨우 살고 있소."

가족은 노인과 그의 아내, 그리고 그녀의 어머니처럼 늙은 딸, 다소 멍한 듯한 아들, 그리고 열 살쯤 된 손자였다. 그 아들은 우리가 들어섰을 때 난롯가에 서 있었지만, 금세 밖으로 나가버렸다. 그의 얼굴은 날카롭고 짐승처럼 거칠었다.

내 동행이 여자들과 이야기를 나누는 동안, 나는 노인과 대화를 이어갔다. 주변 사람들은 그가 늙고 어리석다고 했지만, 그들의 말과 달리 그는 꽤 명료하고 총명했다. 그는 나를 보며 말했다.

"이 여자들 말이오? 둘 다 쓸모없는 가련한 피조물들이지. 이 사람은 내 아내요. 64년 전에 결혼했소. 여든넷이 되었는데, 독사처럼 귀가 먹었지. 다른 여자도 별반 다르지 않소."

그는 성경을 높이 평가했다. 아니, 최소한 나쁘게 말하지는 않았다. 그의 나이쯤 되면 그것을 부정하는 것은 지혜롭지 못한 일임을 알고 있었다. 그는 수십 년 동안 성경을 읽으며, 많은 구절을 외울 정도였다. 그리고 자신의 무가치함에 대해 깊이 감명받은 듯, 거듭 중얼거렸다.

"나는 아무짝에도 쓸모없는 가련한 피조물이오." 그의 말은 자책이면서도, 동시에 일종의 평화처럼 들렸다. 마치 긴 세월을 견뎌온 인간의 체념과 겸허함이 한 문장에 스며든 듯했다.

"나는 아무것도 아니오."

그 노인은 담담하게 말했다.

"성경에서 내가 얻은 진리는 이것이오. 인간은 아무짝에도 쓸모없는 가련한 피조물이며, 모든 것은 하나님께서 뜻하신 대로 이루어진다는 것이오."

나는 조심스레 물었다.

"성함을 여쭤봐도 될까요?"

그는 주저하지 않고 대답했다. "좋소. 내 이름은 ——요. 내 증조부께서 영국에서 건너와 이곳에 정착하셨소."

그는 평생을 웰플리트에서 굴을 채취하며 살아온 사람이었다. 그 일로 제법 부를 이루었고, 그의 아들들도 여전히 그 사업을 이어가고 있다고 했다. 매사추세츠의 대부분 굴 가게와 좌판이 사실상 웰플리트 사람들의 손에 달려 있으며, 이 마을의 일부는 예전 굴 양식장이 있던 곳이라 하여 지금도 '빌링스게이트(Billingsgate)'라 불린다. 하지만 웰플리트의 토종 굴은 1770년 무렵 멸종했다고 한다. 그 원인에 대해서는 여러 설이 있다. 땅 서리 때문이라는 주장도 있고, 항구에서 썩어가던 검은고래(blackfish) 사체의 영향이었다는 주장도 있다. 그러나 마을 사람들 사이에서 가장 흔한 설명은 이렇다. "웰플리트가 이웃 마을들과 굴 채취권을 두고 싸우기 시작하자, 굴에 노란 반점이 생겼고, 섭리가 그들을 사라지게 했다." 이야기 속에는 일종의 미신적 질서가 숨어 있었다. 노인은 덧붙였다. "세상 어디에나 이런 이야기는 있게 마련이지."

몇 해 전까지만 해도 해마다 남쪽에서 6만 부셸의 굴을 들여와 웰플리트 항구에 심었다고 한다. 그렇게 몇 달을 길러 "빌링스게이트 특유의 풍미"를 얻은 뒤에야 출하했다. 그러나 요즘은 남쪽에서 이미 다 자란 굴을 들여와, 보스턴 등지의 시장 근처 물속에 잠시 두었다가 판매한다. 그곳의 물은 민물과 바닷물이 적절히 섞여, 굴의 맛을 더욱 부드럽게 만든다고 했다. 그 사업은 여전히 잘되고, 오히려 점점 개선되고 있다고 노인은 말했다.

그는 굴을 너무 얕은 곳에 심으면 겨울에 얼어 죽는다고 설명했다.

"하지만 눈이 시릴 만큼 춥지만 않으면 괜찮소."

뉴브런즈윅의 사람들은 "심한 추위가 아니면 굴밭 위로는 얼음이 얼지 않는다"고 말한다. 만이 얼어붙어도 굴 양식장은 그 아래 물이 그대로 살아 있어 쉽게 찾을 수 있다는 것이다. 프랑스 사람들은 그것을 '데젤(degèle)', 즉 '얼음이 녹은 자리'라고 부른다.

마지막으로 그는, 겨울이 닥치면 굴을 지하실에 저장해 둔다고 했다. 그가 말하는 그 '지하실'은 단순한 저장고가 아니라, 한 세대의 삶이 쌓인 바닷내 나는 보고(寶庫)처럼 느껴졌다.

그의 목소리는 한평생 조수의 리듬 속에서 살며 배운 겸허함으로 낮게 울렸다.

"먹을 것이나 마실 것 없이요?" 내가 물었다.

"먹을 것이나 마실 것 없이." 그가 대답했다.

"굴이 움직일 수 있습니까?"

"내 신발만큼이나."

노인은 조개가 "모래 속에 몸을 묻을 때, 평평한 쪽은 위로, 둥근 쪽은 아래로 놓인다"고 설명했다. 나는 웃으며 "내 신발은 내 발이 도와주지 않으면 그렇게 들어가지 못할 텐데요"라고 말했다. 그러자 그는 "그건 그냥 자라면서 서서히 가라앉는 것일 뿐이오.

네모지게 놓으면 나중에도 그대로 발견될 거요. 하지만 조개들은 꽤 빨리 움직이기도 한다오"라고 덧붙였다.

이야기를 들으며, 나는 예전에 롱아일랜드의 굴 장수들에게서 들은 말을 떠올렸다. 그곳에서는 여전히 굴이 풍부하고 토착종으로 자란다. 그들은 굴이 가운데 어미를 중심으로 큰 덩어리로 붙어 자라며, 집게로 통째로 들어올린다고 했다. 그런 경우, 새끼 굴들은 5~6년 동안 전혀 움직이지 않고 자란다는 증거라고 말했다. 버클랜드는 『자연사 기담(Curiosities of Natural History)』에서 이렇게 기록했다.

"아주 어릴 때 바닥에 붙어버린 굴은 결코 다시 움직일 수 없다. 그러나 아직 고정되지 않고 바닥 위에 느슨하게 놓인 굴들은 이동할 수 있다. 껍데기를 벌렸다가 갑자기 닫으면서 물을 내뿜으면, 그 반동으로 뒤로 밀려난다. 건지(Guernsey)의 한 어부는 그런 굴의 움직임을 종종 목격했다고 말했다."

이 지역의 일부 사람들은 여전히 "굴이 매사추세츠 만에 원래부터 있었는가?" 혹은 "웰플리트 항구가 굴의 자연 서식지였는가?"라는 질문을 던진다. 그러나 오래된 굴 장수들의 증언을 비롯한 여러 정황을 보면, 그것은 거의 확실하다고 생각된다. 비록 지금은 토종 굴이 멸종했더라도, 인디언들이 버린 굴 껍데기들이 여전히 케이프 곳곳에 흩어져 있기 때문이다. 실제로 케이프는 풍부한 해산물 덕에 예로부터 인디언들이 밀집해 살던 곳이었다. 우리는 트루로의 그레이트 할로우 근처와 이스트하버 강 인근 하이 헤드 일대에서 그들의 생활 흔적을 보았다. 굴, 조개, 새조개 껍데기들이 사슴뼈나 다른 짐승의 뼈, 그리고 재와 함께 뒤섞여 있었다. 나는 화살촉을 여섯 개쯤 주웠고, 한두 시간 더 있었다면 주머니를 가득 채웠을 것이다. 그들은 늪가 근처에 거주했는데, 당시에는 아마 연못가였을 것이다. 피난처와 물이 모두 필요한 그들에게는 최적의 장소였다.

1613년판 샹플랭의 『항해기』에 따르면, 1606년 그는 푸아트랭쿠르와 함께 지금의 매사추세츠 만 남쪽, 블랑 곶(현재의 케이프 코드) 근처의 항구를 탐험하며 훌륭한 굴을 많이 발견했다고 한다. 그는 그곳을 "르 포르 오 위스트르(le Port aux Huistres, 굴 항구)"라 명명했다. 그의 1632년판 지도에는 "조개강(R. aux Escailles)"이 같은 지역에 표시되어 있고, 1670년 오길비의 『아메리카』 지도에도 같은 이름이 보인다.

1633년에 뉴잉글랜드를 떠나 1634년에 출판된 윌리엄 우드의 『뉴잉글랜드의 전망(New England's Prospect)』에도 흥미로운 기록이 있다. 그는 찰스 강과 미스틱 강에 "커다란 굴 둑"이 있어 항해를 방해했다고 적었다. "이 굴들은 구두주걱 모양이며, 어떤 것은 길이가 1피트에 달한다. 껍데기가 없는 속살은 너무 커서, 먹기 전에 나누어야 한다." 오늘날에도 그곳에서 여전히 굴이 발견된다고 한다. (토머스 모턴의 『뉴잉글리시 캐넌(New English Canaan)』 90쪽 참조.)

노인은 바다조개, 즉 암탉조개(Mactra solidissima)는 쉽게 얻을 수 없다고 했다. 조개는 갈퀴로 긁어 올리기도 하지만, 대서양 쪽에서는 그런 일이 거의 없고 폭풍이 칠 때 소량만 해안으로 밀려온다고 했다. 어부들은 수 피트 깊이의 물속을 걸으며, 앞의 모래 속에 뾰족한 막대기를 찔러 넣는다. 그 막대기가 조개껍데기 틈에 닿으면 조개가 껍데기를 닫으며 잡히는 것이다. 그는 예전에 조개를 먹던 물닭이나 청둥오리가 그대로 조개에 발이 낀 채 잡힌 적도 있다고 말했다.

나는 그 이야기를 듣고 며칠 전 뉴베드퍼드의 애커시넷 강둑에서 본 일을 떠올렸다. 한 남자가 내게 말하기를, 썰물 때 어린 오리들을 강가의 함초(Salicornia)와 잡초 사이에 풀어두었는데, 한 마리가 꼼짝도 하지 않기에 다가가 보니, 발이 대합조개 껍데기에 단단히 끼어 있었다고 했다. 그는 오리와 조개를 함께 집에 가져가, 아내가 칼로 껍데기를 열어 오리를 풀어주고, 조개는 그대로 요리했다고 한다. 노인은 큰 조개는 맛이 좋지만, 요리 전 반드시 "독성 있는 부분"을 제거해야 한다고 경고했다. "그걸 그대로 두면 고양이도 죽는다오."

나는 그날 오후에 큰 조개 하나를 통째로 먹었지만, 굳이 그 사실은 말하지 않았다. 속으로만 '내가 고양이보단 강하겠지' 하고 생각했다. 그는 또 행상인들이 가끔 찾아와 여자들에게 국자를 팔려 하지만, "그럴 필요가 없지. 그 여자들은 이미 조개껍데기 속에 국자를 가지고 있소. 그것보다 더 좋은 게 어디 있겠소"라며 웃었다. 실제로 그 조개껍데기의 형태는 국자로 쓰기에 딱 맞았다. 어떤 곳에서는 그것을 '스킴올(skim-all)'이라 부르기도 한다고 했다. 또한 그는 해파리는 만지면 독이 있다고 했다.

"선원들은 그걸 보면 손대지 않고 그냥 길에서 치워버리지."

"저는 오늘 오후에 만졌는데 아무렇지도 않았습니다" 나는 웃으며 말했다.

그는 심각한 얼굴로 "손에 상처가 있으면 가려울 거요. 아니면 가슴에 품어보시오. 그때 알게 될 거요"라며 농담인지 진담인지 모를 말을 덧붙였다. 이야기는 케이프의 기후로 옮겨갔다.

"케이프 뒤편에는 얼음이 거의 얼지 않소. 백 년에 한 번 정도 얼까 말까 하지. 눈도 마찬가지요. 대부분 흡수되거나, 날아가거나, 비에 씻겨 버리오."

때로는 겨울 썰물 때 해변이 꽁꽁 얼어붙어, 30마일가량 단단한 얼음길이 생기기도 한다고 했다.

"내가 소년이던 어느 겨울엔, 아버지와 함께 동트기 전에 출발해 프로빈스타운까지 걸어갔다가 점심 무렵에 돌아왔지."

나는 그 황량한 땅에서, 밭도 거의 없는 그들이 무얼 하며 사는지 물었다. 그는 잠시 웃더니 대답했다.

"아무것도 안 하지요."
"그럼 왜 밭에 울타리를 치십니까?"
"모래가 날아와 모든 걸 덮는 걸 막으려고요."

"노란 모래는 생명력이 좀 있지만, 흰 모래는 완전히 죽은 땅이오."

내가 측량사라고 하자, 그는 흥미로워했다.

"예전 사람들이 내 땅을 측량할 땐, 땅이 고르지 않으면 체인을 팔꿈치 높이까지 들어 올려 쟀지. 그게 그들의 '허용 오차'였소. 그래서 그런지, 내 땅을 두 번 측량하면 결과가 항상 달라. 왜 그런지 자네가 아나?"

그는 요즘 사람들보다 옛날 측량사들을 더 존중하는 듯했다.

"조지 3세 왕이 케이프 전역에 폭 4로드(약 24피트)의 직선 도로를 냈다오. 하지만 지금은 그 길이 어디 있는지 아무도 모르지."

그의 말은 허허로운 농담처럼 들렸지만, 그 속에는 세월이 모래처럼 모든 흔적을 덮어버린 땅에서 살아온 사람의 담담한 체념이 배어 있었다.

이 이야기를 들으면서 나는 예전에 만난 롱아일랜드 사람 한 명을 떠올렸다. 어느 날 나는 그의 배 뱃머리에서 해안으로 뛰어내리려 하고 있었는데, 그는 내가 거리를 너무 짧게 본다고 말했다. 나중에 보니, 그는 내 다리의 탄력성을 자신의 것과 같은 기준으로 생각했던 것이다. 그는 개울을 건널 때마다 이런 식으로 판단한다고 했다.

"한쪽 다리를 들어서, 내 발이 반대편 둑의 어느 부분을 덮는 것처럼 보이면, 그만큼은 뛰어넘을 수 있지요."

나는 웃으며 말했다.

"그 논리라면, 미시시피 강은 말할 것도 없고, 별도 제 발로 덮을 수 있겠네요. 하지만 그걸 뛰어넘을 수 있다고는 장담 못하겠습니다."

나는 그에게 물었다. "그럼 다리를 정확히 어떤 높이로 들어야 하는지 어떻게 압니까?"

그러자 그는 아주 진지하게, 자신의 다리가 "나사 분할기나 정밀 사분의기만큼 정확하다"고 했다. 마치 자기 다리로 그릴 수 있는 각도의 '도(degree)'와 '분(minute)'까지 세밀히 기억하고 있는 듯했다.

그는 심지어 자기 고관절에 "일종의 걸림쇠 같은 장치가 있어서" 정확히 그 각도를 재는 데 도움이 된다고 믿고 있었다.

나는 장난스럽게 제안했다.

"그럼 두 발목을 끈으로 연결해보시죠. 그 끈이 바로 '현(弦)'이 되어, 수평면에서 당신이 뛸 수 있는 거리를 측정할 수 있을 겁니다. 물론 한쪽 다리가 완전히 수직이라는 가정하에서요."

물론 그 가정은 다소 대담한 것이었지만, 어쨌든 그에게는 자신만의 '다리 속 기하학', 아주 정밀하고도 독특한 측정 체계가 있었다. 그의 태도는 우스꽝스러우면서도 묘하게 진지했다. 그에게 인간의 몸은 단순한 육체가 아니라, 스스로를 측정하고 검증하는 하나의 도구였다.

우리 주인은 집 근처의 연못들을 자랑스럽게 소개했다. 그는 우리가 이름을 제대로 외웠는지 확인하려고, 한 번 더 따라 말하게 하며 즐거워했다. 창문 밖으로는 대부분의 연못이 보였다. 그중 갈매기 연못(Gull Pond)이 가장 크고 아름다웠다. 맑고 깊으며 둘레는 1마일이 넘었다. 그 외에도 뉴컴 연못, 스웨트 연못, 슬라우 연못, 말거머리 연못, 라운드 연못, 헤링 연못이 있었는데, 그는 만수위 때 이 모든 연못이 서로 연결된다고 했다. 해안 측량사들이 찾아와 연못 이름을 묻곤 했지만, 그는 그들이 모르는 연못 하나를 알려주었다며 웃었다.

그의 말에 따르면, 지금은 연못의 수위가 옛날보다 낮다. 그가 태어나기 약 4년 전 큰 지진이 일어나, 철 같은 단단한 연못 바닥이 갈라지고 가라앉았다는 것이다. 나는 그 사건에 대한 기록을 본 적이 없지만, 그의 말은 진지했다. 그 시절 연못에는 수많은 갈매기들이 모여들었다. 하지만 지금은 큰 갈매기들이 거의 보이지 않는다고 했다. 영국인들이 그들의 북쪽 번식지를 약탈했기 때문이라고. 그는 옛날 "갈매기 집(Gull House)"을 세워 갈매기를 잡던 시절과, 밤에 프라이팬과 불빛으로 작은 새들을 잡던 때를 생생히 기억하고 있었다.

그는 슬픈 이야기도 들려주었다. 그의 아버지가 한 번, 빌링스게이트 섬에서 그런 불을 피우다 귀중한 말을 잃은 일이 있었다. 불빛에 놀란 말 스무 마리와 한 망아지가 어둠 속에서 썰물 때 생긴 통로를 건너려다, 모두 바다로 휩쓸려 익사한 것이다. 나는 여름 내내 웰플리트, 이스트햄, 올리언스의 해변에서 여전히 말을 방목하는 것을 본 적이 있다.

그는 또한 어린 시절의 추억을 떠올렸다. 밤이 되면 숲에 앉아 자는 "야생 암탉"들을 잡곤 했다고 한다. 아마 지금 우리가 말하는 초원 닭(pinnated grouse)이었을 것이다. 그는 해변에서 자라는 완두(Lathyrus maritimus)를 즐겨 먹었다. "녹색으로 요리하면, 재배한 것만큼 맛있지요." 그가 뉴펀들랜드를 항해하던 시절, 그곳에서도 이 완두가 풍성히 자라며 주민들이 먹곤 했지만, 씨앗이 익지 않아 수확은 어렵다고 했다. 나는 그에게 옛 기록을 들려주었다. "1555년 영국 서식스 지방의 오퍼드 근처에서는 큰 흉년이 들어, 사람들은 이 식물의 씨앗을 먹고 굶주림을 면했답니다." 하지만 그 이야기를 인용한 학자는 반스터블 카운티에서 그것이 쓰인 적은 없다고 덧붙였다.

그는 젊은 시절 항해사로 세상을 떠돌았다고 했다. 한때 자신을 "이 해안 전체의 조타사"라 부를 만큼 자부심이 컸다. 그러나 지금은 "지명들이 너무 많이 바뀌어서, 어디가 어딘지 헷갈린다"고 했다. 그는 우리에게 '여름 스위팅(Summer Sweeting)'이라는 사과를 건넸다. 자신이 직접 재배하고 접붙인 품종으로, 단맛이 좋았다. "이 사과나무는 정말 보기 드물어요. 내가 다른 곳에서 본 건 단 한 번뿐이지. 뉴펀들랜드였던가, 샬뢰르 만이었던가, 세 그루가 자라고 있었지. 멀리서도 그 나무를 알아볼 수 있었소."

이윽고 그의 딸이 "마법사"라 부르던 바보 아들 존이 들어왔다. 그는 이를 갈며 중얼거렸다.

"젠장, 책쟁이들. 온종일 책 얘기뿐이야. 뭐라도 하지 그래. 젠장, 쏴버릴 거야. 여기 의사 놈 하나 있어. 총 가져와서 쏴버릴 거야."

그는 단 한 번도 고개를 들지 않았다. 노인은 익숙한 듯 침착하게 말했다.

"존, 가서 앉아. 네 일이나 해. 그런 소리는 전에도 들었어. 괜한 허세 부리지 말고 조용히 있어."

그러나 존은 들은 척도 하지 않고 중얼거리며 식탁에 앉더니, 남은 음식을 모두 먹고, 심지어 어머니가 손님들에게 내놓으려 깎아 두었던 사과까지 집어 들었다. 노파는 사과를 치우며 그를 내쫓았다. 그 짧은 장면은 오래된 해안가 집의 고요함 속에서, 바람보다 더 쓸쓸한 인간의 고독과 세월의 마모를 보여주는 듯했다.

다음 여름, 나는 다시 그 집을 찾아갔다. 해안과 집 사이의 황량한 언덕을 넘으며, 마치 오시안의 시가 태어날 법한 고요하고 쓸쓸한 풍경 속을 걸었다. 그리고 옥수수밭 한가운데, 언덕 비탈에서 마법사 같은 노인을 보았다. 그는 너무나 기묘한 모습이어서, 처음엔 허수아비인 줄 알았다.

그는 우리가 본 사람들 중 가장 쾌활하고, 나이에 비해 놀랍도록 정정한 노인이었다. 그의 말투는 거칠지만 유쾌했고, 라블레의 인물에게 어울릴 만큼 솔직했다. 그는 훌륭한 파누르주가 되었을 것이다. 아니, 오히려 진지한 실레노스였고, 우리는 그의 곁에서 이야기를 듣는 소년 크로미스와 므나실루스 같았다.

"헤모니아 언덕에서는 트라키아의 시인도, 경외로운 포이보스도 핀두스에서 들리지 않았네, 더 깊은 침묵이나 더 큰 존경으로."

그의 말에는 과거와 현재가 이상하게 뒤섞여 있었다. 그는 조지 왕 시대를 살았고, 나폴레옹이 태어날 무렵을 기억했을지도 모른다. 그는 젊은 시절 이야기를 들려주었다. 식민지와 본국이 처음 대립했을 때, 열다섯 살이던 그는 수레에서 건초를 던지고 있었다. 그때 보수파 노인 돈이 그의 아버지(좋은 휘그 당원)에게 말했다고 한다.

"빌 아저씨, 식민지가 독립하려는 건, 저 연못을 쇠스랑으로 떠서 바다에 던지려는 거나 다름없소."

그는 워싱턴 장군을 직접 보았다고 했다.

"그는 크고 당당했소. 군인답고 결단력 있는 사람이었지."

그는 자리에서 일어나 워싱턴의 모습을 흉내 냈다. 말에 올라탄 듯 고개를 세우고, 좌우로 절하며 모자를 흔드는 시늉을 하더니 말했다.

"자, 저게 바로 워싱턴이었소."

그는 혁명 시절의 이야기를 술술 풀어냈고, 우리가 "그건 역사책에서도 읽었습니다"라고 하자, 무척 기뻐했다.

"오, 알고말고! 나는 열여섯 살이었소. 귀를 활짝 열고 세상을 보고 있었지. 그 나이엔 정신이 번쩍 들지 않나. 세상 모든 걸 알고 싶었던 때였지!"

그는 프랭클린 호의 난파 사건에 대해서도 말했다. 어느 날 아침 한 소년이 그의 집에 와서, 해안가에 좌초된 배가 누구의 것인지 물었다고 한다. 그는 천천히 아침을 먹고, 해안 언덕으로 올라가 앉아 배를 바라보았다. 배는 모래톱 위에 있었고, 그에게서 불과 사백 미터쯤 떨어져 있었다. 파도가 거세서 보트들은 접근하지 못했다.

"나는 선장이 작은 보트를 내리는 걸 보았소. 아홉 명이 뛰어내렸지. 그중 한 명은 여자였소. 모두 똑바로 뛰어내렸지. 그들은 노를 저었지만, 파도가 덮쳤소. 다시 올라왔을 때 여섯 명이 남았고, 그다음 파도에 보트는 뒤집혔소. 아무도 살아서 돌아오지 못했소. 남은 사람들은 선수루에 몰려 있었고, 파도는 결국 그 부분만 떼어내 바다 안쪽으로 밀어 넣었지. 그제야 구조 보트가 다가가, 여자를 제외한 나머지 사람들을 구했소."

그는 또 우리가 도착하기 몇 달 전, 캄브리아 호 증기선이 좌초된 사건을 이야기했다. 영국인 승객들이 그의 땅을 거닐며 다음과 같이 말했다고 한다.

"이곳의 풍경은 우리가 본 것 중 가장 아름답다."

숙녀들은 그의 국자 그물로 연못에서 장난을 치며 웃었다. 그는 그 여행자들의 이야기와, 그들의 지갑에 금화가 가득했다는 이야기를 하며, 조지 3세 시대에 영국 귀족들을 떠올리듯 말했다. 그의 이야기는 신화처럼 흘러갔다. 마지막에는 마치 바다의 노래처럼 이렇게 덧붙였다.

"혹은 명성이 뒤따르는 니소스의 스킬라,
짖는 괴물들로 허리를 두른 채,
둘리키아의 배들을 괴롭히고,
깊은 소용돌이 속에서
아, 두려워하는 선원들을
바다 개들로 찢어발겼는가."

저녁 무렵, 나는 낮에 먹은 조개의 '효능'을 비로소 느끼기 시작했다. 결국 우리 주인에게 솔직히 고백했다.

"제가 당신이 말한 고양이보다 더 강하지는 않은 것 같습니다." 그러자 그는 웃으며 말했다.

"하하, 나는 있는 그대로 말했을 뿐이오. 어쩌면 그건 전부 상상일지도 모르지."

하지만 내 경우에는 상상이 아니었다. 조개는 완벽한 구토제로 작용했고, 잠시 동안 꽤 괴로웠다. 그는 내 고생을 비웃었고, 나는 나중에야 이 경험이 전혀 특별한 것이 아님을 알게 되었다. 『필그림들의 항해기』에 이런 구절이 있었기 때문이다.

"우리는 큰 홍합을 발견했는데(옛 편집자는 그것이 분명히 바다조개였다고 말한다), 살이 매우 두텁고 바다진주로 가득했다. 그러나 그것들을 먹은 자는 모두 아팠고, 선원과 승객 모두 고생했으나, 곧 회복되었다."

그 글을 읽은 순간, 나는 필그림들에게 묘한 친

근함을 느꼈다. 나 역시 같은 고통을 겪은 동류였으므로. 그들의 이야기가 사실임을 내 몸으로 증명한 셈이었다. 이제 나는 『항해기』의 모든 문장을 기꺼이 믿을 수 있게 되었다. 물론 나는 그들이 말한 "바다진주"는 발견하지 못했다. 아마도 클레오파트라처럼 그것을 삼켜버린 것이리라. 그 후 나는 만의 갯벌에서 그 조개들을 여러 번 캐보았다. 조개들은 바람을 등지고 모래 속에 숨어 있다가, 최대 10피트나 되는 높이로 물을 내뿜었다. 모래 위에 남은 작은 물방울 자국들이 그 증거였다. 그때 노인이 말했다.

"이제 내가 하나 물어보겠소. 당신은 학식 있는 사람이니 대답할 수도 있겠지. 나는 자연에서 배운 것밖에 없으니 말이오."

우리가 장난스럽게 "요세푸스를 인용해서 우리를 곤란하게 만들려는 건 아니죠?"라고 하자 그는 웃었다.

"나는 오래전부터 묻고 싶던 게 있었소. '액시(Axy)'라는 말이 있소. 그 철자가 어떻게 되고, 무슨 뜻이오? 건너편에 그 이름을 가진 소녀가 있는데, 성경에 나오는 이름인지 알고 싶소. 내가 성경을 스물다섯 해 동안 읽었지만, 단 한 번도 본 적이 없소."

"그 목적 하나로 25년을 읽으셨습니까?" 내가 웃으며 묻자, 그의 아내가 대답했다.

"있어요, 분명히 있어요. 내가 봤다니까요."

"그럼 철자가 어떻게 되오?"

"모르겠어요. A-c-h, 아크, s-e-h, 세. 아크세!"

"그게 액시(Axy)라고요? 글쎄요, 그 뜻은 아시나요?"

"아니오, 난 그런 말 들어본 적이 없소."

그는 잠시 생각하더니 말했다.

"예전에 이 마을에 학교 선생님이 있었는데, 사람들이 그에게 그 뜻을 묻자 '콩 줄기보다도 의미 없는 이름'이라고 하더군."

나는 그 말에 동의했다. "저도 학교에서 가끔 그런 이름들을 만납니다. 이상한 이름이 너무 많아요."

실제로 나는 그 근처에서 졸레스(Zorles), 브리아(Brea), 아마지아(Amaziah), 브두엘(Beduel), 스알야숩(Shear-jashub) 같은 이름들을 들은 적이 있다.

저녁이 되자 굴뚝가 구석에 앉아 있던 어린 소년이 양말과 신발을 벗고 발을 난롯불에 쬐며, 아픈 다리에 연고를 바른 후 잠자리에 들었다. 그 뒤를 바보가 따라, 울퉁불퉁한 다리를 드러낸 채 잠자리에 들었다. 그리고 마침내 노인도 종아리를 걷어 올렸다. 그의 다리는 갓난아기처럼 희고 통통했다. 우리는 전에 그의 다리를 본 적이 없었기에 놀랐고, 그는 그것들을 보여주는 걸 조금 자랑스러워하는 듯했다.

그는 잠자리에 들 준비를 하면서, 늙은이가 겪는 병고에 대해 파누르주처럼 솔직하고 해학적인 어조로 이야기했다. 우리 같은 손님은 그에게 드문 존재였다. 그는 평소에 목사들 외에는 대화할 상대가 거의 없었고, 때로는 한 번에 열 명의 목사와 이야기하기도 했다. 그래서 우리 같은 평신도와의 대화가 즐거웠던 것이다.

밤은 그에게도 짧았다. 내가 여독과 조개의 부작용으로 아파 보이자, 노부인은 "이제 쉬지 않겠어요?" 하고 물었다. 그러나 노인은 아직 이야기를 끝내지 않아 말했다.

"당신은 까다로운 분이 아니시죠?"

"아니요." 내가 말했다. "나는 서두르지 않습니다. 이제 조개 곳의 시련은 무사히 넘겼으니까요."

"그 조개는 좋은 거요." 그가 말했다. "지금이라도 좀 있었으면 좋겠구먼."

"나는 그것 때문에 아픈 적이 없어요." 노부인이 말했다.

"그때 당신은 고양이를 죽인 부분을 빼냈잖아요." 내가 대꾸했다.

결국 우리는 그의 이야기가 끝나기도 전에 자리를 일어났고, 그는 "아침에 다시 이어서 하겠소." 하고 약속했다. 그러나 그날 밤, 늙은 노부인 중 한 명이 화로판을 고정시키러 우리 방에 들어왔다가 나가며 문을 잠갔다. 그녀는 혹시 모를 일에 대비한 것이었다. 늙은 여인들은 대개 늙은 남자들보다 더 의심이 많다. 밖에서는 바람이 집을 울부짖으며 돌고, 화로판과 창문이 덜컹거렸다. 그것은 바다에서 불어오는 바람이었고, 그날 밤만큼은 바다의 포효와 바람의 울음소리를 구분할 수 없었다.

다음 해 여름, 내가 다시 그 해안을 떠나 언덕을 오를 때였다. 불과 사백 미터쯤 올라갔을 때, 갑자기 바다에서 커다란 굉음이 들려왔다. 마치 대형 증기선이 바로 해안에서 증기를 내뿜는 듯한 소리였다. 나는 놀라서 걸음을 멈추었고, 피가 차갑게 식는 것을 느꼈다. 뒤돌아보았지만 눈에 띄는 것은 아무것도 없었다. 나는 아마 다른 공기층으로 들어섰을지도 모른다고 생각했다. 혹은 단지 평범한 바다의 포효가 다르게 들렸을 뿐일지도. 다시 언덕 아래로 내려가 보았지만, 오르내림과 상관없이 그 소리는 1~2분 후 사라졌다. 노인은 그 소리를 "바퀴 자국(rut)"이라고 불렀다. 바람이 바뀌기 전, 바다가 내는 특이한 포효라고 했다. 그는 바다의 소리만으로도 날씨를 예측할 수 있다고 믿었다. 실제로, 1638년에 뉴잉글랜드로 온 조슬린은 이렇게 썼다. "명백한 바람 없이 바다가 울리고, 숲에서 바람이 속삭일 때면, 곧 바람이 불어올 징조다."

어느 날 밤, 나는 또 다른 해안에 있었다. 약 1마일쯤 떨어진 곳에서 파도 소리가 들려왔고, 그곳 사람들은 "이제 곧 바람이 동쪽으로 돌고 비가 올 것"이라고 말했다. 그들에 따르면 바다는 동쪽 어딘가에 쌓여 있고, 그 포효는 균형을 되찾으려는 움직임에서 비롯된다고 했다. 즉, 바람이 불기 전 이미 파도가 먼저 해안을 두드리는 것이다. 대서양을 오가는 우편선의 한 선장도 나에게 이런 말을 한 적이 있다.

"가끔 바다 한가운데서, 바람과 정반대 방향으로 밀려오는 파도를 만납니다."

그는 그것이 멀리서 불어오는 바람의 영향 때문

이며, 바람보다 파동이 훨씬 빠르게 이동하기 때문이라고 했다.

선원들은 또한 "조류의 물결(tide-rips)"과 "너울(ground-swells)"을 말한다. 그들은 그것이 허리케인이나 지진의 여파로 수백, 때로는 2~3천 마일을 이동해 오는 것이라고 믿는다.

다음 날 새벽, 해가 뜨기도 전에 우리는 다시 길을 나섰다. 나는 바다 위로 떠오르는 해를 보기 위해 서둘러 해변으로 달려갔다. 이미 여든네 해의 겨울을 보낸 노부인은, 차가운 아침 공기 속에서 맨머리로 소를 몰고 나와 젖을 짜고 있었다. 그녀의 움직임은 빠르고 조용했다. 아침 식사를 준비하는 동안, 노인은 굴뚝가에 등을 기대고 앉은 우리 앞에서 이야기를 다시 시작했다. 담배 연기를 내뿜으며 불 속으로 침을 튀겼고, 주위에서 음식이 조리되고 있어도 아랑곳하지 않았다.

아침 식탁에는 장어, 버터밀크 케이크, 차가운 빵, 녹두, 도넛, 그리고 차가 올랐다. 노인은 끊임없이 이야기했고, 그의 아내가 "당신도 아침 좀 드세요"라고 말하자 이렇게 대답했다.

"나를 서두르게 마시오. 너무 오래 살아서, 이제는 급할 게 없소."

나는 사과 소스와 도넛을 먹었다. 그것들이 노인의 '포격'—즉, 불 속으로 튀긴 담뱃진—의 영향을 가장 적게 받은 것 같았기 때문이다. 그러나 내 동행은 사과 소스를 피하고, 대신 가장 안전해 보이던 뜨거운 케이크와 녹두를 먹었다. 나중에 서로 의견을 나눴는데, 나는 "버터밀크 케이크가 노출되어 있었기 때문에 피했다"고 말했고, 그는 "사과 소스가 더 위험해 보였기 때문에 거절했다"고 말했다.

식사 후 우리는 고장 난 노인의 시계를 살펴보았다. 스위트오일이 없어 닭 기름으로 대신 기름칠을 했다. 그는 우리가 행상인이나 시계 수리공이라고 의심했지만, 곧 믿기로 했다. 그러면서 서리로 인해 시계 케이스에 금이 간 일을 이야기하며, 그 일을 둘러싼 신기한 환상담을 들려주었다.

그는 우리가 어떤 종교에 속하는지 알고 싶어 했다. 젊은 시절, 그는 한 달에 열세 가지 종류의 설교를 들으러 다녔지만, 그 어떤 교파에도 가입하지 않았다고 했다. 그는 "내 성경은 그들 중 누구의 것도 아니오."라고 말했다. 내가 옆방에서 면도하고 있을 때, 그는 내 동행에게 물었다.

"자네는 어느 종파에 속하나?"

내 동행이 대답했다.

"저는 보편적 형제회에 속합니다."

"그게 뭐요?" 노인이 물었다. "금주회 사람들인가?"

아침 식사 후, 우리는 도넛 몇 개를 주머니에 넣고 숙박비를 치른 뒤 떠났다. 노인은 끝까지 우리를 배웅하며, 자신이 프랭클린 호의 난파 잔해에서 건진 씨앗으로 재배한 채소들을 자랑했다. 그것들은 양배추, 브로콜리, 그리고 파슬리였다. 내가 지나치게 많은 질문을 하자 그는 시험이라도 하듯, 자신의 정원에서 자라는 모든 식물의 이름을 물었다. 그의 정원은 약 반 에이커 크기였고, 완전히 그 혼자 힘으로 가꾼 것이었다. 흔한 채소 외에도 레몬밤, 히숍, 별꽃, 로마 쑥, 엘레캄페인 같은 약초와 야생 식물들이 자라고 있었다. 우리가 이야기를 나누는 동안, 한 마리의 물수리가 그의 연못 위를 맴돌다가 물고기를 낚아채려 급강하했다.

"저기요, 지금 잡았어요!" 내가 말했다.

노인은 잠시 그쪽을 바라보다가 고개를 저었다.

"아니오, 그는 잠수하지 않았소. 그냥 발톱만 적셨지."

정말로 그랬다. 물수리는 단지 발끝으로 물고기를 집어 올릴 만큼만 낮게 내려왔을 뿐이었다. 그러나 먹이를 덤불 위로 옮기는 도중 떨어뜨렸고, 다시 찾으러 가지 않았다. 노인은 덤덤히 말했다

"그게 녀석들 습관이오."

그는 처마 밑에 맨머리로 서서 손을 흔들며 말했다. "이제 들판을 가로질러 가시오. 그쪽이 해변으로 가는 길이오."

그렇게 우리는 늦은 아침, 다시 모래 해변을 향해 걸음을 옮겼다. 그로부터 불과 하루이틀 뒤, 프로빈스타운 은행이 두 남자에게 털렸다는 소식이 들려왔다. 그리고 우리는 나중에야, 우리 친절한 노부부가 한때 우리를 그 범인들로 의심했다는 사실을 알게 되었다.

다시 해변으로

우리가 다시 해안을 따라 높은 모래톱으로 향할 때, 길은 언제나처럼 모래 속에 듬성듬성 자란 베이베리 덤불 사이를 지나갔다. 이 식물은 아마 관목 떡갈나무 다음으로 이 지역에서 가장 흔한 관목이었을 것이다. 나는 그 향긋한 잎과, 작년 가지 아래 짧은 줄기에 빽빽이 달린 작은 회색 열매들에 매료되었다. 콩코드에는 단 두 그루밖에 없지만, 그것들은 수꽃 식물이라 열매를 맺지 않는다. 이 열매들은 마치 고풍스러운 과자처럼 향긋한 냄새를 풍겼다.

1705년에 출간된 로버트 베벌리의 『버지니아 역사』에는 이렇게 기록되어 있다.

"바닷가와 강어귀, 늪 근처에는 머틀이 자라는데, 그 열매로부터 단단하고 깨지기 쉬운 녹색 왁스를 만든다. 이것을 정제하면 거의 투명해진다. 이 왁스로 만든 양초는 손에 닿아도 기름지지 않고, 더운 날씨에도 녹지 않는다. 또 불쾌한 냄새가 전혀 없으며, 꺼질 때조차 방 안에 향기로운 냄새를 남긴다. 까다로운 사람들은 일부러 양초를 꺼뜨려 그 향을 맡곤 한다."

베벌리에 따르면, 이 열매의 효용은 뉴잉글랜드의 한 외과의사가 처음 발견했다고 한다. 그는 그 왁스로 만든 연고로 놀라운 치료 효과를 보였다고 전해진다. 베이베리 덤불에는 여전히 열매가 풍성히 달려 있었지만, 우리는 이 지역 사람들이 그것을 거의 채취하지 않는다는 걸 알 수 있었다. 다만 우리가 떠나온 집에서는 약간의 왁스를 본 적이 있다.

그 후 나는 직접 베이베리 탤로(왁스)를 만들어 보았다. 4월, 가지 밑에 바구니를 들고 손으로 가지를 비벼 20분 만에 약 1쿼트를 모았다. 거기에 조금 더 보태어 3파인트가 되었고, 더 큰 바구니와 갈퀴만 있었다면 훨씬 빠르게 모을 수 있었을 것이다. 열매에는 오렌지 껍질처럼 작은 돌기가 있고, 그 틈마다 기름진 왁스가 가득 차 있었다. 열매를 끓이면, 기름진 부분이 위로 떠올라 허브차처럼 향긋한 검은 국물이 된다. 식힌 뒤 표면의 왁스를 걷어내어 다시 녹이고 거르면, 나는 3파인트에서 약 4분의 1파운드의 왁스를 얻었다. 식은 조각들은 옥수수 알갱이만 한 반구 형태로 굳어 있었고, 마치 작은 결정체 같았다. 나는 그것들을 '너겟'이라 불렀다.

라우던은 "재배된 머틀은 야생보다 더 많은 왁스를 낸다"고 기록했고, 뒤플레시는 『수지 식물』에서 이 식물을 '향기로운 보석 같은 나무'라 불렀다. 또한, 만약 손에 소나무 송진이 묻는다면, 베이베리 열매를 비비면 깨끗이 지워진다. 그러나 그 모든 향기와 실험보다도 압도적인 것은 바다의 장엄함이었다. 눈앞에 펼쳐진 대양은 모든 생각을 삼켜버렸다. 그날의 공기는 놀랍도록 맑았고, 바다는 더 이상 폭풍우로 뒤틀리지 않았다. 파도는 여전히 해변을 따라 부서졌지만, 거품 속에서 빛나며 생기로 넘쳤다. 그 아침, 나는 해가 바다의 품에서 솟아오르는 장면을 보았다. 마치 바다가 스스로 태양을 낳는 것처럼—그것은 순식간에 세상을 새롭게 밝히는, 경이로운 광경이었다.

"사프란빛 옷을 입은 새벽이 서둘러 솟아올라, 바다의 흐름 속에서 불멸의 존재들과 필멸의 존재들에게 빛을 가져다주었다."

해는 바다 위 아주 먼 곳에서 천천히 떠올랐다. 처음엔 지평선 위에 드리운 구름의 둑이 그를 완전히 가려 보이지 않았다. 그러나 곧 태양이 화살처럼 그 뒤에서 솟구쳐 올라, 구름을 산산이 흩어버렸다. 그제야 나는 그가 진정 바다에서 솟아오르고 있음을 느낄 수 있었다. 아직은 마치 육지 너머로 오르는 듯 보였지만, 어느새 햇살은 바다 위를 환히 밝혔다. 지평선에는 몇 척의 배가 떠 있었다. 그들은 밤새 케이프를 돌아 다른 나라로 향하는 항로 위에 있었다.

우리는 트루로 남부에서 다시 해변으로 들어섰다. 이른 아침 만조 때, 해변은 좁고 모래가 부드러워 우리는 모래둑 위를 따라 걸었다. 이곳의 둑은 매우 높았지만, 전날의 것만큼 평평하지 않았고, 곳곳이 움푹 꺼져 있었다. 『동부 해안에 대한 설명』의 저자는 이 지형을 이렇게 묘사했다.

"이곳의 둑은 높고 가파르다. 서쪽에는 약 백 야드 폭의 모래 평야가 펼쳐져 있으며, 그 뒤에는 사분의 일 마일 너비의 낮은 관목 숲이 이어져 거의 통과할 수 없다. 그 다음은 빽빽한 숲이 시작되는데, 그 안에서는 집 한 채도 찾아볼 수 없다. 따라서 선원들은 뉴컴 할로우와 브러시 할로우 사이의 거리가 멀더라도 숲으로 들어가선 안 된다. 눈보라 속이라면 반드시 죽게 될 것이다."

이 묘사는 지금도 크게 다르지 않았다. 다만, 이제는 그 높은 나무들이 거의 사라졌다는 점만이 달랐다. 바다 위에는 갈매기처럼 바람을 타고 미끄러지는 배들이 여럿 있었다. 파도의 골짜기 속으로 반쯤 사라졌다가, 물결 위로 솟아올라 돛대를 반짝이며 흘러갔다. 그중 한 바크선이 해안과 평행하게 남쪽으로 항해하다가, 갑자기 돛을 접고 닻을 내렸다. 우리로부터 불과 반 마일쯤 떨어진 곳이었다. 처음 우리는 그 선장이 우리에게 신호를 보내려는 것이라 생각했다. 혹시 조난 신호를 우리가 알아채지 못한 것은 아닐까? 혹은 그가 우리를 냉정한 난파선 인양꾼이라 오해하며 저주하고 있는 것은 아닐까? 몇 시간 동안 그 배는 여전히 우리 시야 안에 머물렀다. 우리는 궁금했다 — 그 배는 왜 항로에서 그렇게 오랫동안 멈춰 있는 걸까? 혹시 밀수선이었을까? 아니면 물고기를 잡으려는 걸까?

잠시 후, 다른 배들이 상쾌한 바람을 타고 케이프를 돌아 그녀 곁을 지나갔다. 바크선, 브리그선, 스쿠너선들이 줄지어 바다를 가르며 항해했다. 우리는 그제야 마음을 놓았다. 배들은 저마다 다른 모습과 속도로 물 위를 가르고 있었다. 돛의 각도, 삭구의 형태, 물결을 미끄러지듯 가르는 방식까지 모두 달랐다. 마치 생명체들처럼 제각각의 기품과 리듬이 있었다. 그러나 무엇보다 경이로웠던 것은, 저 멀리 항해하는 그 배들이 보스턴, 뉴욕, 리버풀 같은 도시를 기억하고, 그곳을 향해 나아가고 있다는 사실이었다. 마치 선원들이 광활한 바다 위에서도 세속의 일을 잊지 못하는 것처럼. 아마도 그 배들은 서인도 제도에서 오렌지를 싣고 오는 길이었을 것이다. 그리고 우리는 문득 생각했다. 그들이 다시 돌아갈 때, 혹시 빈 껍질만 가져가는 것은 아닐까? 우리 또한 이 영원의 바다를 건너, 결국은 낡은 잡동사니들을 싣고 다니는 존재인지도 모른다. 저곳, "무역의 홍수"라 불리는 또 다른 바다 건너에는 정말 축복받은 섬들이 있을까? 천국은 어쩌면 리버풀의 부두 같은 항구일지도 모른다.

내륙의 황무지와 관목 숲, 완만하게 경사진 모래톱, 넓고 하얀 해변, 부서지는 파도, 모래톱 위로 출렁이는 녹색 물결, 그리고 끝없이 이어지는 대서양 — 모든 것이 한 호흡으로 이어져 있었다. 우리는 새로운 눈으로 이 해안의 또 다른 구간을 기쁘게 걸었다. 걸을수록 바다의 생명들, 바다말의 갈기와 바다소의 꼬리, 해파리와 조개껍데기가 하나의 이야기로 다가왔다.

바다는 전날보다 잔잔해진 듯했지만, 여전히 힘차게 숨 쉬고 있었다. 우리는 파도가 매번 모래 위로 부서질 때마다, 그것이 조금씩 물러나고 있다고 느꼈지만, 몇 시간이 지나도 실제로는 아무런 차이가 없었다. 그저 바다만이 제 자리를 지키며 불안하게 흔들리고 있었을 뿐이다. 파도는 모래 위를 가로지르며 굵은 씨실과 날실로 짜인 듯한 무늬를 남겼다. 모래톱의 표면은 빠른 바람의 손길에 따라 섬세하게 솟아올랐다. 우리는 서두르지 않았다. 이 부드러운 모래 위에서는 1마일이 다른 곳의 2마일처럼 느리게 흘렀기 때문이다. 신발 속으로 스며드는 모래를 털어내며, 우리는 그 느린 걸음마저 즐겼다.

그러던 중, 물가 가까이를 걷다 우연히 뒤돌아본 순간, 해변에 막 밀려온 커다란 검은 물체가 눈에 들어왔다. 너무 멀리 있어 처음에는 정체를 알 수 없었다. 우리가 되돌아가 보려는 찰나, 언덕 위에서 두 남자가 달려 내려왔다. 그들은 마치 모래 속에서 갑자기 솟아난 듯했다. 파도가 그 물체를 다시 삼키기 전에 구하려는 것이 분명했다. 가까이 다가가자 그것은 차례로 다른 모습으로 보였다 — 처음에는 거대한 물고기처럼, 다음엔 익사한 사람처럼, 또 그물이나 돛처럼, 그리고 마침내는 토우 천 덩어리, 즉 프랭클린호의 화물 일부임이 드러났다.

해변에서 만나는 사물들은, 사람이든 물건이든, 언제나 현실보다 훨씬 기괴하고 거대하게 보였다. 예전에 나는 이곳에서 남쪽으로 몇 도 떨어진 해변을 걷다, 앞쪽 반 마일쯤 되는 곳에 하얗게 바랜 절벽처럼 보이는 물체를 본 적이 있다. 높이가 15피트는 되어 보였지만, 가까이 가보니 그것은 단지 난파된 배의 천 조각이었다. 높이도 1피트가 채 되지 않았다.

또 한 번은, 난파 일주일 뒤에 상어에게 훼손된 사람의 시신을 찾는 일을 맡은 적이 있었다. 등대에서 지시받은 위치를 따라가니, 모래 위 한두 마일 지점에 막대기가 꽂혀 있고 천이 덮인 곳이 있었다. 처음에는 그토록 작은 물체를 찾기 어렵다고 생각했지만, 이내 깨달았다. 이 해변은 너무나 평평하고 광활하여, 작은 조각 하나도 표백된 돛대처럼 눈에 띄는 풍경의 중심이 되어버리는 곳이었다. 멀리서 보았을 때, 그것은 마치 한 세대가 돌무덤을 쌓은 것처럼 장엄하게 보였다. 그러나 가까이 다가가니, 그것은 단지 살점이 조금 붙은 몇 개의 뼈에 불과했다. 해안의 쓸쓸한 정적 속에서는 그조차 하나의 작은 불규칙함처럼 느껴졌다. 그것은 감각에도, 상상력에도 거의 충격을 주지 않았다.

그럼에도, 시간이 지날수록 그 존재는 점점 더 커져 보였다. 그것은 바다와 함께 있었다. 바다의 거대한 포효가 마치 그를 향해 울려 퍼지는 듯했고, 나는 그 죽은 자와 바다 사이에 어떤 비밀스러운 합의가 있는 것처럼 느꼈다. 그 시신은 마치 해안의 주인인 양, 말없는 권위를 지니고 그 자리를 지배했다. 그 후에도 해변에는 수많은 토우 천 조각들이 계속 밀려왔다. 11월 말이 되어서도 여전히, 한 번에 대여섯 필씩, 양호한 상태의 천 조각들이 발견되었다고 했다.

우리는 어떤 곳에서는, 심지어 이곳에서도, 모래 위에 흩어신 매끄럽고 둥근 조약돌과 평평한 조개껍데기들을 주워 주머니를 채웠다. 그러나 그것들은 마르자 금세 빛을 잃었고, 우리는 앉을 때마다 가장 시들해진 것들을 다시 꺼내 버리며, 남은 것들이 더 아름답게 보이도록 골라냈다. 해변의 모든 재료는 파도에 의해 조약돌처럼 매끈하게 다듬어진 것이었다. 거기에는 단단한 석탄 조각, 깨진 유리, 그리고 어떤 배에서 떨어진 듯한 토탄 덩어리까지 섞여 있었다. 나는 한 번 3피트 길이의 토탄을 발견했는데, 주변 수 마일 안에는 그런 것이 전혀 없었다. 아마도 먼 강 어귀에서 떠밀려온 것이리라. 지구의 모든 큰 강들은 끊임없이 엄청난 양의 목재와 잔해를 내보내고, 그것들이 먼 해안으로 흘러들어온다.

나는 또한 벽돌처럼 완벽하게 둥근 조약돌, 그리고 난파선에서 나온 카스티야 비누 덩어리를 보았다. 그것은 파도에 굴려져 붉은 나선형 무늬가 감긴 원통형, 마치 이발소 기둥 같았다. 누더기 천이 해안에 밀려오면, 모든 작은 틈과 주머니가 모래로 가득 차 터질 듯 부풀어 올랐다. 한 번은 그런 난파된 옷의 주머니를 보았는데, 마치 여전히 손이 들어 있는 것처럼 보였다. 그러나 인양꾼들이 그것을 찢어 열자, 나는 그 안에서 어떤 신분의 흔적이라도 찾을 수 있을까 헛된 기대를 품었다. 그런 옷들은 물기를 금세 잃지만, 모래는 모든 솔기 속으로 스며들어 절대 빠져나오지 않는다. 해변에서 주운 해면(sponge)도 마찬가지다. 아무리 헹궈도 마지막 날까지 해변의 모래를 품고 있다.

나는 한 번 둑 위에서 짙은 회색 돌 하나를 발견

했다. 그것은 거대한 조개 맥트라 솔리디시마(Mactra solidissima)와 크기와 모양이 똑같았다. 더 놀라운 것은, 그 돌의 바깥쪽 절반이 벗겨져 근처에 떨어져 있었는데, 마치 실제 조개껍데기 한쪽처럼 깊이와 형태가 완벽히 일치했다. 나머지 절반은 느슨하게 남아 있었고, 그 안에는 더 짙은 색의 단단한 핵이 자리 잡고 있었다.

나는 그 후 면도날 조개 모양의 돌도 보았는데, 그것은 마치 돌이 조개의 껍데기 속에서 자라난 듯 보였다. 어쩌면 조개껍데기를 만든 자연의 법칙이 그대로 돌에까지 스며들었는지도 모른다. 모래로 가득 찬 조개껍데기는 "모래조개"라 불린다. 어떤 것은 한쪽 껍데기만 완벽히 평평하게 채워져 있었는데, 마치 위에 모래를 쌓은 후 긁어낸 것처럼 보였다. 둑 위의 작은 자갈 사이에서는 화살촉 하나도 발견했다.

거대한 조개와 따개비 외에도, 우리는 손으로 파낼 수 있는 작은 조개 메소데스마 아르크타타(Mesodesma arctata)를 여러 개 캤다. 이것은 미아 아레나리아(Mya arenaria)가 없는 지역에서 주민들이 먹는 조개였다. 대부분의 빈 껍데기에는 어떤 포식자에 의해 뚫린 작은 구멍이 있었다.

그 외에도 우리는 다양한 조개를 보았다. 아스타르테 카스타네아(Astarte castanea), 카드꽂이나 바늘방석으로 사용되는 팩텐 콘센트리쿠스(Pecten concentricus), 새조개 혹은 뻐꾸기라 불리며, 그들의 둥지인 '모래원'은 마개 없는 돌 항아리의 윗부분처럼 둥글고, 때로는 부서져 사포로 만든 원형 가슴받이처럼 보이는 나티카 헤로스(Natica heros), 칸셀라리아 쿠투이(Cancellaria Couthouyi), 푸수스 데켐코스타투스(Fusus decemcostatus).

우리가 나중에 만(灣) 쪽으로 갔을 때는 또 다른 종들이 나타났다. 과학자 굴드(Gould)는 이렇게 썼다.

"케이프는 지금까지 많은 연체동물의 이동에 장벽이 되어왔다. 내가 1840년에 매사추세츠에 속한다고 기록한 197종 중, 83종은 케이프의 남쪽을 넘지 못했고, 50종은 북쪽 해안에서 발견되지 않았다."

또한 우리는 게와 바닷가재의 희게 표백된 껍데기, 바다벼룩(단각류), 그리고 투구게(Limulus polyphemus)의 단단한 껍데기도 많이 보았다. 만 쪽에서는 살아 있는 투구게를 여러 마리 보았는데, 돼지의 먹이로 쓰인다고 했다. 그리고 인디언들은 그 꼬리를 화살촉으로 사용했다고 한다.

방사상 동물들 중에는 성게(Echinus granulatus), 그리고 흔히 가시가 벗겨지고 초콜릿색 가시로 덮여 있지만 시간이 지나며 매끄럽고 희게 되며, 다섯 개의 꽃잎 모양 무늬가 새겨진 모래성게(Scutella parma)가 있었다. 또한 몇몇의 불가사리(Asterias rubens)와 해파리(Aurelia aurita), 그리고 개복치의 잔해도 보였다.

이 밖에도 적어도 한 종류의 해면이 있었다. 나는 일반적인 만조선과 둑의 경계 사이에 펼쳐진 깨끗한 모래 선반 위에서 여러 해변 식물을 발견했다. 그곳에는 바다 로켓(Cakile americana), 염생초(Salsola kali), 바다 모래꽃(Honkenya peploides), 바다 우엉(Xanthium echinatum), 해변 대극(Euphorbia polygonifolia)이 자라고 있었다. 또한, 모래 언덕을 단단히 붙잡고 있는 해변풀 (Arundo, Psamma, 또는 Calamagrostis arenaria), 노란 꽃을 피운 해변 금불초(Solidago sempervirens), 그리고 보라빛 꽃을 맺은 해변 완두(Lathyrus maritimus)도 있었다.

때로는 우리는 난파선 인양꾼이 거대한 통나무를 뒤집는 것을 도왔고, 또 어떤 때는 둑 아래로 돌을 굴리며 즐겼다. 하지만 해변이 너무 부드럽고 완만해서, 그 돌들을 물가 가까이 굴려 넣는 일조차 거의 불가능했다. 우리는 모래톱 안쪽의 얕은 곳에서 목욕을 하기도 했다. 매번 밀물이 올 때마다 바다가 우리 몸 위로 모래를 밀어올렸고, 비록 바람이 세고 공기가 차가웠지만 그것은 묘하게 즐거운 경험이었다. 이곳의 바다는 더운 날에도 대체로 바라보기만 하는 대상이었다. 눈앞에 그렇게 넓은 물이 펼쳐져 있는데도, 실제로 대서양 쪽에서는 거의 아무도 수영하지 않았다. 역류가 심하고, 무엇보다 상어가 나타난다는 소문 때문이었다. 이스트햄과 트루로의 등대지기들, 즉 해안 가까이에 사는 몇 안 되는 사람들은 다음 해에는 "어떤 돈을 주더라도 거기서 다시는 목욕하지 않겠다"고 말하곤 했다. 그들은 때때로 상어가 모래 위로 솟구쳐 몸을 꿈틀거리는 장면을 직접 봤다고 했다.

물론 이런 이야기들을 비웃는 이들도 있었지만, 정작 그들은 어디서도 바다에 몸을 담가본 적이 없는 사람들이었다. 한 노인은 자신이 우리가 목욕하던 그 근처에서 14피트(약 4미터) 길이의 식인상어를 잡았다고 말했다. 또 다른 사람은 그의 아버지가 좌초된 상어를 파도가 밀어내지 못하도록 주둥이로 세워 묶어두었다는 이야기를 전했다. 케이프의 해안에는 언제나 상어 이야기가 떠돌았다. 어떤 상어는 배를 뒤엎거나, 사람을 잡아먹기 위해 배를 산산조각 낸다는 무서운 전설들도 있었다. 나는 그런 이야기들을 전적으로 믿지는 않지만, 완전히 부정하지도 않는다. 강한 역류가 있다는 것은 사실이고, 12년 동안 한 마리의 상어가 100마일 해변의 명성을 유지하기에도 충분한 일이었다.

7월 어느 날, 우리는 해변을 따라 걷다가 길이 약 6피트 되는 물고기를 보았다. 아마도 상어였을 것이다. 그 물고기는 해안에서 불과 2로드(약 12미터) 떨어진 곳을 따라 천천히 유영하고 있었다. 물빛은 옅은 갈색이었고, 물결 아래에서 희미하고 막처럼 보여, 마치 자연 전체가 이 바다의 생명을 돕고 있는 듯했다. 표면 가까이 떠오를 때마다 더 짙은 가로줄과 고리무늬가 반짝였다. 이곳의 물고기들은 자신이 사는 물빛을 닮는다고 한다. 우리가 본 상어도 그랬다. 그것은 우리가 막 목욕했던, 수심 4~5피트밖에 되지 않는 작은 만으로 천천히 들어갔다가, 한참을 탐색한 뒤 다시 나갔다. 우리는 잠시 멈춰 그 만이 "이미 점령된 곳"인지 지켜보았다. 하지만 결국 그대로 그곳에서 다시 목욕했다. 그 물은 맑고 차가우며, 만의 물보다 훨씬 살아 있는 듯했다. 마치 소다수처럼 거품이 이는 듯한 생명력이 있었다. 우리는 어린 연어처럼 까다로웠지만, 상어를 만날지도 모른다는 기대조차도 그 물의 활기를 조금도 빼앗지 못했다.

우리는 젖은 해변에 앉아 해변새들과 모래밭새들이 파도 끝을 따라 총총거리며, 바다가 밀어올린 아침 식사를 재빠르게 낚아채는 모습을 지켜보곤 했다. 모래밭새(Charadrius melodus)는 미친 듯이 달리다가도, 갑자기 멈춰 서서 마치 모래와 하나가 된 듯 완전히 숨었다. 젖은 해변에는 작은 바다 벼룩들이 잔뜩 뛰어다녔고, 그것들이 이 새들의 주요한 먹잇감이었다. 이 작은 생물들은 해변의 청소부들이었으며, 밀려온 큰 물고기 하나도 얼마 지나지 않아 그들의 먹이가 되어 사라졌다. 한 번은 참새만 한 작은 새 한 마리―아마 팔라로프였을 것이다―가 5~6피트 높이의 거친 파도 위에 내려앉는 것을 보았다. 그 새는 오리처럼 부력을 유지하며, 파도의 꼭대기에서 날개를 살짝 펴 공중으로 몸을 띄우기도 했다. 큰 파도가 덮쳐와도 본능적으로 안전할 순간을 알고, 결코 휩쓸리지 않았다. 바다의 일부인 듯, 파도처럼 완전한 생명체였다.

또한 케이프 해안을 따라, 몇 로드 떨어진 곳에서 물닭들이 줄지어 파도와 함께 오르내리는 모습도 끊이지 않았다. 그것들은 연못의 수련이나 창포처럼 바다의 변함없는 가장자리였다. 우리는 또 한 종의 새, 폭풍제비(Thalassidroma wilsonii)에 대한 글을 읽은 적이 있었다. "폭풍제비의 가슴 깃털은 방수성이 있어, 물에 젖지 않는 대신 표면의 기름을 모은다. 새는 그 깃털로 해수 표면의 기름을 모아 먹는다. 깃털이 기름으로 충분히 젖으면, 파도 위에 멈춰 부리로 그것을 짜낸다." 그들의 먹이는 그렇게, 바다의 표면에서 수집된 것이다. 이렇게 우리는 부드럽게 굽이치는 해안을 따라 2~3마일 앞을 내다보며 걸었다. 오른쪽엔 끝없이 펼쳐진 바다의 길, 왼쪽엔 케이프의 모래 절벽이 있었다.

그날 오전, 우리는 프랭클린 호의 난파선 일부로 보이는 배 조각을 발견했다. 정사각형의 넓은 판자 조각으로, 길이 약 15피트쯤 되었고, 아직도 페인트가 선명했다. 갈고리와 밧줄만 있었어도 끌어올릴 수 있었을 것이다. 그러나 파도는 그것을 해변으로 밀어 올리는 만큼 다시 바다로 가져갔다. 이런 부유물은 난파선 인양꾼들에게 뜻밖의 행운이었다. 누군가는 그 난파선의 나무 조각을 3~4달러에 사서, 그 안의 쇠붙이를 팔아 50~60달러를 벌었다고 한다. 또 다른 이는 선장의 여행 가방과 그 안의 편지를 주운 사람으로, 자신의 정원에 그 배에서 밀려온 배나무와 자두나무 묘목들을 심어두었다. 그는 그것들을 라벨까지 붙여 소중히 기르고 있었고, 그 묘목만으로도 500달러어치는 되었을 거라 말했다. 그 화물은 원래 보스턴 근처에서 새로 세워질 묘목원에 납품될 예정이었다. 그의 순무 씨앗도 그 배의 화물이었다.

심지어 프랭클린 호와 캑터스 호의 귀중한 돛대

들도 그의 마당에 놓여 있었다. 케이프 주민들은 어부가 어살을 살피듯, 벌목꾼이 집하장을 점검하듯 해변을 찾아가 '오늘의 수확'을 확인한다. 그들에게 케이프의 해변은 곧 목재 집하장이었다. 나는 폭풍 후 해변에서 사과 20통을 주운 사람에 대한 이야기도 들었다. 아마 배에서 던져진 화물이었을 것이다. 난파물은 법적으로 관리인의 보호를 받지만, 실제로는 많은 보물이 사람들 손에 들어가 조용히 사라진다. 그러나 어쩌면 우리 모두는 이런 난파선 인양꾼이 아닐까. 인생의 바다에서 어떤 귀한 조각이 우리 해변에 밀려오기를 기다리며 살아가는. 바다는 광대하고 거칠며, 인간의 기술이 만들어낸 잔해와 폐허를 먼 해안까지 실어 나른다. 그것은 아무것도 그대로 두지 않는다—심지어 해저에 단단히 붙은 조개껍데기조차. 프랭클린 호의 토우 천이 여전히 밀려오고, 백 년 전 난파된 옛 해적선의 파편이 오늘날의 해안에 닿는다.

몇 해 전, 육두구를 실은 배가 이 근처에서 난파된 적이 있었다. 그 향신료들은 해변을 따라 흩어졌지만, 소금물에도 상하지 않았다. 심지어 얼마 후 한 어부가 육두구로 배가 가득 찬 대구 한 마리를 잡았다. 나는 생각했다. 만약 향료 제도의 주민들이 자신들의 육두구 나무를 바다에 흔들어, 필요한 나라들이 그것을 주워가게 한다면 얼마나 좋을까. 그러나 1년 후, 프랭클린 호에서 밀려온 육두구는 이미 부드럽게 썩어 있었다.

물고기들이 삼킨 물건들의 목록을 만들어 본다면, 그것은 꽤 기묘한 기록이 될 것이다. 선원의 접이식 칼, 안에 무엇이 들어 있는지도 모른 채 삼킨 양철 코담배갑, 그리고 주전자, 보석, 심지어 요나까지 — 바다는 늘 인간의 상상을 초월한다. 며칠 전, 나는 신문에서 다음과 같은 흥미로운 기사를 읽었다.

신앙심 깊은 물고기

얼마 전, 덴튼 호텔의 주인 스튜어트 씨가 약 60파운드나 되는 큰 농어를 구입했다. 그런데 그 물고기를 갈라보니, 그 안에서 한 장의 감리교회 회원 증명서가 나왔다.

<회원증>

감리교(Methodist E.) 교회
설립: 주후 1784년
분기 티켓

18xx
목사

우리가 잠시 받는 가벼운 환난이
우리를 위하여 훨씬 더 큰,
영원한 영광의 중한 것을 이루느니라.
― 고린도후서 4장 17절.

"오 주님, 주께서 나를 합당히 여기셔서
그 황홀한 무리 가운데 서게 하신다면,
이 세상의 모든 고통이
대체 무슨 의미가 있겠습니까!
주님의 발 앞에서 경배하게 하소서."

그 종이는 당연히 구겨지고 물에 젖은 상태였지만, 햇볕에 말리고 다림질로 구김을 펴자 제법 읽을 수 있을 만큼 말끔해졌다.

― 덴턴(메릴랜드) 저널(Denton [Md.] Journal)

때로 우리는 난파물 중에서 상자나 통을 발견하면, 그것을 세워놓고 십자 모양의 막대기를 꽂아 '우리의 소유물'이라는 표시를 해두었다. 그것은 마치 무덤의 십자가처럼, 더 큰 폭풍이 와서 그것을 다시 바다로 가져갈 때까지 그 자리에 남아 있었다. 그것은 한동안 인간에게서 잃어버려지고, 또다시 바다에서 난파될 운명이었다. 또한 우리는 해안가에서 물에 잠긴 밧줄, 부표, 그물 조각 같은 것들을 건졌다. 발만 조금 젖는 대가로 얻은, 바다가 내어준 선물이었다. 그토록 위대한 존재가 인간에게 준 선물을 마다하는 건, 왠지 예의가 아니게 느껴졌다. 그중 몇몇 밧줄은 지금도 정원 줄로 사용하고 있다.

어느 날 나는 젖은 모래에 반쯤 묻혀 있는 병 하나를 발견했다. 따개비로 덮여 있었지만 마개는 단단히 막혀 있었고, 안에는 붉은 에일이 반쯤 남아 있었다. 병을 여니 여전히 주니퍼 향이 은은히 났다. 나는 생각했다. 이 병은 세상의 난파선, 즉 인간의 삶이 남긴 마지막 잔재와도 같다고. 거대한 소금의 바다와 작은 에일의 바다 —서로 너무 다르지만, 각자의 본질을 잃지 않은 채 존재한다. 만약 이 병이 그동안 바다를 건너 겪은 일들을 말해줄 수 있다면 어떨까? 인간은 그 모든 시련을 듣고도 자신이 겪은 것처럼 느끼지 못할 것이다. 나는 그 병을 천천히 기울여 모래 위에 에일을 쏟았다. 그 순간, 내게 인간이란 바로 반쯤 비워진 에일병과 같다는 생각이 들었다. 시간이 그 안을 마셔버렸고, 남은 것은 잠시 닫힌 채 환경의 바다 위를 떠도는 존재. 하지만 결국은 언젠가 주변의 파도에 섞이거나, 먼 해안의 모래 속에 흩어질 운명의 병이었다.

여름 어느 날, 나는 이 근처에서 농어를 낚는 두 남자를 보았다. 그들은 오징어 미끼가 없어 대신 황소개구리나 작은 개구리 여러 마리를 묶어 사용했다. 그들은 물러나는 파도를 따라 나가 낚싯줄을 머리 위로 높이 들어 빠르게 돌리더니 가능한 한 멀리 바다로 던졌다. 그러고는 다시 뒤로 물러나 모래 위에 납작하게 앉아 입질을 기다렸다. 그것은 말 그대로 "대서양에 직접 낚싯줄을 던지는 행위"였다. 나는 그 끝에 무엇이 걸릴지 짐작조차 할 수 없었다. 어쩌면 프로테우스일지도, 혹은 다른 바다의 괴물이었을지도 모른다. 그러나 설령 그것을 끌어올릴 수 없더라도, 차라리 스스로 끌려들어가지 않고 그를 놓아주는 편이 현명했을 것이다. 그러나 그들은 경험으로 안다. 그 끝에 걸린 것은 대개 줄무늬 농어이거나 가끔 대구라는 것을. 그 물고기들은 해안 가까운 곳을 돌며 놀기 때문이다.

우리는 가끔 거친 해변풀로 듬성듬성 덮인 둑의 모래언덕에 앉아 바다를 오래 바라보곤 했다. 남쪽으로 향하는 배들이 잇달아 지나갔고, 그들은 모두 만(灣)의 축복을 받은 듯 평온하게 나아갔다. 뒤편으로는 만의 일부가 보였고, 앞쪽에는 반원형으로 펼쳐진 바다가 끝없이 이어져 있었다. 그날의 바다는 전혀 쓸쓸하지 않았다. 대서양 위에는 한꺼번에 백 척이 넘는 돛단배들이 보였기 때문이다. 맑은 여름날에는 80척 정도를 셀 수 있었고, 조타사들은 가끔 배에서 내려 둑에 올라가 자신들의 도움이 필요한 배가 있는지 살폈다. 이 배들은 맑은 날씨를 기다렸다가 보스턴 항구에서 한꺼번에 출항했고, 때로는 빈야드 사운드에 집결했다가 다음 날엔 온 바다를 가득 채운 거대한 함대가 되어 나타났다. 돛과 스테이세일을 단 스쿠너선들이 바다의 길을 메우고 있었고, 거대한 사각 돛을 단 범선들은 먼 지평선 위로 나타났다가 이내 그 속으로 사라졌다. 어떤 조타선은 작은 보트를 뒤에 매단 채 멀리 외국 선박을 향해 나아갔다. 그들의 신호포성이 둑을 울려 무너지는 듯한 메아리를 냈다. 조타사는 망원경으로 멀리서 다가오는 배를 주시하며 만나기 위해 수 마일을 항해했다. 배들이 나란히 서서 돛을 뒤로 젖히고 짧은 교신을 주고받는 장면은 장엄했다. 그들은 주인에게 전할 중요한 메시지를 주고받고, 그 순간을 끝으로 이 해안과 영원히 작별했다. 때로는 프로펠러선이 고장난 배를 끌어주거나 무풍 속에 멈춘 배를 도왔다. 화물로 실은 과일이 상하기 전에 움직여야 했기 때문이다. 그들은 대체로 조용히 일했지만, 그들끼리만의 작은 공동체이자 바다의 사회였다.

그날의 바다는 특별히 아름다웠다. 나는 처음으로 '보라색 바다'라는 표현을 받아들였다. 윤기 어린 포도빛 얼룩들이 바다 표면을 따라 흩어져 있었고, 그 색조는 시시각각 변했다. 길핀(Gilpin)은 "고요한 바다 표면 위에서 끝없이 변하는 찬란한 색조"에 대해 훌륭하게 묘사했다. 그는 말했다. "종종 산꼭대기를 감싸는 빛깔들이 아름답다 하나, 그것들은 바다의 색조에 비하면 단순한 섬광일 뿐이다. 이 색들은 무지개의 모든 화려함 속에서, 리그 단위의 거리 위로 서로 섞이며 변한다." 잔잔한 날이면 해안에서 반 마일쯤 떨어진 곳의 바다는 얕은 연못 같은 녹색빛을 띠었다. 그 너머는 깊은 파란색, 더 멀리는 보랏빛 기운, 그리고 가장자리는 은빛 선처럼 반짝였다. 지평선에는 늘 짙푸른 띠가 그어져 있었는데, 마치 먼 산맥의 그림자처럼, 공기의 두께가 그 색을 만들고 있었다. 때로는 홍수에 잠긴 초원처럼 밝은 색과 어두운 색의 긴 줄무늬가 교차하며 바람의 방향을 드러냈다. "잿빛 바닷가에 앉아, 포도주색 바다를 바라보며."

멀리서 보이는 어두운 점들은 구름의 그림자였다. 하늘은 맑았고, 육지였다면 눈치채지 못했을 미세한 명암들이 바다 위에서는 뚜렷하게 보였다. 그렇기에 선원들은 사방에서 비구름을 볼 수 있지만, 그것이 반드시 비의 전조는 아니었다. 7월에는 바다 표면 위로 청어 떼가 지나가며 만든 짙은 푸른 얼룩들을 종종 볼 수 있었다. 그것은 구름 그림자와 거의 구분이 되지 않을 만큼 비슷했다. 그처럼 바다는 생명으로 가득 차 있었고, 가까이에서 보면 날카로운 등지느러미들이 물 위로 튀어나와 있었다. 가끔은 농어의 흰 배면이 번뜩이며, 그 생명의 움직임이 파도 속에 스며들었다.

그 먼 돛단배들이 반쯤 전설적인 항구들을 향해 항해하는 모습을 지켜보는 일은 시적인 휴식이었다. 그 이름들 자체가 우리 귀에 신비로운 음악처럼 들렸다. 파얄, 바벨만델, 그리고 차그레스, 파나마—유명한 샌프란시스코 만과, 새크라멘토와 샌 호아킨의 황금빛 삼들, 페디 강과 아메리칸 포크로 향하는 길, 서터 요새가 자리 잡고, 내륙에는 로스앤젤레스 시가

서 있는 곳으로 향하는 이름들이었다. 사람들이 더 많은 기대를 품고 바다를 항해하지 않는다는 것은 주목할 만하다. 산문적인 마음으로는 결코 위대한 것이 이루어지지 않는다. 영웅들과 탐험가들은 그들 자신의 시대와 동시대인들이 꿈꾸던 것보다 더 많은 것을 꿈꾸고, 더 큰 기대 속에서 바다를 향했을 때, 즉 진실을 볼 수 있는 마음의 상태에 있었을 때만, 이전보다 더 큰 진실을 발견할 수 있었다. 세상의 기준으로 볼 때 그들은 언제나 미쳤다. 심지어 야만인들조차도 그것을 본능적으로 짐작했다. 훔볼트는 신세계에 접근하던 콜럼버스에 대해 이렇게 말했다. "저녁 공기의 상쾌한 시원함, 별이 빛나는 하늘의 천상의 순수함, 육지 바람이 그에게 실어다 준 꽃들의 향기로운 향기, 이 모든 것이 그로 하여금 (헤레라가 '십년기'에서 우리에게 말했듯이) 그가 에덴동산, 곧 인류의 첫 조상의 신성한 거처에 다가가고 있다고 생각하게 했다. 오리노코 강은 그에게, 고대의 존경받던 전통에 따라, 낙원에서 흘러나와 새로이 식물로 장식된 지구의 표면을 적시는 네 개의 강 중 하나처럼 보였다." 그래서 엘도라도와 젊음의 샘을 찾기 위한 원정조차도, 설령 보상적이지는 않더라도, 실제적인 발견으로 이어졌던 것이다.

우리는 일단 보기 시작하자 멀리 떨어진 배들을 식별할 수 있었다. 지평선 위로는 그들의 돛대 끝만 보였고, 그것들을 확인하기 위해서는 눈의 강한 집중력과 가장 유리한 시점이 필요했다. 때로는 우리가 속눈썹을 세고 있는 것이 아닌지 의심스러울 때도 있었다. 찰스 다윈은 안데스 산맥 기슭에서 "발파라이소 만에 닻을 내리고 있는 배들의 돛대가, 26해리 이상 떨어져 있었음에도 불구하고" 보였다고 말한다. 또 앤슨은 그의 배들이 해안에서 발견된 거리의 멀음에 놀랐지만, 그 이유, 즉 땅의 높은 고도와 공기의 투명성을 몰랐다고 기록했다. 증기선은 범선보다 훨씬 더 멀리서 탐지된다. 한 사람이 말했듯, "나무와 쇠로 된 선체와 돛대가 모두 사라져도, 연기 나는 돛대와 깃발은 여전히 그들의 존재를 드러낸다." 같은 작가는 전쟁용 증기선을 위해 역청탄과 무연탄의 장단점을 비교하며 이렇게 썼다. "연기 기둥이 지평선 위로 솟아오르는 것으로부터, 칼레 항구(프랑스 해안)에 있는 증기선들의 움직임은 램스게이트(영국 해안)에서, 불을 처음 피울 때부터 바다로 나갈 때까지 항상 관찰할 수 있다." 그리고 "미국에서는 지방질 역청탄을 태우는 증기선들이, 굴뚝에서 뿜어져 나와 지평선을 따라 길게 늘어선 짙은 검은 연기 기둥으로 인해, 선체가 보이기 최소 70마일 전부터 바다에서 추적될 수 있다"고 덧붙였다.

사방의 지평선에 수많은 배들이 있었지만, 별들 사이의 공간처럼 그들 사이에는 광활한 여백이 있었다. 그들이 우리에게서 멀리 떨어져 있었던 만큼, 서로에게서도 멀리 떨어져 있었다. 아니, 어떤 배들은 우리에게서보다 서로에게서 두 배나 더 멀리 떨어져 있었다. 그것은 우리에게 바다의 광대함, 흔히 "불모의 바다"라 불리는 그 감각을 심어주었다. 그리고 우리는 인간과 그의 작품이 지구 전체에서 차지하는 비율이 얼마나 미미한지를 실감했다. 멀리 내다볼수록 물은 점점 더 어두워지고 깊어졌고, 그것을 생각하는 것만으로도 두려움이 밀려왔다. 바다는 해안이나 바닥, 혹은 우리가 아는 친숙한 땅과는 전혀 관계없는 별개의 세계처럼 보였다. 만약 바닥이 보이지 않는다면, 만약 그것이 표면 아래로 2~3마일이나 가라앉아 있다면, 설령 그것이 우리의 고향 땅과 같은 물질로 이루어졌더라도 무슨 의미가 있겠는가? 그 바다 위에서, 베다가 말했듯이, "지지할 것도, 쉴 것도, 매달릴 것도 없는" 곳에서 나는 내가 육지의 동물이라는 사실을 절실히 느꼈다. 풍선 속의 사람조차도 보통 몇 분 안에 땅으로 내려올 수 있지만, 선원의 유일한 희망은 저 먼 해안에 닿는 것이다. 나는 그때 늙은 항해사 험프리 길버트 경의 영웅적인 마지막 순간을 이해할 수 있었다. 전해지기로, 1583년 아메리카에서 돌아오는 길에 폭풍을 만나, 깊은 바다에 삼켜지기 직전, 그는 손에 책을 든 채 선미에 앉아 있었다. 그리고 하인드 호의 동료들이 들을 수 있을 만큼 가까이 다가왔을 때, 이렇게 외쳤다고 한다. "우리는 육지에서만큼이나 바다에서도 천국에 가깝다." 나는 그 말의 의미를 그때야 조금 이해할 수 있을 것 같았다.

케이프 코드에서, 당신이 듣게 될 다음으로 가장 동쪽의 땅은 세인트 조지 뱅크이다. 어부들은 "조지스", "캐셔스", 그리고 그들이 자주 가는 다른 얕은 땅들에 대해 이야기한다. 케이프 사람이라면 누구나 조지스 뱅크가 한때 섬이었다는 이론을 가지고 있다. 그들은 수심 6패덤에서 5, 4, 2패덤으로 점점 얕아지며, 마침내 누군가가 그곳의 마른 땅 위에 앉아 있는 고등어 갈매기를 보았다는 자신만만한 이야기에까지 이른다. 그곳에서 일어난 수많은 난파선을 생각하면, 나는 그것이 신세계의 오래된 지도에 해안가 근처에 그려진 악마의 섬을 떠올리게 했다. 해안에서 천 마일 떨어진 둑 위에서 바다 밑바닥을 바라본다는 생각은, 그 끝을 알 수 없는 심연 자체보다도 더 소름끼치게 느껴졌다. 그 아래에는 틀림없이 괴물 같은 무언가가 도사리고 있을 것이다. 익사한 대륙, 익사한 인간의 시체처럼, 창백한 얼굴로 거품을 내뿜으며, 표면 근처보다는 차라리 더 깊은 곳으로 가라앉아 있는 것이 나을지도 모른다.

나는 증기선에서 매사추세츠 만이 생각보다 얕다는 사실을 알고 놀랐다. 빌링스게이트 포인트 앞바다에서는 막대기로 바닥을 만질 수 있었고, 해안에서 5~6마일 떨어진 곳에서도 해초가 드리운 바닥이 뚜렷하게 보였다. 이곳은 "케이프의 얕은 곳"으로 불리지만, 다른 지역의 만들도 시골 연못보다 깊지 않다. 우리는 셰익스피어 절벽과 프랑스의 그리네 곶 사이, 영국 해협의 가장 깊은 곳이 180피트라고 들었고, 기요는 "발트해는 독일 해안과 스웨덴 해안 사이의 수심이 120피트에 불과하며, 아드리아해는 베니스와 트리에스테 사이의 수심이 130피트에 불과하다"고 기록했다. 내 고향의 반 마일 남짓한 연못조차도 100피트 이상 깊은데 말이다. 결국 대양은 그저 훨씬 더 큰 호수에 지나지 않는다.

한여름에는 때때로 바다 위에 유리처럼 매끄러운 띠가 형성되는데, 폭이 몇 로드, 길이가 여러 마일에 달하며 표면이 얇은 기름막으로 덮인 듯 보인다. 이는 일종의 정지 상태로, 두 기류가 만나거나 갈라지는 지점에서 생기는 현상이다. 오히려 그 아래의 물 흐름이 잔물결 하나 없이 꾸준하다는 신호일 수도 있다. 선원들은 돛배의 앞뒤 돛 사이에서 바다 바람과 육지 바람이 만난다고 말한다. 육지 바람이 차오를 때, 바다 바람은 갑자기 역풍을 맞는다. 대니얼 웹스터는 마서스 빈야드 앞바다에서 블루피싱을 하며 보낸 하루를 묘사한 편지에서, 어부들이 "슬릭(slick)"이라 부르는 그 매끄러운 해면을 이렇게 설명했다. "우리는 어제 그것들을 만났고, 우리 뱃사공은 발견될 때마다 그쪽으로 향했다. 그는 그것들이 블루피시가 먹이를 잘게 썰어 생긴 것이라 했다. 탐욕스러운 놈들이 통째로 삼키기에는 너무 큰 청어 떼 속으로 들어가 조각내어 먹는다는 것이다. 이 도살에서 나온 기름이 표면으로 떠올라 슬릭을 만든다."

그러나 지금은 도시의 항구처럼 점잖고, 배와 상업을 위한 장소로 보이는 이 평온한 대양도, 머지않아 갑작스러운 분노에 휩싸일 것이다. 그때면 모든 동굴과 절벽이 울림으로 가득 차고, 파도는 배들을 무자비하게 휘몰아쳐 모래나 암초에 부딪혀 산산조각 낼 것이다. 선원들은 바다 괴물의 먹이가 되고, 해초처럼 떠다니며 죽은 개구리처럼 부풀어 오를 것이다. 바다는 그 시신들을 높이, 혹은 낮게 이리저리 옮기며 물고기에게 한 입씩 베어 먹게 할 것이다. 이 온화한 대양은 미친 황소의 아버지처럼 사람의 몸을 갈기갈기 찢어 해안으로 던질 것이며, 그 친척들은 며칠이고 해변을 따라 남은 조각들을 찾아 헤맬 것이다. 한적한 내륙 마을의 사람들은 소식을 듣고 울며 달려와, 이름 모를 해안의 모래 언덕 사이에 묻힌 선원의 무덤 앞에 서게 될 것이다.

바다와 오랫동안 친숙한 사람들은 바닷새의 울음이나 파도의 포효 같은 징후로, 고요함이 폭풍으로 바뀌는 시점을 알아챘다고 믿는다. 그러나 아마도 우리가 상상하는 그런 고대의 '지혜로운 선원'은 존재하지 않을 것이다. 그들은 인생이라는 항해에 대해, 우리보다 더 많이 아는 이들일 수는 있어도, 결코 모든 것을 아는 것은 아니다. 그럼에도 우리는 여전히 늙은 선원들의 말에 귀 기울이고, 과학이 무시하거나 설명하지 못하는 자연 현상에 대한 그들의 직관을 듣는 것을 좋아한다. 칼름은 필라델피아에서 콕 씨가 전해준 한 이야기를 기록했다. 어느 날 콕 씨가 작은 요트를 타고 서인도 제도로 향하던 중, 바다를 잘 아는 노인이 배에 타고 있었다. 노인은 수심을 재더니 동료에게 즉시 보트를 내리고 가능한 한 많은 사람을 태워 앞의 섬으로 최대한 빨리 가라고 명했다. 24시간 안에 강한 허리케인이 올 것이라 경고한 것이다.

콕 씨가 이유를 묻자, 노인은 "물속의 납줄이 평소보다 훨씬 더 깊이, 또렷하게 보였다"고 답했다. 물이 갑자기 맑아지는 것은 곧 허리케인의 징조라는 것이다. 그들은 다행히 바람이 몰아치기 전에 항구에 도착할 수 있었다. 그러나 얼마 지나지 않아 허리케인은 광란의 세력으로 몰아쳐, 수많은 배를 침몰시키고 집의 지붕을 뜯어갔으며, 그들의 배조차 해안 깊숙이 밀려올라가 몇 주가 지나서야 다시 띄울 수 있었다.

그리스인들이 만약 현대 과학의 눈으로 바다를 보았다면, 비록 밀을 생산하지 않는다 하더라도 결코 바다를 '불모지'라 부르지 않았을 것이다. 자연학자들은 이제 "육지가 아니라 바다가 생명의 주된 터전"이라고 말한다. 다윈은 "우리가 가장 울창하다고 부르는 숲조차, 바다의 생명 밀도를 비교해보면 거의 사막과 같다"고 단언했다. 아가시와 굴드는 "바다는 꽃 피는 식물의 극한을 훨씬 넘어, 모든 종류의 동물로 가득 차 있다"고 말하면서도, "매우 깊은 바다의 심연은 거의 생명 없는 사막에 가깝다"고 덧붙였다. 데소르의 말을 빌리면, "현대의 연구는 단지 고대 시인들과 철학자들이 막연히 예감했던 위대한 생각, 즉 바다가 모든 것의 근원이라는 사실을 확인하는 데 그친다." 그러나 해양 동물과 식물은 육지의 그것들보다 존재의 단계가 낮다. "완전한 상태의 동물이 낮은 단계로 퇴보해 수생이 된 경우는 없다." 그는 이렇게 덧붙였다. "진보의 방향은 언제나 마른 땅을 향한다." 요컨대, 마른 땅 자체가 하늘로 가는 길 위에서 물을 통과하며 태어난 것이다. 지질 시대를 거슬러 올라가면, 한때 지구 표면이 완전히 바다로 덮여 있었던 시대로 도달한다. 그래서 바다는 불모지가 아니라, 오히려 "대륙의 실험실"이라 불리는 것이 더 합당하다.

비록 우리가 잠시 평온한 사색에 잠겼다 하더라도, 독자는 파도의 부딪힘과 포효가 끊임없었다는 사실을 잊어서는 안 된다. 실제로는 큰 소라껍데기를 귀에 대고 이 글을 읽는 듯한 감각이 어울릴 것이다. 오늘은 특히 춥고 바람이 거세게 불었지만, 이곳의 공기는 소금기 덕분에 건조하여, 오히려 노출된 사람에게 감기를 일으키지 않을 만큼 건강한 냉기였다. 그러나 웰플리트의 오래된 안내서 저자는 이렇게 썼다. "이곳의 대기는 염분 입자가 너무 많아, 생선을 많이 먹고 사과주나 가문비 맥주를 소홀히 마시는 습관과 더불어, 사람들이 다른 곳보다 입과 목의 병에 더 잘 걸리는 이유일지도 모른다."

케이프를 가로질러

바닷가를 다녀온 뒤엔 왜 더 오래 바라보지 않았을까 스스로 묻게 된다. 그러나 곧 여행자는 하늘을 보듯 바다도 그저 스쳐 보게 된다. '내부'라 부를 만한 것이 있다면—대양 한가운데 솟은 모래톱에 내부가 있다 할 수 있다면—그 풍경은 극도로 황량했고, 경작지나 경작 가능한 땅은 거의 없었다. 마을은 보이지 않았고, 집도 드물었다. 사람 사는 곳은 대개 만(灣) 쪽에 있었다. 눈앞은 관목이 우거진 언덕과 계곡의 연속이었고, 가을빛이 번져 있었다. 왜소한 나무들과 베어베리 덕에 자주 산꼭대기에 선 듯한 착각이 들었다. 이스트햄의 숲이라 할 만한 곳은 웰플리트 가장자리에 하나뿐이었다. 피치파인은 대체로 15~18피트를 넘지 않았고, 더 큰 나무들은 이끼를 두르고 길게 늘어진 회색 우스네아를 달고 있었다. 케이프 팔뚝에는 흰소나무가 드물다. 다만 이스트햄 북서부 캠프 그라운드 근처에서, 케이프답지 않게 시골스럽고 숲 같은 휴식처를 다음 여름에 보았는데, 평평한 땅 위로 바스락거리는 떡갈나무·아카시아·소나무가 작은 낙원을 이루고 있었다. 집 둘레의 아카시아는 이식하든 자생하든 유난히 잘 자랐다. 웰플리트와 트루로에는 대서양에서 1마일 이상 떨어진 얇은 숲 지대가 이어지지만, 대체로 수평선이 비쳐 보일 만큼 듬성했고, 울창한 곳도 나무 크기는 크지 않았다. 떡갈과 소나무는 사과나무처럼 평평한 모양을 하고 있었고, 25년 된 떡갈 숲도 9~10피트 남짓한 관목에 불과해 윗잎을 손에 닿을 때가 많았다. "숲"이라 부르는 것들 상당수는 그 절반 높이로, 관목 떡갈·베이베리·해변 자두·야생장미가 엉기고 담쟁이가 뒤덮은 정도였다. 장미철이면 모래 한복판의 그 덤불이 베이베리 향과 뒤섞여 어떤 인공 장미원도 따라올 수 없는 풍성함을 보여 주었으니, 그야말로 사막의 오아시스였다. 허클베리는 지천이었고, 이듬해엔 '허클베리 사과'라 부르는 벌레혹이 놀라우리만치 많이 달려 기묘하지만 아름다운 꽃을 이뤘다. 다만 그 관목 숲에는 나무 진드기가 들끓어 성가셨고, 이를 떼려면 손가락 힘이 꽤 필요했다.

이 마을 사람들은 나무를 몹시 귀히 여기지만, 그 기준이 클 수 없는 땅이다. 옛날엔 거목이 있었다고 이야기할 때에도 절대적 크기가 아니라 지금과의 상대를 떠올려야 한다. 그들이 자랑하는 100년·150년, 심지어 200년 된 '용감한 늙은 떡갈'은 높이 20~25피트가 채 안 되는, 웃음이 날 만큼 왜소한 경우가 많다. 나는 특히 트루로 남쪽의 소인국 같은 늙은 떡갈들을 흥미롭게 보았다. 멀리선 당당해 보여도 자로 대보면, 아침 사슴이 뜯어버릴 이끼만큼 작아진다. 그럼에도 사람들은 웰플리트 목재로 큰 스쿠너를 지은 적이 있다고, 오래된 집들도 케이프산 목재로 지었다고 들려준다. 하지만 그 숲은 사라지고 가난뱅이풀 깔린 황무지가 사방으로 펼쳐졌다. 요즘

집들은 메인 주에서 들여온 규격 목재로, 거의 도끼 맛도 못 보고 조립된다. 연료용 나무 대부분도 배나 해류가 실어 오고, 석탄은 말할 것도 없다. 북 트루로에선 연료의 4분의 1과 목재 상당 부분이 표류목이라는 말도 들었다. 많은 이들이 해변에서 난 연료로 겨울을 난다.

내륙에선 보기 힘든 새들도 있다. 여름이면 관목 숲에서 검은목멧새(Fringilla Americana)의 소리가 들리고, 트인 들판에선 고지대 물떼새(Totanus Bartramius)의 떨리는 울음이 길게 메아리친다. 바로 옆에서도, 혹은 1마일 밖에서도 들리는 듯한, 애처롭고 매 같은 음성이다. 오늘 우리는 인구 1,800명 남짓의 트루로를 지나 파멧 강에 이르렀다. 필그림들이 프로빈스타운에서 케이프를 따라 올라오다 정착지를 물색하던 여정의 한계점이다. 강은 대서양에서 몇 로드 떨어진 움푹한 곳에서 발원하는데, 근처 주민 말로는 만조 때 바닷물이 새어든다고 했다. 그래도 바람과 파도가 사이의 모래 장벽을 지켜 주어, 강물은 수원에서 수로를 거쳐 입구의 등대까지 한몸처럼 꾸준히 서쪽으로 흐른다.

이른 오후, 우리는 하이랜드 등대에 닿았다. 하얀 탑이 1~2마일 전부터 둑 너머로 솟아 보였다. 노셋 등대에서 14마일 북쪽, '클레이 파운즈(Clay Pounds)'라 불리는 거대한 점토층 위에 선 등대다. 등대지기 말로 그 점토는 케이프를 가로지르며 이 구간의 폭은 약 2마일뿐이라고 했다. 토양이 달라졌다는 걸 발끝이 먼저 알아챘다. 모래 사막이 끊기고, 이틀 내내 보지 못했던 한 줄기 잔디가 우리 발 아래 되살아났기 때문이다.

등대에서 하룻밤 묵기로 하고, 우리는 케이프를 가로질러 만(灣) 쪽으로 걸었다. 길은 둥근 언덕과 움푹한 골짜기가 번갈아 이어지는 황량한 들판이었다. 지질학자들이 말하는 '홍적세의 융기와 함몰'이 그대로 드러난 풍경이었다. 그것은 마치 거대한 바다가 갑자기 굳어버린 듯했지만, 실제로는 훨씬 더 오래된 힘의 흔적 같았다. 히치콕의 매사추세츠 지질 보고서에도 이 풍경이 묘사되어 있는데, 그 문장 자체가 홍적세의 융기처럼 거대하다. 등대에서 남쪽을 내려다보면 케이프는 고원처럼 솟아 있고, 대서양 쪽 둑의 절벽(바다 위 약 150피트 높이)에서 만 쪽 경사면까지 완만하게 내려앉는다. 그 사이에는 바다가 파고들어 생긴 계곡들이 이어져 있고, 그중 몇몇은 케이프를 거의 완전히 가로지른다. 또 어떤 곳은 원형으로, 깊이 100피트가 넘는 구덩이처럼 가라앉아 있었다. 마치 땅이 꺼지거나, 모래가 빠져나간 듯했다.

우리가 지나친 몇 채의 집들은 바람을 피하고 비옥한 흙을 찾아 움푹한 곳 바닥에 지어져 있었다. 그 덕에 대부분은 멀리서 보면 보이지 않았다. 언덕 위에서 내려다보면 마치 땅이 그 집들을 삼켜버린 듯했다. 아까까지 우리가 있던 마을조차 첨탑까지 모래 아래 묻혀, 양쪽의 고지와 비다만 남아 있었다. 가까이 다가가기 전까지 우리는 그 종탑을 평원의 별장이라 착각했다. 마을로 향하는 길은 개미귀신의 구덩이 같았다. 발 아래 모래가 조금만 흐트러져도 순식간에 미끄러져 떨어질 것 같았다. 땅 위에서 가장 눈에 띄는 것은 멀리 보이는 풍차나 집회소뿐이었고, 그런 건물들만이 이 황량한 땅 위에 홀로 설 수 있었다. 그러나 마을 대부분은 황무지에 가까웠다. 옛 트루로에 대한 설명서는 이렇게 썼다. "눈이 평평히 쌓이면 땅에 큰 도움이 되겠지만, 바람이 몰아쳐 눈더미가 바다로 쓸려간다." 실제로 그랬다. 남쪽 파멧 강에서 북쪽 하이 헤드까지, 바다에서 만까지 7마일에 걸친 땅은 드문드문 관목이 자라 있을 뿐이었다. 낯선 이에게 그곳은 마치 바다 위를 걷는 듯한 착각을 주었다. 거리감이 완전히 무너졌다. 풍차나 소 떼가 지평선 끝에 있는 것 같다가도, 몇 걸음만 옮기면 바로 앞에 나타났다. 여름날 나는 1마일쯤 떨어진 곳에서 블루베리를 따는 가족을 보았는데, 무릎높이 덤불 사이를 걷는 그들이 내 눈엔 스무 피트나 되는 거인처럼 보였다.

대서양에 가장 가까운, 모래가 많은 높은 지대에는 해변풀과 인디고 잡초가 듬성듬성 피어 있었다. 그 다음 지대는 굵은 소금 결정 같은 흰 모래와 자갈이 깔려 있었고, 그 사이사이로 드문 식물이 자랐다. 조류학자에게 그 불모지를 설명하자면, 6월, '풀의 달'에 나는 그곳에서 쏙독새의 알을 발견했다고 말할 수 있겠다. 거의 모든 평평한 땅이 그들의 둥지로 적합했다. 킬디어 물떼새도 비슷한 곳에 둥지를 틀었고, 그들의 울음이 하늘을 메웠다. 이 황야는 클라도니아 이끼, 가난뱅이풀, 향기로운 잎의 과꽃(Diplopappus linariifolius), 쥐귀, 베어베리로 덮여 있었다. 어떤 언덕 비탈에서는 향기로운 과꽃과 쥐귀만으로 잔디밭처럼 빽빽했으며, 꽃이 필 때면 은은하고도 정결한 향이 돌았다. 어떤 지역에는 허드소니아 토멘토사와 에리코이데스라 불리는 두 종류의 가난뱅이풀이 반구형 덤불을 이루며 몇 마일에 걸쳐 퍼져 있었다. 7월 중순에도 여전히 꽃을 피우고 있었다. 해변 근처에서는 이런 덤불들이 바다모래꽃(혼케냐 페플로이데스)처럼 꼭대기 바로 아래까지 모래로 채워져, 부드러운 모래 속에 커다란 개미집처럼 단단히 자리 잡았다. 여름 바람이 불면 바다를 향한 언덕의 가난뱅이풀 덤불은 북쪽 절반이 까맣게 타들어가고, 남쪽은 여전히 노란 꽃을 피운 채 남았다. 그리하여 한쪽은 죽음, 한쪽은 생명으로 나뉜 언덕이 경이로운 대비를 이루었다. 많은 이들이 장식용으로 즐기는 이 식물은, 이곳 사람들에게는 불모지의 상징이라 멸시받는다. 그러나 나는 그것이야말로 케이프의 문장에 새겨야 할 식물이라 생각한다. 검은 바탕 위의 반스터블처럼, 나는 그 단단한 생명을 자랑스러워할 것이다. 곳곳에서 해변풀은 해변 금불초와 해변 완두와 뒤섞여 자라며, 우리가 여전히 바다 곁에 있음을 조용히 일깨워 주었다.

우리는 트루로에는 개울이 없다고 읽었지만, 한때 이곳에 사슴이 살았다면 그들은 종종 갈증에 시달렸을 것이다. 그러나 나는 나중에 파멧 강 남쪽으로 흘러드는 작은 민물 개울을 본 것이 거의 확실하다. 직접 맛보지는 않았지만, 근처에 사는 소년이 그곳 물을 마신다고 했다. 우리가 둘러본 풍경에는 나무 한 그루도 보이지 않았고, 사방으로 뻗은 고지대는 거의 같은 높이였다. 대서양 쪽에서도 만(灣)을 내려다볼 수 있었고, 멀리 플리머스의 매노멧 곶까지 보였다. 그쪽이 더 높았기 때문에 시야도 더욱 넓게 트였다. 풍경의 황량함과 매끄러움은 신선하고 기분 좋은 인상을 주었으며, 마치 배의 갑판 위에 서 있는 듯한 느낌이었다. 한쪽에는 만을 따라 남쪽으로 항해하는 배들이, 다른 한쪽에는 대서양을 따라 북쪽으로 향하는 배들이 순풍을 타고 미끄러지듯 지나갔다.

케이프를 따라 이어진 유일한 길은 구불구불 평원을 돌고, 관목 숲을 스치며 이어지는 단순한 모래 길이었다. 울타리는 없었고, 길은 단단한 땅을 찾아 혹은 조수를 피하려고 방향을 자주 바꾸었다. 주민들은 이곳저곳 황무지를 지팡이 짚고 걸었으며, 좁은 오솔길마다 바람에 쓸린 모래가 흘러 땅의 맨살이 드러나 있었다. 우리가 그곳에서 살았다면, 걷기 전마다 발 아래를 살피고, 우리의 운명을 숨겨줄 안개나 눈보라를 위해 기도했을지도 모른다. 그 황량한 언덕을 걷는 일은 곧 사람의 속을 갉아먹을 듯했다.

마을 북부에는 해안에서 해안까지 몇 마일 동안 집이 하나도 없었다. 서부의 대초원처럼 야생적이고 고요했다. 사실 트루로의 모든 집을 본 사람이라면,

그 인구가 약 1,800명이라는 말에 놀랄 것이다. 하지만 그중 약 500명의 남자와 소년들이 그때 바다로 나가 고기잡이를 하고 있었을 것이다. 남은 몇몇은 모래밭을 일구거나, 혹은 검은고래를 감시하기 위해 머물렀다. 이곳의 농부들은 모두 어부이기도 했다. 그들은 땅을 가는 것보다 바다를 다루는 데 더 익숙했고, 자신들의 모래밭에는 거의 손을 대지 않았다. 비록 개울에는 해초가 풍부하고, 때때로 해안에는 검은고래 사체가 썩어 갔지만 말이다.

폰드 빌리지와 이스트 하버 빌리지 사이에는 우리가 역마차에서 이미 지나쳤던 흥미로운 피치파인 조림지가 있었다. 약 2,030에이커에 달하는 넓은 숲이었다. 근처에 사는 한 사람은 두 남자가 그 땅을 단 1실링, 즉 25센트에 샀다고 말했다. 그만큼 이곳의 땅은 싸고, 어떤 땅은 아예 증서를 쓸 가치조차 없었다. 그 토양, 혹은 모래는 가난뱅이풀과 해변풀, 수영이로 부분적으로 덮여 있었는데, 약 4피트 간격으로 고랑을 파고, 기계로 씨앗을 떨어뜨려 소나무를 심었다. 그 나무들은 훌륭하게 자라 첫해에 3~4인치, 둘째 해엔 6인치 이상 자랐다. 최근에 새로 심은 지역에서는 흰 모래가 깊은 구덩이의 옆면을 따라 나선형으로 노출되어, 마치 거대한 띠무늬 방패의 뒷면을 보는 듯한 기묘한 풍경을 이뤘다.

이 실험은 케이프에 매우 중요한 시도였고, 놀라우리만치 성공적이었다. 언젠가 반스터블 카운티의 황무지 대부분이 프랑스의 몇몇 지역처럼 인공 소나무 숲으로 덮일지도 모른다. 프랑스에서는 이미 1811년에 바욘 근처의 12,500에이커 사구를 이런 방식으로 숲으로 바꿨다. 그들은 그것을 '피냐다(pignadas)'라고 불렀으며, 라우던의 말에 따르면 "이전엔 표류하던 사막이었던 곳이 이제는 주민들의 주된 부를 이루고 있다"고 했다. 그것은 옥수수보다 훨씬 고귀한 곡물을 기르는 일처럼 보였다.

몇 해 전까지만 해도 트루로는 케이프의 마을들 중 양을 가장 많이 기르는 곳으로 알려져 있었다. 그러나 내가 들었을 때에는 이미 그 전통이 거의 사라져, 단 두 사람만이 양을 기르고 있었다. 1855년 당시 열 살짜리 트루로 소년은 평생 단 한 번도 양을 본 적이 없다고 말했다. 예전에는 울타리가 없는 땅이나 공유지에서 자유롭게 방목했지만, 이제는 각자가 사유지를 주장하게 되었고, 울타리를 치는 비용이 너무 커졌다. 울타리 기둥은 메인 주에서 들여온 삼나무였고, 일반적으로 두 개의 가로장이면 충분했지만 양을 막으려면 네 개가 필요했다. 예전에 양을 키우던 한 남자가 이제 그만둔 이유도 그 때문이었다. 자재가 너무 비싸서 그는 더 이상 유지할 수 없었다. 나는 가로장이 단 하나뿐인 울타리를 본 적이 있는데, 그것마저도 자주 부러져서 끈으로 대충 묶어놓은 상태였다.

한 마을에서는 다음 해 여름에, 여섯 로드 길이의 밧줄로 소를 묶어놓은 것을 보았다. 풀은 드물고 짧았기 때문에 밧줄이 길 수밖에 없었다. 사실 60로드, 아니 케이프의 모든 밧줄을 다 쓴다 해도 모자라지 않았을 것이다. "아라비아 펠릭스(행복의 아라비아)"에 들어가는 대신 사막 한가운데 소를 매어두는 꼴이었다. 나는 한 농부가 이웃에게 건초 한 묶음을 팔기 위해 무게를 재는 일을 도운 적이 있는데, 저울 갈고리에 매단 막대기의 한쪽을 내가 붙잡고 있었다. 그런데 그것이 그의 전체 수확의 절반이었다. 그만큼 이곳의 땅은 척박했다. 나는 여러 번 주민들에게 끈 한 조각이나 포장지 한 장을 빌리려다가도 참았다. 괜히 그들의 귀한 물건을 빼앗는 듯한 죄책감이 들었기 때문이다. 이곳 사람들은 울타리 기둥만이 아니라 생활에 필요한 거의 모든 물건을 외지에서 들여와야 했고, 신문팔이 하나 없는 마을에서 폐지를 어디에 쓸 수 있을지조차 알 수 없었다.

주변의 물건들은 모두 바다에서 건져 올린 파편들이었다. 해변 어부들이 임시방편으로 엮어 쓴 도구들 덕분에, 우리는 가끔 이곳이 정말 '땅 위'인지 의심스러웠다. 모든 우물에는 도르래 대신 배에서 쓰던 블록과 태클이 매달려 있었고, 거의 모든 집 옆에는 난파선에서 구한 돛대 조각이나 구멍 난 판자들이 흩어져 있었다. 풍차의 날개나 기둥도 이런 잔해로 지어졌으며, 공공다리의 기둥 또한 바다의 잔해였다. 등대지기 한 명은 자신이 헛간 지붕을 새로 잇기 위해 돛대 하나를 켜서 지붕널 3천 장을 만들었다고 자랑했다. 낡은 노가 울타리 기로장으로 쓰인 경우도 드물지 않았고, 폭풍에 의해 바다로 떠내려간 배의 장식품이 헛간 벽에 못 박혀 있는 모습도 흔했다.

나는 등대 근처의 헛간 하나에서 "Anglo Saxon(앵글로 색슨)"이라는 글자가 커다란 금박으로 새겨진 긴 간판을 보았다. 아마 폭풍 속에서 배가 내던진 장식품이거나, 조타사와 선원들이 버리고 간 물건이었을 것이다. 그러나 그 반짝이는 금문자를 보고 있자니, 마치 심플레가데스의 바위를 통과하다 잘려 나간 아르고 호의 한 조각이라도 발견한 듯한, 묘한 흥분이 밀려왔다.

어부에게 케이프는 하나의 거대한 보급선이다. 여자와 아이들, 노인과 병자들을 태우고 있는, 바다 위의 더 안전하고 더 큰 배와 같다. 실제로 이곳에서는 일상 대화 속에서도 바다의 언어가 끊이지 않는다. 바다를 삶의 중심으로 삼는 사람들에게는 그것이 자연스러운 일이다. 옛 북유럽인들은 그들의 나라 도프라피엘 산맥의 능선을 "용골 능선"이라 불렀는데, 땅 전체가 뒤집힌 배처럼 느껴졌기 때문이다. 나는 이 케이프에서 종종 그들을 떠올렸다. 케이프의 주민들은 농부이면서 동시에 바다를 누비는 사람들이다. 그들은 바이킹보다도, 만의 왕보다도 더 넓은 바다 위에 권세를 펼쳤다.

내가 웰플리트에서 하룻밤 묵었을 때, 그곳의 한 농부는 전년도에 감자를 50부셸이나 거두었다고 자랑했다. 케이프에서는 보기 드문 큰 수확이었다. 그는 염전도 가지고 있었고, 자신의 스쿠너를 가리키며 말했다. "이게 내 시장 수레요." 그는 일꾼들과 소년

하나를 데리고 그 배를 타고 버지니아 곶까지 항해하며 무역을 했다. 그의 고용인은 능숙하게 조타를 맡았고, 그는 그 배로 마치 밭에서 두 팀의 마차를 모는 듯 바다를 달렸다.

> **"높은 바다가 나타나기 전에
> 아침의 열린 눈꺼풀 아래서."**

비록 그가 버지니아로 가는 길에 "회색 파리"라는 이름의 폭풍을 만난 적은 없었지만, 케이프 주민의 삶은 늘 이런 식으로 바다 위에서 짐을 나르는 모험의 연속이었다. 그들의 평범한 항해조차 고대의 아르고나우타이 원정을 무색하게 만들 만큼 험하고 장대하다. 나는 한 케이프 코드 선장의 이야기를 들었다. 그는 겨울 초 서인도 제도에서 귀항 중이었으나, 오랫동안 실종된 것으로 여겨졌다. 그러나 어느 날 그의 가족은 기쁜 소식을 들었다. 케이프 코드 등대에서 불과 40마일 떨어진 곳까지 왔던 그는, 아홉 번의 폭풍에 휩쓸려 플로리다와 쿠바 사이 키웨스트까지 밀려갔고, 결국 다시 항로를 잡았다는 것이다. 그는 그렇게 겨울을 보냈다.

고대였다면, 이런 두세 사람의 모험이 신화로 전해졌을 것이다. 하지만 지금은 그들의 이야기가 신문 해운 뉴스의 한 줄, 마치 수학 공식처럼 압축되어 기록된다. "세상 어디에서든," 빈스디블에서 연설하던 팰프리는 말했다. "성조기가 펄럭이는 곳이라면 어디서든, 그 아래에는 반스터블, 웰플리트, 채텀의 항구 수심을 줄줄 말할 수 있는 사람이 있을 것이다."

어느 날 나는 플리머스 해안 건너편에서 누군가의 – 아니, 어쩌면 모두의 – 빌 아저씨의 집을 보았다. 그것은 진흙 위에 반쯤 기울어진 스쿠너였다. 우리는 한낮의 깊은 잠에 빠진 그를 배 밑을 두드려 깨워 해치웨이로 나오게 했다. 조개 캐는 도구를 빌리려던 참이었다. 그러나 다음 날 아침, 그를 다시 찾았을 때 그는 사라지고 없었다. 동풍 폭풍이 몰아칠까 두려워, 전날 저녁에 "소나무 숲" 쪽으로 옮겨간 것이었다. 그는 1851년 봄의 대폭풍을 플리머스 만에서 홀로 버티며 살아남은 인물이었다. 암초 해초를 캐고, 배에 짐을 싣고, 난파선을 인양하며 사는 그를 나는 여전히 지평선 너머의 "소나무 숲" 진흙 속에서 떠올렸다. 그곳은 밀물이 들 때까지는 결코 떠날 수 없는 땅이었다. 그러나 그는 아마 그때조차 떠나지 않았을 것이다. 이처럼 조수를 기다리는 것은 해변 생활의 특이한 리듬이었다. "글쎄, 아직 두 시간은 출발 못 해." – 그런 말이 이곳에서는 너무도 흔했다. 육지 사람에게는 생소한 감각이었고, 처음에는 그 기다림이 견디기 어려웠다.

역사는 기록한다. "트루로의 두 주민이 고래를 쫓아 포클랜드 제도로 모험을 떠난 최초의 인물들이었다. 이 항해는 1774년, 영국 해군 몬태규 제독의 조언에 따라 이루어졌으며, 성공적으로 끝났다."

그들의 항해는 한 세기를 지나 여전히 케이프 바

람 속에서 회자되고 있었다.

폰드 빌리지에서 우리는 길이 8분의 3마일에 달하는 연못을 보았다. 그 안은 7피트 높이의 부들로 빽빽하게 차 있었는데, 뉴잉글랜드의 모든 통 제조업자들에게 충분할 만큼 풍부했다. 서쪽 해안은 동쪽 못지않게 모래가 많았지만, 물은 훨씬 잔잔했고, 바닥은 대서양 쪽에서는 보지 못했던 가느다란 풀 같은 해초, 즉 조스테라로 부분적으로 덮여 있었다. 그곳의 해변에는 물고기를 말리는 조잡한 창고 몇 개가 있어, 다른 지역보다 조금 더 사람 사는 기운이 느껴졌다. 이쪽의 몇 안 되는 습지에서는 함초와 로즈메리, 그리고 내륙 사람들에게는 생소한 식물들을 여럿 볼 수 있었다.

여름이나 가을이면 길이 15피트를 넘는 검은고래(학명: Globicephalus melas, 일명 사회적 고래 또는 병머리 고래) 수백 마리가 떼를 지어 이 해안에 밀려드는 일이 가끔 있다. 나는 1855년 7월, 그런 장면을 직접 목격했다. 등대에서 일하던 한 목수가 이른 아침에 현장에 도착했는데, 만약 일을 하러 오지 않았다면 50달러를 잃었을지도 모른다고 했다. 그는 만(灣) 쪽을 따라오던 중 어부들이 검은고래 떼를 해안으로 몰아넣는 소리를 들었다고 했다. 그는 그 무리에 합류해 한몫 챙길까 잠시 고민했지만, 결국 일을 택했다.

아침 식사 후 나는 약 2마일 떨어진 그곳으로 향했다. 해변 근처에서 추격을 마치고 돌아오는 어부 몇 명을 만났고, 남쪽으로 약 1마일 떨어진 곳의 모래 위에는 커다란 검은 덩어리들이 널려 있었다. 가까이 다가가자 그것들이 검은고래였고, 주위에는 한두 사람이 있었다. 나는 그들을 향해 걷다가, 곧 머리가 잘려나가고 몇 주 전에 지방이 벗겨진 거대한 사체를 보았다. 막 밀려든 조수가 그것을 흔들기 시작했고, 악취 때문에 나는 멀리 돌아가야 했다.

그레이트 할로우에 이르렀을 때, 나는 어부 한 명과 소년 몇 명이 망을 보고 있는 모습을 발견했다. 그들은 막 죽은 검은고래 서른 마리쯤을 세고 있었다. 고래들의 몸에는 상처가 많았고, 주변의 물은 피로 물들어 있었다. 일부는 해변에, 일부는 물속에 있었고, 꼬리에 밧줄이 묶인 채 조수가 빠지기를 기다리고 있었다. 한 배는 고래 한 마리의 꼬리에 의해 부서지기도 했다.

검은고래들의 피부는 인디아 고무처럼 매끄럽고 윤기가 있었으며, 둥근 머리와 뭉툭한 주둥이, 단단하고 단순한 지느러미를 지닌 모습은 살아 있는 생물이라기보다 덩어리진 조각처럼 보였다. 가장 큰 것은 길이 15피트가량 되었고, 가장 작은 것은 5피트에 불과했으며 아직 이빨이 나지 않았다. 어부는 지방층이 얼마나 두꺼운지 보여주기 위해 주머니칼로 한 마리를 베어보였는데, 두께가 약 3인치였다. 내가 그곳에 손가락을 넣자 기름이 묻어나 두껍게 덮였다. 지방은 돼지고기와 비슷하게 생겼고, 어부는 그것을 끓일 때 소년들이 빵 한 조각과 지방 한 조각을 함께 들고 와서 먹곤 하는데, 돼지비계보다 그것을 더 좋아한다고 말했다.

그는 또 고래의 살을 조금 베어 보여주었는데, 그것은 쇠고기처럼 붉고 단단했다. 그는 신선할 때는 오히려 쇠고기보다 맛있다고 했다. 1812년 브르타뉴의 가난한 사람들은 검은고래를 식량으로 사용했다고 한다. 그들은 조수가 빠져 고래들이 해변에 완전히 드러나기를 기다렸다가, 지방을 벗겨내어 배에 싣고 해변의 작업장으로 가져가 끓였다. 고래 한 마리에서 보통 15~20달러어치의 기름 한 통을 얻을 수 있었다.

해변에는 수많은 창과 작살이 있었는데, 생각보다 훨씬 가늘고 정교한 도구들이었다. 한 노인은 말과 마차를 몰고 해변을 따라 다니며, 어부들의 아내들이 폰드 빌리지에서 준비해 보낸 점심을 나눠주고 있었다. 그는 작은 양동이와 주전자에 담긴 음식을 어부들에게 건넸고, 아마 그 대가로 기름의 일부를 받았을 것이다. 자기 양동이를 구분할 수 없을 때면, 그는 단순히 먼저 오는 것을 집어 들었다.

내가 그 자리에 서 있을 때, 누군가가 "또 다른 무리다!"라고 외쳤다. 우리는 바다 위에서 그들이 검은 등을 드러내며 숨을 내쉬는 모습을 볼 수 있었다. 그들은 말처럼 파도를 가르며 북쪽으로 약 1마일쯤 떨어진 곳을 향해 움직이고 있었고, 이미 몇몇 배들은 추격에 나서 그들을 해안 쪽으로 몰고 있었다. 다른 어부들과 소년들은 흥분에 차서 달려와, 내가 서 있던 자리에서 배에 뛰어올라 밀어내기 시작했다. 나도 마음만 먹으면 그들과 함께 갈 수 있었을 것이다. 곧 스무 척이 넘는 배들이 물결 위로 나섰다. 어떤 배들은 돛을 달고, 어떤 배들은 노를 저으며 전속력으로 달려가, 무리의 바깥쪽을 에워쌌다.

물고기 가까이 다가간 배들은 노로 배 옆을 세차게 두드리며 뿔나팔을 불었다. 그 소리는 고래들을 혼란에 빠뜨려, 무리 전체를 해변으로 몰아넣었다. 그것은 흥미진진한 경주였다. 만약 그들이 고래를 해안에 몰아넣는 데 성공하면, 각 배가 일정한 몫을 나누고, 다시 그 안에서 선원들이 분배를 받는다. 하지만 만약 바다 한가운데에서 고래를 쳐야 할 경우, 그 고래를 잡은 배의 선원들이 온전히 그 몫을 차지한다.

나는 그들이 동료들과 합류하기 위해 열심히 노를 젓는 동안, 해안을 따라 빠르게 북쪽으로 걸었다. 내 옆에서 달리던 한 어린 소년은 자랑스럽게 말했다. "우리 아버지 배가 저기 다른 배들보다 빨라요!" 그때, 앞에서 한 늙은 어부가 다가왔다. 그는 눈이 거의 보이지 않았다. "그들은 어디 있소? 나는 볼 수가 없소. 잡았소?" 하고 물었다. 그 사이, 물고기 무리는 방향을 틀어 프로빈스타운 쪽으로 달아나고 있었고, 가끔 한 마리의 검은 등이 파도 사이로 반짝일 뿐이었다. 곧 여러 배가 각자의 물고기에 밧줄을 걸어 끌기 시작했다. 어떤 고래는 해변에서 수십 로드 떨어진 곳에서 피와 물을 동시에 내뿜으며 물 밖으로 반쯤 뛰어오르고, 경주마처럼 거칠게 파도를 가르며 해안으로 향했다.

그들은 우리로부터는 다소 먼 북쪽 해안에 닿았지만, 우리는 어부들이 모래 위로 뛰어내려 창을 던지는 모습을 뚜렷이 볼 수 있었다. 그 장면은 내가 그림으로만 보았던 고래잡이 광경 그대로였다. 한 어부는 그 일이 실제로도 거의 그만큼 위험하다고 내게 말했다. 그는 첫 시도 때 너무 흥분한 나머지 창집을 벗기지 않은 채 창을 던졌지만, 그럼에도 불구하고 고래를 완전히 꿰뚫었다고 했다.

며칠 전, 나는 이스트햄 남쪽에서 또 다른 사건을 들었다. 검은고래 180마리가 해안으로 몰려왔다는 것이다. 빌링스게이트 포인트의 등대지기는 그 무리의 등에 자신의 이니셜을 새겨 '권리'를 주장했고, 그 권리를 프로빈스타운에 1,000달러에 팔았다. 프로빈스타운 사람들은 아마 그 두 배는 벌었을 것이다. 또 다른 어부는 19년 전, 그레이트 할로우에서 380마리가 밀려왔다는 이야기를 들려주었다. '자연학자 도서관'에는 1809~10년 겨울, 1,110마리가 아이슬란드의 흐랄피오르드 해안에 몰려와 포획되었다는 기록도 있다. 학자 데카이는 그들이 왜 좌초되는지 알 수 없다고 썼지만, 한 어부는 "그들이 오징어를 쫓다가 해안으로 밀려온다"고 확신에 차 말했다. 그들에 따르면 이런 일은 보통 7월 말경에 일어난다.

약 일주일 뒤, 내가 다시 이 해안을 찾았을 때, 바나클 나라 눈에 닿는 한계까지 해변 전체가 섬은 고래 사체로 뒤덮여 있었다. 지방은 벗겨지고 머리는 잘려, 높은 곳에 따로 쌓여 있었다. 악취는 참기 어려웠고, 그 냄새 때문에 해변을 걷는 것은 거의 불가능했다. 프로빈스타운과 트루로 사이에서는 사체들이 역마차길 바로 옆에까지 널려 있었다. 그러나 그 끔찍한 광경을 치우기 위한 조치는 전혀 취해지지 않았다. 사람들은 아무렇지 않게 그 근처에서 바닷가재를 잡고 있었다. 때로는 사체를 끌어내어 바다에 가라앉히기도 했다지만, 나는 그 무거운 고래들을 가라앉힐 돌을 어디서 구했을지 의아했다. 그것들을 거름으로 만들 수도 있었을 텐데, 케이프의 척박한 토양을 생각하면 그 비료는 귀했을 것이다. 다만 그렇게 놔두면, 비료가 되기도 전에 병을 옮기는 원인이 될지도 몰랐다.

집으로 돌아온 후, 나는 검은고래에 대해 알려진 것을 찾아보고 싶었다. 그래서 주의 동물학 조사 보고서를 들춰보았다. 그러나 곧 스토러가 그의 『어류 보고서』에서 검은고래를 당연히 생략했다는 사실을 알게 되었다. 그것은 물고기가 아니기 때문이었다. 나는 다음으로 에먼스의 『포유류 보고서』를 찾아보았지만, 거기에서도 바다표범과 고래는 빠져 있었다. 그는 "관찰할 기회가 없었다"고 이유를 밝혔는데, 그 사실이 놀라웠다.

매사추세츠가 어업으로 번성해 온 역사를 생각하면 더욱 그러했다. 주 의사당의 입법부는 대구의 상징 아래에 앉아 있었고, 낸터킷과 뉴베드퍼드는 우리 경계 안에 있으며, 아침 일찍 일어난 사람이라면 해안에서 1,000달러에서 1,500달러어치의 검은고래를 발견할 수도 있었다. 필그림들은 플리머스에 도착하기 전, 이미 이스트햄 해안에서 인디언들이 검은고래를 잡는 장면을 목격했으며, 그 많음에 감탄해 그 해안의 일부를 '그램퍼스 만(Grampus Bay)'이라 부르기도 했다. 그때 이후로 지금까지 이 물고기들은 거의 매년 한두 개의 카운티를 부유하게 만들었다. 그리고 지금은 그들의 썩어가는 사체가 한 카운티의 공기를 30마일 이상 오염시키고 있다. 이런 상황을 고려하면, 주의 포유류 보고서—즉, 육지와 바다의 생물 목록—에서 이 동물의 이름조차 찾을 수 없다는 것은 매우 아이러니한 일이라 생각했다.

우리는 그곳에서, 그리고 케이프 전역에서 프로빈스타운을 똑똑히 바라볼 수 있었다. 서쪽으로 5~6마일 떨어진 물 건너, 관목으로 덮인 모래언덕 아래 자리한 도시였다. 항구는 배들로 가득했고, 수많은 돛대가 교회의 첨탑들과 어우러져, 멀리서 보면 제법 큰 해항도시처럼 보였다.

케이프 하부의 모든 마을 사람들은 이렇게 두 바다의 전망을 동시에 즐긴다. 서쪽, 즉 좌현의 해안에 서면, 멀리 본토가 희미하게 보이는 수평선을 바라보며 "이곳은 매사추세츠 만이다"라고 말할 수 있다. 그리고 한 시간쯤 천천히 걸어 우현 해안으로 가면, 그 너머로는 어떤 육지의 그림자도 보이지 않는다. 그늘은 그 자리에서 이렇게 말할 수 있다. "이곳은 대서양이다."

등대로 돌아가는 길에 우리는 하얀 탑을 멀리서 보았다. 마치 밤에 선원이 그 불빛을 보고 방향을 잡 듯이, 우리는 묘지를 지나 걸었다. 그 묘지는 특이하 게도 슬레이트 덕분에 모래바람에 날아가지 않고 유 지되고 있었다. 무덤 사이에는 허클베리 덤불이 뿌리 를 깊게 내리고 있었는데, 아마도 슬레이트가 두껍게 깔려 있었기 때문일 것이다. 우리는 바다에서 수많은 사람이 목숨을 잃은 곳이니만큼, 그들의 묘비명을 읽 어보는 일이 의미 있을 거라 생각했다. 그러나 실제 로 그런 묘비명은 우리가 예상했던 것만큼 많지 않았 다. 그들의 생명뿐 아니라 시신 또한 바다에 삼켜져 버렸기 때문이다. 결국 그들의 진짜 묘지는 바다였 다.

동쪽 근처에서 우리는 한 마리의 여우를 놀라게 했다. 소금 습지의 스컹크를 제외하면, 우리가 걸으 면서 본 유일한 야생의 네발짐승이었다(만약 페인티드 거 북이나 상자 거북을 네발짐승이라 부를 수 있다면 말이다). 그 여우는 크고, 통통하며, 털이 윤기 났고, 노란 개처럼 보였 다. 꼬리 끝은 흰색이었고, 케이프에서 제법 잘 먹고 사는 듯했다. 그는 떡갈나무와 베이베리 덤불 사이로 달아났지만, 그 덤불들은 그를 숨기기에는 너무 낮았 다. 나는 다음 여름, 조금 더 북쪽에서 또 다른 여우 를 보았다. 그는 해변 자두나무 꼭대기를 가볍게 뛰 어넘었고, 나는 그가 남긴 발자국을 따라가며 그의 궤도를 계산해보려 했으나, 방향이 너무 복잡해 끝내 포기했다. 계산할 수 없는 힘들이 그를 움직이고 있었다.

또한 모래 속으로 천천히 가라앉고 있는 세 번째 여우의 사체를 발견해, 그 두개골을 내 수집품에 추가했다. 이 일대에는 여우가 상당히 많은 것이 분명했다. 하지만 여행자는 주민보다 더 자주 그들을 볼 수 있다. 그는 인적이 드문 길을 걷고, 시골을 가로지르는 시간이 많기 때문이다. 현지인들은 어떤 해에는 여우들이 마치 일종의 광기에 걸린 듯 무리 지어 죽는다고 말했다. 그들은 꼬리를 쫓으며 빙빙 돌다가 쓰러지는 모습을 본 적이 있다고 했다.

크란츠가 『그린란드 기록』에서 쓴 바에 따르면, "그곳의 여우들은 새와 그 알을 먹으며, 그것을 얻지 못할 때는 까마귀 열매, 홍합, 게, 그리고 바다가 내주는 모든 것을 먹는다." 이 묘사는 케이프의 여우들에게도 완벽히 들어맞았다.

등대에 거의 다다랐을 무렵, 우리는 만(灣) 너머로 지는 해를 바라보았다. 그 좁고 가느다란 케이프 위에 서 있는 것은, 앞서 말했듯이, 배의 갑판 위에 서 있는 것과도 같았고, 아니 오히려 30마일 떨어진 바다 위에서 군함의 돛대 꼭대기에 서 있는 듯한 기분이었다. 비록 우리가 지금 보는 해와 동시에, 우리의 고향 언덕 너머에서도 해가 지고 있다는 것을 알고 있었지만, 그 언덕들은 우리의 시야에서 이미 지평선 아래로 사라져 있었다.

그 광경은 우리의 마음속을 단번에 압도했고, 잠시 동안 세상의 모든 생각이 사라졌다. 오직 호머의 시구와, 그와 함께 밀려오는 대양의 장엄한 이미지만이 다시금 우리 안에 되살아났다.

태양의 빛나는 횃불이 대양 속으로 떨어졌다.

하이랜드 등대

이 등대는 선원들에게 '케이프 코드 등대(Cape Cod Light)' 혹은 '하이랜드 등대(Highland Light)'로 알려져 있으며, 매사추세츠의 "주요 해안 등대" 중 하나다. 보통 유럽에서 매사추세츠 만 입구로 접근하는 항해자들이 가장 먼저 마주하는 불빛이 바로 이곳이다. 케이프 앤 등대에서 43마일, 보스턴 등대에서 41마일 떨어져 있으며, 둑의 가장자리로부터 약 20로드 안쪽에 서 있다. 이 일대의 둑은 단단한 점토층으로 이루어져 있다.

나는 근처 헛간 지붕을 잇던 한 목수에게서 대패와 직각자, 수평기, 그리고 컴퍼스를 빌렸다. 그리고 그가 돛대에서 잘라낸 지붕널 한 장을 이용해 조준경과 축에 핀을 박은 조잡한 사분의를 만들어, 등대 맞은편 둑의 고도를 측정했다. 대구 낚싯줄 두 개를 이어 그 경사면의 길이를 재고, 그 높이를 계산해본 결과, 둑은 바로 아래 기슭에서 110피트, 즉 평균 저조위로부터 약 123피트 높이 솟아 있었다. 케이프 끝을 세밀하게 측량한 그레이엄의 결과는 130피트로 기록되어 있다. 내가 측정한 부분에서는 모래와 점토가 섞인 지층이 수평선과 약 40도 각도를 이루고 있었지만, 순수한 점토층은 훨씬 더 가팔랐다. 소나 닭도 내려가지 못할 정도였다.

반 마일 남쪽으로 가면 둑은 15~25피트 더 높아

졌고, 그곳이 북 트루로에서 가장 높은 지점처럼 보였다. 그러나 이 거대한 점토 절벽조차 빠르게 침식되고 있었다. 약 23로드 간격으로 생긴 작은 물줄기들이 둑 위를 따라 흘러내리며, 그 사이의 점토를 깎아내어 50피트 이상 높이의 가파른 능선을 남겼는데, 그 모습은 마치 고딕 양식 지붕처럼 뾰족하고 울퉁불퉁했다. 어떤 곳에서는 둑이 반원형으로 움푹 파여 거대한 분화구처럼 보이기도 했다.

등대지기의 말에 따르면, 케이프는 이 지점에서 양쪽 모두 침식되고 있지만, 특히 동쪽이 가장 심하다고 한다. 어떤 곳에서는 단 1년 만에 여러 로드를 잃었고, 머지않아 등대를 옮겨야 할지도 모른다고 했다. 우리는 그의 설명을 바탕으로 이 지점이 완전히 침식되는 데 걸릴 시간을 계산해 보았다. "나는 60년 전부터 이곳을 기억하오." 그는 이렇게 말했다. 우리는 케이프의 침식 속도보다, 그가 '60년 전'을 회상할 만큼 오랫동안 살아온 사실에 더 놀랐다. 그는 마흔도 안 되어 보였기 때문이다.

그해 10월과 이듬해 6월 사이, 나는 등대 맞은편 둑이 약 40피트나 깎여나간 것을 확인했다. 그리고 마지막에 갔을 때는 가장자리에서 또 40피트 이상 금이 가 있었으며, 해안 전체가 새로 무너진 잔해로 뒤덮여 있었다. 그러나 일반적으로 이곳이 연간 6피트 이상 빠지는 일은 드물다고 판단했다. 몇 년, 혹은 한 세대의 관찰만으로 단정한 수치는 종종 과장되기 마련이며, 케이프는 예상보다 더 오래 버틸지도 모른다. 실제로 일부 구간에서는 난파선 인양꾼들이 다니는 둑 아래의 오솔길이 여러 해 동안 그대로 남아 있기도 했다. 한 늙은 주민은 1798년에 등대가 세워질 당시, 둑이 매년 울타리 한 길(약 6피트)씩 깎여나가리라 계산해, "45년은 버틸 것"이라 예상했다고 전했다. 그는 덧붙였다. "그러나 저기 있지 않소." (혹은 같은 위치 근처의 다른 등대를 가리키며 말했다.) 그 등대는 여전히 둑 가장자리에서 약 20로드 떨어진 자리에 서 있었다.

물론 바다가 케이프 전역에서 육지를 침식하는 것은 아니다. 어떤 남자는 오래전에 프로빈스타운 북쪽에서 난파된 배의 '뼈대'가 여전히 해변선 안쪽 몇 로드 지점의 모래 속에 반쯤 묻혀 있다고 말했다. 어쩌면 그것은 지금 고래의 뼈 옆에 누워 있을지도 모른다.

주민들의 일반적인 의견은 케이프가 양쪽에서 서서히 깎여나가고 있다는 것이다. 그러나 채텀과 모노모이 해변, 빌링스게이트, 롱 비치, 레이스 포인트 등 몇몇 지점에서는 남쪽과 서쪽 방향으로 오히려 확장되고 있다. 제임스 프리먼은 자신의 시대에 "모노모이 해변은 지난 50년 동안 3마일 이상 길어졌으며, 여전히 그 어느 때보다 빠르게 자라나고 있다"고 기록했다. 매사추세츠 매거진의 한 필자는 "영국인들이 처음 케이프에 정착했을 당시, 채텀에서 3리그 떨어진 곳에 20에이커 크기의 '웹스 섬(Webb's Island)'이 있었고, 붉은 삼나무로 뒤덮여 있었다. 낸터킷 사람들은 그곳에서 나무를 가져가곤 했다"고 전한다. 그러나 그의 시대에는 이미 그 섬이 사라지고, 그 자리를 표시하는 큰 바위 하나만 남았으며, 그곳의 수심은 6패덤이었다고 덧붙였다.

한때 이스트햄에 있던 노셋 항구의 입구는 이제 남쪽 올리언스 쪽으로 이동했다. 웰플리트 항구의 섬들은 예전엔 하나의 연속된 해변을 이루었지만, 지금은 작은 배들이 그 사이를 자유롭게 지나간다. 그리고 이 해안의 다른 많은 지역에서도 비슷한 변화가 일어나고 있었다.

아마도 대양은 케이프의 한쪽에서 빼앗은 것을 다른 쪽에 보상해 주는 것일지도 모른다. 마치 피터에게서 훔쳐 폴에게 갚는 셈이다. 동쪽에서는 바다가 거의 모든 곳에서 육지를 잠식하는 듯 보인다. 땅이 깎여 나가고 그 잔해가 해류를 따라 흘러갈 뿐만 아니라, 모래는 해변에서 곧장 150피트나 되는 가파른 둑 위로 불려 올라가 그 위의 표면을 여러 피트 두께로 뒤덮는다. 만약 그 가장자리에 앉는다면, 곧 눈에 모래가 가득 차는 것으로 그 사실을 직접 확인하게 될 것이다. 그렇게 둑은 침식되는 만큼이나 빠르게 다시 쌓여, 그 높이를 유지한다.

이 모래는 빠른 속도로 꾸준히 서쪽으로 이동하고 있었다. 한 작가는 "현재 살아 있는 사람들의 기억 속에서만 해도 100야드 이상 이동했다"고 기록했다. 그 결과 어떤 곳에서는 토탄 초원이 모래 아래 깊숙이 묻혀 버렸고, 그 속에서 토탄을 캐내기도 했다. 한 해안에서는 여러 피트 깊이의 모래층 밑에 커다란 토탄 초원이 드러나, 사람들이 그곳에서 직접 토탄을 파냈다. 우리가 파도 속에서 본 거대한 토탄 조약돌들은 바로 그 흔적이었다.

늙은 굴 장수는 예전에 자기 집 동쪽, 대서양 쪽 늪 근처에서 "짐승" 한 마리를 잃었다고 했다. 스무 해 전, 그는 그 늪 자체를 완전히 잃었지만, 이후 해변에서 그 흔적이 드러나는 것을 직접 보았다고 덧붙였다. 그는 또, 빌링스게이트 포인트에서 3마일 떨어진 만의 바닥에서, 맑은 날 배 위에서 몸을 기울였을 때 "수레바퀴만큼 큰" 삼나무 그루터기를 보았다고 말했다. 그곳은 얼마 전까지만 해도 마른 땅이었단다. 또 다른 사람은, 오래전 트루로의 이스트 하버—케이프가 극도로 좁아지는 지점의 만 쪽—에 묻혀 있던 통나무배가, 결국 대서양 쪽 해변에서 발견되었다고 전했다. 케이프의 모래가 그 위를 굴러가며 완전히 뒤덮었던 것이다. 한 노파는 이렇게 덧붙였다. "보시오, 내가 뭐랬소. 케이프가 움직이고 있지 않소."

해안을 따라 늘어선 모래톱은 폭풍이 한 번 몰아칠 때마다 모습을 바꾸었다. 어떤 곳에서는 때로 완전히 사라지기도 했다. 우리 역시 1855년 7월 어느 밤, 만조와 함께 찾아온 폭풍의 위력을 직접 보았다. 그 폭풍은 등대 맞은편 해변의 모래를 6피트 깊이, 3로드 폭으로, 북쪽과 남쪽 끝이 보이지 않을 만큼 멀리까지 쓸어내 버렸다. 그 모래는 통째로 어디론가 사라져 버렸고, 그 자리에 있던 사람들 중 누구도 정확히 어디로 갔는지 알지 못했다. 한 곳에서는 그 덕분에 이전엔 보이지 않던 5피트 높이의 큰 바위가 드러났고, 해변은 그만큼 좁아졌다.

보통은 역류 때문에 케이프 뒤편에서는 수영을 하지 않는다. 하지만 우리가 마지막으로 그곳을 찾았을 때는 달랐다. 바다가 세 달 전, 등대 근처 해안에 2마일 길이, 10로드 폭의 모래톱을 밀어 올려 놓았고, 그 위로는 조수가 흐르지 않았다. 그 결과 해안과 모래톱 사이에는 4분의 1마일 길이의 좁은 만이 생겨, 훌륭한 천연 수영장이 되었다. 이 만은 모래톱이 북쪽으로 이동할 때마다 막히곤 했는데, 한 번은 무려 4~5백 마리의 청어와 대구가 그 안에 갇혀 죽기도 했다. 물은 그때마다 민물처럼 변했고, 결국 만 전체가 다시 모래에 삼켜졌다.

주민들의 증언에 따르면, 그 모래톱은 단 23일 만에 완전히 사라질 수도 있으며, 그 자리의 수심은 6피트에 이를 수도 있다고 했다. 등대지기는 바람이 해안으로 강하게 불면 파도가 둑을 거세게 파고들지만, 바람이 육지 쪽으로 불면 모래를 거의 가져가지 않는다고 말했다. 전자의 경우, 바람이 해안의 수면을 높이 밀어 올리고, 그 균형을 맞추기 위해 강한 역류가 즉시 바다로 되돌아가면서 모래와 그 길에 있는 모든 것을 함께 쓸어간다. 그래서 해변은 오히려 단단해져 걷기 편해진다. 반면 바람이 육지 쪽으로 불 때는 역류가 약해지고, 파도는 모래를 그대로 남겨둔다.

이 때문에 난파된 사람들이 해안에 닿는 것은 바

람의 방향에 따라 달라진다. 바람이 해안으로 불면 역류 때문에 상륙이 매우 어렵고, 반대로 바람이 육지 쪽으로 불면 훨씬 수월하다. 역류는 자신이 만든 모래톱 위에서 다음 파도와 부딪히며, 그 결과 파도가 수직 벽을 넘듯 솟구쳐 오르고, 바다는 마치 댐의 일부처럼 그 모래톱을 끌어안는다.

바다는 이렇게 육지와 장난을 친다. 고양이가 쥐를 가지고 놀 듯, 삼키기 전까지 잠시 모래톱을 입에 물고 있는 것이다. 하지만 치명적인 순간은 언젠가 반드시 찾아온다. 바다는 육지를 집어삼키기 위해 탐욕스러운 동풍을 불러오지만, 서풍은 그 먹이를 되찾으려 필사적으로 맞선다. 그러나 데이비스 중위의 말에 따르면, 모래톱과 둑의 형태와 분포는 결국 바람이나 파도보다는 '조수의 흐름'에 의해 결정된다고 했다.

우리 주인은 만약 바람이 허리케인처럼 해안을 향해 직접 불 때 해변에 나가 있다면, 표류목 중 어느 것도 해안으로 밀려오지 않고, 모두 만조 때 연안 해류를 따라 북쪽으로, 그것도 해안과 거의 평행하게 사람의 걸음만큼 빠르게 이동하는 것을 보고 놀라게 될 것이라고 말했다. 가장 강한 수영 선수라도 그 흐름에 휩쓸려 해변 쪽으로는 한 치도 나아가지 못한다. 심지어 거대한 바위조차도 해변을 따라 북쪽으로 반 마일이나 이동했다고 한다. 그는 케이프 뒤편의 바다는 결코 고요하지 않으며, 언제나 사람의 키만큼 높은 파도가 치기 때문에 대부분의 시간에는 그곳에서 배를 띄울 수 없다고 했다. 가장 잔잔한 날씨에도 파도는 해변 위로 6~8피트까지 밀려오며, 그나마 널빤지를 타고 나가는 것 정도가 고작이었다.

샹플랭과 푸르트랭쿠르는 1606년에 이곳에서 너울(la houlle) 때문에 상륙하지 못했지만, 야만인들은 카누를 타고 그들에게 다가왔다. 1711년 암스테르담에서 출판된 시외르 드 라 보르드의 『카리브족에 대한 보고』(530쪽)에는 이렇게 기록되어 있다.

"카리브족인 쿠루몽, 또한 별[즉, 신]은 바다에 큰 파도를 일으켜 카누를 뒤집는다. 바다의 파도는 끊어지지 않은(entrecoupées) 긴 물결이며, 해변의 한쪽 끝에서 다른 쪽 끝까지 하나의 덩어리로 육지에 밀려오는 것처럼 보인다. 그래서 바람이 아무리 약하더라도, 작은 배나 카누는 거의 뒤집히지 않고는 육지에 닿을 수 없다(aborder terre)."

반면 만(灣) 쪽은 종종 연못처럼 매끄럽고 고요하다. 보통 이 해변을 따라서는 배가 거의 사용되지 않는다. 하이랜드 등대에 속한 배 한 척이 있었지만, 등대지기는 부임한 지 1년이 지나도록 그 배를 한 번도 띄워보지 않았다고 했다. 그는 그럼에도 불구하고 해안 바로 앞에서 좋은 낚시가 된다고 덧붙였다. 그러나 일반적으로 구명보트는 정작 필요할 때 사용할 수 없다. 파도가 너무 높아 아무리 능숙한 사람이라도 배를 띄우기 어렵기 때문이다. 종종 다가오는 파도의 휘어진 가장자리에 완전히 뒤덮여 배가 물로 가득 차거나, 뱃머리가 들리며 뒤집혀 모든 짐이 쏟아져 나오곤 했다. 30피트 길이의 돛대조차 같은 운명을 맞는다.

몇 년 전 웰플리트 뒤편에서 낚시를 나갔던 한 무리에 관한 이야기가 있다. 그들은 잔잔한 날씨에 두 척의 배를 타고 나갔지만, 물고기를 가득 싣고 돌아올 때쯤에는 바람 한 점 없는데도 해안의 너울이 너무 심해 들어오지 못했다. 처음에는 프로빈스타운으로 노를 저어가려 했으나, 밤이 다가오고 그곳은 너무 멀었다. 해안 가까이 다가갈 때마다 무섭게 부서지는 파도를 보고는 차례로 단념했다. 결국 두려움에 사로잡혀, 그들은 물고기를 모두 바다에 던져버렸다. 한 배의 선원들은 용기를 내어 기술과 행운을 믿고 해안에 닿는 데 성공했지만, 그들은 다른 배에게 언제 들어오라고 신호할 용기가 없었다. 결국 다른 조타수가 미숙해 그들의 배는 곧 침수되었고, 선원들은 간신히 목숨만 건졌다.

훨씬 더 작은 파도라도 곧 배를 "못이 아프게(nail-sick)" 만든다고 한다. 등대지기는 바람이 오랫동안 거세게 분 뒤에는 보통 세 개의 큰 파도가 연속해서 오며, 각각이 이전 것보다 더 크고, 그 후에는 한동안 큰 파도가 없다고 말했다. 그래서 그들은 상륙할 때 마지막이자 가장 큰 파도를 타고 들어온다고 했다.

토머스 브라운 경은 브랜드의 『대중 고대 유물』(372쪽)에서, 열 번째 파도가 가장 크거나 위험하다는 속설에 대해 오비디우스를 인용하며 이렇게 적었다.

"이곳으로 오는 이 파도는 모든 파도를 능가하

니, 아홉 번째 파도 뒤요, 열한 번째 파도 앞이로다."

그는 이어서 이렇게 덧붙였다. "그러나 이것은 명백히 거짓이다. 우리가 해안과 바다 양쪽에서 부지런히 관찰한 바에 따르면, 이런 규칙은 증명될 수 없다. 바다의 파도나 그 개별적인 움직임에서 일정한 규칙성을 기대하는 것은 헛된 일이다. 다만, 바다의 전반적인 왕복 운동에서는 일정한 원인이 있고, 따라서 그 결과도 일정할 수 있다. 그러나 개별적인 파동은 단지 종속된 움직임에 불과하며, 바람과 폭풍, 해안선, 암초, 그리고 수많은 장애물이 그것을 불규칙하게 만든다."

우리는 '클레이 파운즈(Clay Pounds)'라는 이름이 "바람 부는 날씨에 배들이 불행히도 그곳에 부딪혔기 때문에" 붙었다는 설명을 읽었지만, 그것은 믿기 어려운 어원이라 여겼다. 이 지역에는 점토층이 받쳐주는 작은 연못들이 있고, 예전에는 '클레이 피츠(Clay Pits)'라고 불렸다. 아마도 이 이름, 혹은 '클레이 폰즈(Clay Ponds)'가 지금의 지명 '클레이 파운즈'의 기원일 것이다.

이곳에서는 점토층 바로 아래에서 물이 나온다. 그러나 근처의 모래 지역에서는 사정이 다르다. 한 남자는 우물을 파기 위해 "정오에 별을 볼 수 있을 만큼 깊이" 팠지만, 결국 아무 물도 얻지 못했다고 한다.

이 벌거벗은 고지대 위에서는 바람이 마음껏 분다. 7월 한여름에도 어린 칠면조들의 머리 위로 강한 바람이 스쳐 지나가지만, 그들은 바람에 맞서 머리를 돌릴 줄 모른다. 폭풍이 몰아칠 때면 문과 창문이 통째로 날아가고, 대서양으로 휩쓸려가지 않으려면 등대에 매달려야 할 정도다. 겨울 폭풍 속에서 해변에 나가 있는 사람들은, 때로 인도주의 협회로부터 보상을 받기도 한다. 만약 당신이 폭풍의 진짜 위력을 느끼고 싶다면, 워싱턴 산 정상이나 트루로의 하이랜드 등대에 머물러보라.

1794년에는 트루로 동쪽 해안에서 반스터블 카운티의 그 어떤 지역보다 더 많은 배가 난파되었다고 전해진다. 이후 이 등대가 세워졌음에도 불구하고, 거의 모든 폭풍이 지나간 뒤에는 이곳에서 또 한 척 이상의 배가 난파되었다는 소식을 듣게 된다. 때로는 이 지점에서 한 번에 열두 척이 넘는 난파선이 눈에 띄기도 했다.

주민들은 난롯가에 둘러앉아 배가 산산조각 나는 소리를 들으며, 대화 속에서 그 사건을 기준 삼아 날짜를 헤아린다. 만약 이 해변의 역사가 처음부터 끝까지 한 권의 책으로 쓰인다면, 그것은 상업사의 한 장에 남을 만큼 비극적이면서도 스릴 넘치는 이야기일 것이다.

트루로는 1700년에 '데인저필드(Dangerfield, 위험한 들판)'라는 이름으로 정착되었다. 그 이름은 이 지역의 성격을 더없이 잘 드러낸다. 나는 나중에 파멧 강 근처의 묘시에서 나음과 같은 비문이 새겨진 기념비를 읽었다.

**신성한
기억에 바칩니다.
트루로 시민 57명,
일곱 척의 배에서
목숨을 잃은 이들,
1841년 10월 3일의
기억에 남는 폭풍 속에서
바다에서 침몰했습니다.**

그들의 이름과 나이는 가족별로 묘비의 다른 면에 새겨져 있었다. 그들은 조지스 뱅크에서 실종되었으며, 단 한 척의 배만이 케이프 뒤편 해안으로 밀려왔다는 이야기를 들었다. 그 배에 타고 있던 소년들은 선실에 갇혀 익사했다고 한다. 희생자들의 집은 모두 "2마일 반경 안에" 있었다. 같은 폭풍으로 데니스 마을에서도 28명이 목숨을 잃었다. 기록에 따르면 "이 폭풍이 휩쓴 다음날, 거의 또는 완전히 100구에 달하는 시신이 수습되어 케이프 코드에 묻혔다"고 한다. 트루로의 보험회사는 배를 맡을 선장이 부족해 결국 파산했다. 그러나 살아남은 어부들은 다음 해에도 평소처럼 다시 바다로 나갔다.

나는 곧 이 지역에서 난파선 이야기를 꺼내는 것이 좋지 않다는 것을 알게 되었다. 거의 모든 가족이 바다에서 가족을 잃은 경험이 있기 때문이다. "저 집에는 누가 삽니까?" 하고 물었을 때, 돌아온 대답은

"세 명의 과부요."였다. 낯선 방문객과 주민은 전혀 다른 눈으로 해안을 바라본다. 방문객은 폭풍 속의 장엄한 바다를 감탄하기 위해 오지만, 주민에게 그것은 가장 가까운 가족이 사라진 비극의 현장일 뿐이다.

내가 한 번은 둑 가장자리에 앉아, 마른 해변풀로 막 불을 붙인 파이프를 피우고 있던, 부분적으로 시력을 잃은 늙은 난파선 인양꾼에게 말했다. "당신은 파도 소리를 들으며 사는 게 좋으시겠어요."

그러자 그는 짧게 대답했다. "아니오, 난 파도 소리 듣는 걸 좋아하지 않소."

그는 "기억에 남는 폭풍" 속에서 적어도 한 아들을 잃었고, 그때 자신이 목격한 수많은 난파선 이야기를 들려줄 수 있는 사람이었다.

1717년, 악명 높은 해적 벨라미는 자신이 나포한 스노우호(Snow) 선장의 속임수에 넘어가 웰플리트 앞바다의 모래톱으로 유인되었다. 그는 그에게 프로빈스타운 항구로 안내해주면 배를 돌려주겠다고 제안했다. 그러나 전설에 따르면 그 선장은 밤에 불타는 타르 통을 바다에 던졌고, 그것이 해안으로 밀려오자 해적들은 그 불빛을 따라 항로를 잡았다. 그때 폭풍이 몰아쳤고, 벨라미의 함대는 모래톱에 좌초되었다. 백 명이 넘는 선원들의 시신이 해안을 따라 흩어져 있었다. 살아남은 여섯 명은 체포되어 처형되었다.

웰플리트의 역사가는 1793년에 이렇게 적었다.

"오늘날까지도 가끔 윌리엄 왕과 메리 여왕의 동

전, 그리고 '콥 머니(Cobb money)'라고 불리는 은 조각들이 해변에서 발견된다. 바다의 격렬한 움직임이 모래톱의 모래를 흔들어 때로는 썰물 때 벨라미의 배의 철제 조리실이 드러나기도 한다."

또 다른 사람은 이렇게 전했다.

"난파 후 여러 해 동안, 매우 기이하고 무서운 인상의 한 남자가 매년 봄과 가을에 케이프를 따라 여행하는 모습이 보였다. 사람들은 그를 벨라미의 선원 중 한 명으로 여겼다. 그는 해적들이 돈을 숨겨둔 장소로 가서 필요할 만큼의 금을 꺼내 쓰는 듯했다. 그가 죽었을 때, 그의 허리띠 안에서 많은 금 조각이 발견되었다."

나는 지난 방문 때, 그 폭풍 직후—모래를 깊이 뒤집어 놓은 그 바람이 지난 뒤—껍데기와 조약돌을 찾으며 해안을 걷다가 혹시 '콥 머니'라도 주울 수 있을까 기대했다. 그러다 실제로 만조선 근처, 아직 축축한 모래 위에서, 둑의 가파르고 무너져 내린 기슭 바로 아래에서, 약 1달러 6센트 가치의 프랑스 크라운 은화 한 닢을 발견했다. 그것은 짙은 슬레이트빛이었고, 납작한 조약돌처럼 보였지만, 여전히 뚜렷하고 우아한 루이 15세의 옆얼굴이 새겨져 있었다. 뒷면에는 "주의 이름이 복되시도다(Dominus sit benedictus)"라는 문구가 새겨져 있었는데, 바닷가 모래 속에서 발견하기에 이보다 더 기분 좋은 문장은 없을 것이다. 그 은화에는 1741년이라는 날짜도 선명히 남아 있었다.

처음에는 그것이 내가 자주 주워온 낡은 단추라고 생각했지만, 칼끝으로 긁자 은빛이 드러났다. 그 후 썰물 때 모래톱을 거닐다가, 나는 손가락 사이에 둥근 조개껍데기(스쿠텔라)를 쥐고 동행을 놀려주었다. 그러자 그는 망설임 없이 옷을 벗어 던지고, 나에게 달려왔다.

혁명 시기, 영국 군함 서머싯(Somerset) 호가 클레이 파운즈 근처에서 난파되었고, 탑승자 수백 명 전원이 포로로 잡혔다. 내 정보 제공자는 이 사건이 역사책에 언급된 것을 본 적이 없다고 했지만, 포로 중 한 명이 그곳에 남겨둔 은시계가 아직도 돌고 있어 그 이야기를 전하고 있다고 말했다. 그러나 일부 작가들은 실제로 이 사건을 기록해두었다.

다음 여름, 나는 채텀에서 온 한 슬루프가 이 해안 앞에서 닻과 쇠사슬을 끌고 다니는 것을 보았다. 그녀는 다양한 항로로 이리저리 움직이며, 작업을 위해 보트들을 내려보냈고, 무언가를 발견하면 배로 끌어올렸다. 맑은 날씨에 잃어버린 닻을 찾는 이 기이한 직업—사람들이 정기적으로 고용되어 그들의 근면함에 대한 보수를 받는 일—은 묘한 상징을 품고 있었다. 그들이 끌어올리는 닻은 아마도 수백 년 전 밧줄이 끊어진 낡은 해적선의 닻일 수도 있고, 노르만 어부의 녹슨 닻일 수도 있다. 그러나 이제 그것은 광둥이나 캘리포니아 선박의 훌륭한 닻으로 재탄생할 것이다.

나는 문득 생각했다. 만약 우리가 이처럼 영적인

바다의 정박지를 끌어올릴 수 있다면 어떨까. 그렇게 한다면, 녹슨 희망의 갈고리와 끊어진 믿음의 쇠사슬들이 끝없이 윈들러스로 감겨 올라올 것이다. 그것은 발견자의 배를 가라앉히거나, 아니면 영원히 새로운 함대를 세울 만큼이나 많을 것이다. 바다 밑바닥은 이미 닻들로 뒤덮여 있으며, 어떤 것은 깊게, 어떤 것은 얕게 모래 속에 묻혀 있다. 아마도 짧은 쇠사슬이 여전히 닻에 매달려 있을 것이다. 그러나 그 반대쪽 끝은 어디로 이어져 있을까. 미완으로 남은 이야기들이 거기에서 멈춰 있다. 만약 우리가 영적인 심해를 탐사할 수 있는 잠수종을 가지고 있다면, 그 속에는 식초 속의 장어처럼 빽빽이 꿈틀거리는 수많은 닻들이, 모두 헛되이 자신들의 정박지를 향해 움직이고 있을 것이다. 하지만 다른 사람이 잃어버린 것이 우리에게 보물이 될 수는 없다. 오히려 우리는 다른 누구도 찾지 못했거나 찾을 수 없는 것을 찾아야 한다. 닻을 끄는 채텀의 사람이 되어서는 안 된다.

이 탐욕스러운 해변의 연대기여! 누가 그것을 쓸 수 있을까. 난파된 선원이 아니라면, 누가 그 진실한 기록자가 될 수 있을까. 얼마나 많은 이들이 위험과 고난 속에서, 자신이 본 마지막 땅의 조각으로서만 이 해변을 바라보았을까. 단 하나의 해변이 감당한 고통의 양을 생각해보라. 고대의 시인들이었다면, 이곳을 스킬라와 카리브디스보다 더 무서운 입을 벌린 바다 괴물로 묘사했을 것이다.

트루로의 한 주민은 내게 말했다. 코하셋에서 세

인트 존(St. John) 호가 난파된 지 약 2주 후, 클레이 파운즈 해안에서 시신 두 구가 발견되었다고 한다. 그것은 한 남자와, 뚱뚱한 여자의 시신이었다. 남자는 두꺼운 장화를 신고 있었지만, 머리는 몸에서 떨어져 "옆에 있었다"고 했다. 발견자는 그 참혹한 광경을 잊는 데 몇 주가 걸렸다고 한다. 아마 그들은 부부였을 것이다. 하나님이 맺어주신 그 연을, 바다의 흐름조차 갈라놓지 못했을 것이다. 그러나 처음 그들이 함께 표류하게 된 것은 얼마나 우연한 일이었을까.

그 승객들의 시신 중 일부는 멀리 바다에서 발견되어 상자에 담긴 채 바다에 다시 가라앉혀졌고, 일부는 해안으로 옮겨져 묻혔다. 그러나 난파선은 단지 보험업자들이 계산하는 손실 이상의 의미를 지닌다. 멕시코 만류는 일부를 그들의 고향 해안으로 돌려보내고, 또 일부는 시간과 자연이 그들의 뼈로 새로운 수수께끼를 쓸 바다의 외딴 동굴에 떨어뜨릴 것이다.

그러나 이제, 다시 육지로 돌아가자.

이 둑, 점토 위에서 나는 여름날 6로드 길이의 구간 안에 제비 둥지 구멍 200개를 세었다. 그 거리의 세 배쯤 되는 범위 안에는 적어도 1,000마리의 어른 새들이 파도 위를 날며 지저귀고 있었다. 나는 이전까지 제비를 해변과 연관 지어 생각해본 적이 없었다. 새 둥지를 찾던 한 어린 소년은 제비 알 80개를 자기 몫으로 얻었다고 했다. (인도주의 협회에는 알리지 말 일이다.) 이래의 짐도층에는 둥지에서 떨어져 죽은 어린 새들이 많았고, 마른 들판에는 검은새들이, 등대 근처 고지대에는 물떼새가 번식하고 있었다. 등대지기는 한 번 풀을 베다가, 알을 품던 물떼새의 날개를 잘랐다고 말했다. 이곳은 또한 가을이면 금물떼새를 쏘러 오는 사냥꾼들이 즐겨 찾는 곳이기도 하다.

연못가에서 잠자리와 나비가 날아다니듯, 이 둑에서는 그보다 훨씬 큰 크기의 곤충들이 같은 계절에 등장했다. 내 손가락만 한 잠자리들이 끊임없이 둑의 가장자리를 오르내렸고, 나비들도 그 위를 맴돌았다. 해변에는 풍뎅이와 다양한 딱정벌레들이 놀라울 만큼 많았다. 그들은 밤에 둑 위로 날아왔다가 다시 돌아가지 못했거나, 바다로 빠져 해안으로 밀려왔을 것이다. 아마 등대의 불빛에 이끌렸을지도 모른다.

클레이 파운즈는 케이프 내에서도 드물게 비옥한 지역이다. 우리는 이곳에서 훌륭한 뿌리채소와 옥수수 밭을 보았다. 케이프 전역의 식물들이 그렇듯 줄기와 잎은 적지만, 씨앗은 놀라울 만큼 풍성했다. 옥수수는 내륙의 절반 높이에도 미치지 못했으나, 이삭은 크고 알이 꽉 찼다. 한 농부는 "거름을 주지 않아도 에이커당 40부셸, 거름을 주면 60부셸은 거둔다"고 말했다. 호밀의 이삭도 놀랍게 컸다.

섀드부시(학명: Amelanchier), 해변 자두, 블루베리(학명: Vaccinium Pennsylvanicum)는 사과나무나 떡갈나무처럼 작고 모래 위로 퍼져 자랐지만, 열매는 매우 많았다. 블루베리는 키가 1~2인치 남짓으로, 열매가 종종 땅에 닿아 있었다. 그 덕분에 밟기 전까지는 그 덤불의 존재조차 알아차리지 못했다.

나는 이 비옥함이 대기 중의 풍부한 수분 덕분이라 생각했다. 관찰해보면, 이곳의 풀들은 아침마다 이슬로 흠뻑 젖어 있었고, 여름에는 짙은 안개가 정오까지도 걷히지 않아 사람의 수염이 젖은 냅킨처럼 목에 달라붙었다. 심지어 오래 산 주민조차도 집에서 돌 하나 던질 거리 밖으로 나가면 길을 잃기 일쑤라, 해변을 따라 길을 찾아야 했다.

등대에 딸린 벽돌집은 여름 내내 눅눅했다. 편지지는 그 안에서 금세 축축해졌고, 수건을 말리거나 꽃을 눌러 보관하는 일은 불가능했다. 공기는 너무 습해 마시고 싶지 않을 정도였고, 언제나 입술에서는 소금 맛이 느껴졌다. 식탁에는 소금이 거의 오르지 않았다. 우리 주인은 "소들이 풀과 공기 속의 소금을 이미 충분히 먹기 때문에, 소금을 따로 주면 늘 거부한다"고 말했다. 다만 그는 "아픈 말이나 시골에서 막 데려온 말에게는 소금물을 한 모금 먹이면 좋아하며, 건강이 나아지는 것 같다"고 덧붙였다.

순수한 모래 속에서도 순무, 비트, 당근 등이 그렇게 잘 자란다는 사실은 놀라웠다. 7월 초, 모래 속에 서 있는 해변 금불초의 끝눈에는 물방울이 맺혀 있었고, 그것이 얼마나 많은 수분을 품고 있는지를 보는 것만으로도 경이로웠다. 우리보다 얼마 전 이 해안을 여행하던 한 남자는, 만조선 바로 위의 순수한 모래 속에서 초록빛 무언가가 자라는 것을 발견했다. 가까이 나가가 보니 그것은 활기차게 사라고 있는 비트 밭이었다. 그는 그것이 아마 프랭클린 호에서 씻겨나온 씨앗이 자란 것일 것이라고 추정했다.

케이프의 여러 지역에서도 해초를 비료로 사용한 밭에서 비트와 순무가 돋아났다고 한다. 이런 사례는 식물들이 어떻게 먼 섬과 대륙으로 퍼져나갔는지를 보여준다. 씨앗을 실은 배가 항해 중 난파되었을 때, 선원들은 목숨을 잃었지만 씨앗은 살아남아 새로운 땅에 뿌리를 내렸다. 그 씨앗들은 자신에게 맞는 토양과 기후를 찾아 정착했고, 결국 토착 식물들을 밀어내며 새로운 생태계를 만들어냈다. 그것은 인간의 거주에 적합한 땅을 형성하는 데 기여했을 것이다. 세상에는 아무 쓸모없는 바람이란 없으며, 심지어 비참한 난파선조차 대륙의 식물 목록에 새로운 채소를 더하고, 그 지역 사람들에게 지속적인 축복이 될 수 있다.

아마 바람과 해류만으로도 이런 변화는 일어날 수 있을 것이다. 실제로 해변에 자라는 다육 식물들은, 우리가 그 씨앗의 출처를 알지 못하더라도, 어딘가에서 바다에 던져진 씨앗이 뿌리를 내린 결과일지도 모른다. 어쩌면 오래전 어떤 '벨'이라는 사람이 로켓, 염생초, 모래꽃, 해변풀, 함초, 베이베리, 가난뱅이 풀 같은 씨앗들을 방향 라벨과 함께 방주에 실어 항해했는지도 모른다. 그는 어딘가에 묘목원을 세우려 했고, 비록 실패했다고 생각했더라도, 결국 그가 꿈꾸던 묘목원은 이 해안에 세워진 셈이다.

등대 근처에서 나는 여름에 방사상으로 땅에 평평하게 퍼져 자라는 예쁜 폴리갈라 폴리가마(Polygala

polygama)와 흰 목초 엉겅퀴(Cirsium pumilum)를 관찰했다. 관목 숲에서는, 보통 이보다 더 남쪽에서만 자란다고 알려진 스밀락스 글라우카(Smilax glauca)를 발견했다. 남쪽으로 약 반 마일 떨어진 둑 가장자리에는, 매사추세츠의 유일한 서식지로 알려진 빗자루 까마귀열매(Empetrum Conradii)가 직경 4~5피트, 높이 1피트의 녹색 둔덕을 이루고 있었다. 부드럽고 탄력 있는 그 덤불은 길손에게는 훌륭한 침대 같았다.

나는 나중에 프로빈스타운에서도 그것을 보았지만, 그중에서도 가장 인상 깊었던 것은 주홍색 핌퍼넬(Anagallis arvensis), 일명 '가난한 사람의 기상계'였다. 맑은 날이면 거의 모든 평평한 모래 위에서 그 작은 꽃이 피어 있었다. 야머스에서는 9월 7일경, 크랜베리만큼이나 크지만 먹을 수 없는 열매를 맺는 크리솝시스 팔카타(Chrysopsis falcata, 황금 과꽃)와 바키니움 스타미네움(Vaccinium stamineum, 사슴베리 또는 스쿼 허클베리)도 발견했다.

우리가 머물고 있던 하이랜드 등대[6]는, 흰색으로 칠해진 튼튼해 보이는 벽돌 건물이었고, 꼭대기에는 철제 덮개가 씌워져 있었다. 그 옆에는 등대지기의 거처가 붙어 있었는데, 1층 높이의, 역시 벽돌로 지어졌고 정부에서 지은 것이었다. 우리는 등대에서 하룻밤을 보낼 예정이었기 때문에, 그토록 새로운 경험을 최대한 활용하고 싶어서, 우리 주인에게 불을 켜러 갈 때 동행하고 싶다고 말했다. 다소 이른 촛불 시

---

[6] 등대는 그 후 재건되었고, 프레넬 렌즈를 사용한 빛을 비춘다.

간에 그는 작은 일본식 등잔에 불을 붙였는데, 우리가 평소에 좋아하는 것보다 연기가 좀 더 나게 내버려 두었다. 그리고 우리에게 따라오라고 말했다. 그는 먼저 등대에 가장 가까이 위치한 자신의 침실을 지나, 그러고 나서 감옥 복도처럼 흰 벽으로 칠해진 길고 좁은 지붕 덮인 통로를 지나, 등대 아래층으로 우리를 안내했다. 그곳에는 많은 큰 기름통들이 주위에 배열되어 있었다. 거기서부터 우리는 나선형의 개방된 철제 계단을 따라, 꾸준히 증가하는 기름과 등잔 연기 냄새를 맡으며, 철제 바닥의 함정문으로, 그리고 이것을 통해 등롱 안으로 올라갔다. 그것은 모든 것이 깔끔하게 정돈된 깨끗한 건물이었고, 기름이 부족하여 녹슬 위험은 전혀 없었다. 불빛은 21인치 직경의 매끄러운 오목 거울 안에 놓인 15개의 아르간드 램프로 이루어져 있었고, 케이프 바로 아래를 제외한 모든 방향을 향하도록, 위아래로 두 개의 수평 원으로 배열되어 있었다. 이것들은 2~3피트 떨어진 곳에서, 철제 창틀에 놓인 큰 판유리 창문으로 둘러싸여 있었는데, 그 창문은 폭풍을 견뎌냈고, 그 위에는 철제 덮개가 놓여 있었다. 바닥을 제외한 모든 철제 부분은 흰색으로 칠해져 있었다. 그리고 이렇게 등대는 완성되었다. 우리는 그 좁은 공간을 천천히 돌며, 등대지기가 차례로 각 램프에 불을 붙이는 것을 지켜보았고, 바로 그 순간 깊은 바다 위의 많은 선원들이 하이랜드 등대의 불빛이 켜지는 것을 목격하는 동안, 그와 대화를 나누었다. 그의 임무는 램프를 채우고, 심지를 다듬고, 불을 켜고, 반사경을 밝게 유지하는 것이었다. 그는 매일 아침 그것들을 채웠고, 보통 밤중에 한 번 심지를 다듬었다. 그는 공급되는 기름의 질에 대해 불평했다. 이 집은 1년에 약 800갤런을 소비하는데, 갤런당 1달러에 가깝게 들었다. 그러나 아마도 더 좋은 기름이 제공된다면 몇몇 생명을 구할 수 있을 것이다. 다른 등대지기는 연방의 가장 남쪽 등대와 가장 북쪽 등대에 같은 비율의 겨울용 기름이 보내진다고 말했다. 예전에는 이 등대에 작고 얇은 유리창이 있었을 때, 심한 폭풍이 때때로 유리를 깨뜨렸고, 그러면 그들은 불빛과 반사경을 구하기 위해 서둘러 나무 덧문을 달아야 했다. 그리고 때로는 폭풍 속에서, 선원들이 그들의 안내를 가장 필요로 할 때, 그들은 이렇게 등대를 거의 어두운 등롱으로 바꾸어, 몇 개의 희미한 빛만 내뿜게 했는데, 그것도 보통 육지 쪽이나 바람이 불지 않는 쪽으로만 비추었다. 그는 겨울의 춥고 폭풍우 치는 밤에, 많은 가련한 사람들이 자신에게 의지하고 있고, 기름이 얼어 램프가 희미하게 타오를 때, 그가 느끼는 불안감과 책임감에 대해 이야기했다. 때로는 그는 한밤중에 집에서 주전자에 기름을 데워 램프를 다시 채워야 했다. 등대 안에서는 불을 피울 수 없었기 때문이다. 그것은 창문에 너무 많은 김을 서리게 했다. 그의 후임자는 그런 경우에 너무 뜨거운 불을 피울 수 없다고 나에게 말했다. 이 모든 것은 기름이 좋지 않았기 때문이다. 정부가 겨울 해안의 선원들을 여름용 기름으로 비추다니, 비용을 절약하기 위해서! 그것은 분명 여름용 자비일 것이다.

이 등대지기의 후임자는, 다음 해에 나를 친절하게 대접해 주었는데, 어느 극도로 추운 밤, 이 등대와 모든 이웃 등대들이 여름용 기름을 태우고 있었지만, 그는 비상사태에 대비하여 겨울용 기름을 조금 남겨두는 현명함을 보였다. 그는 불안감에 잠에서 깨어, 기름이 얼어붙고 불빛이 거의 꺼져가는 것을 발견했다. 그리고 여러 시간의 노력 끝에, 심지 끝에 겨울용 기름을 보충하고 어렵게 불을 붙이는 데 성공했을 때, 그는 밖을 내다보았고, 평소에 그에게 보이던 이웃의 다른 등대들이 꺼져 있는 것을 발견했다. 그리고 나중에 파멧 강과 빌링스게이트 등대도 꺼졌다는 것을 들었다.

우리 주인은 창문에 서리가 끼는 것도 그에게 많은 어려움을 주었고, 무더운 여름밤에는 나방들이 창문을 덮어 불빛을 흐리게 했다고 말했다. 때로는 작은 새들조차 두꺼운 판유리에 부딪혀, 아침에 그 아래 땅에서 목이 부러진 채 발견되기도 했다. 1855년 봄에 그는 19마리의 작은 노란 새, 아마도 금화조나 머틀새일 텐데, 그렇게 등대 주위에 죽어 누워 있는 것을 발견했다. 그리고 때로는 가을에 금물떼새가 밤에 유리에 부딪혀, 그 솜털과 가슴의 지방 부분을 그 위에 남긴 곳을 보았다고 한다.

이렇게 그는 모든 방법으로, 자신의 빛이 사람들 앞에서 빛나도록 애썼다. 확실히, 등대지기는 쉬운 직업일지라도, 책임감 있는 직업이다. 그의 등불이 꺼지면, 그도 꺼진다. 혹은, 기껏해야, 그런 사고는 한 번만 용서받는다.

나는 문득 이런 생각이 들었다. 그 등대의 밝은 불빛 아래서 공부하는 가난한 학생이 있다면 얼마나 좋을까. "나는 가끔 아래가 시끄러울 때 이 위에 올라와 신문을 읽소." 등대지기가 말했다. 신문을 읽기 위해 정부가 제공한 15개의 아르간드 램프라니! — 헌법을 읽기엔 충분한 빛이었다. 나는 그가 그 불빛으로 성경 외에는 아무것도 읽지 말았으면 좋겠다고 생각했다. 예전에 내 동급생 중에도 대학 입학 준비를 위해 등대의 램프 불빛으로 공부한 이가 있었는데, 그 불빛은 아마 대학이 제공하는 어떤 빛보다 밝았을 것이다.

우리가 등대에서 약 12로드쯤 걸어 내려왔을 때, 해안과 등대 사이의 좁은 땅에서는 그 빛의 전부를 받을 수 없다는 것을 깨달았다. 초점보다 너무 낮았기 때문이다. 그곳에서는 몇 개의 희미한 별빛 같은 흔적만 볼 수 있었다. 그러나 내륙으로 40로드쯤 더 들어가자, 비록 단 하나의 램프 불빛이었지만, 책의 글자를 읽을 수 있을 만큼 밝았다. 각 반사경은 별개의 부채꼴 모양의 빛을 내뿜었고, 하나는 풍차를, 또 하나는 움푹한 골짜기를 비추었으며, 그 사이에는 그림자가 드리워졌다. 이 빛은 해수면보다 15피트 높은 위치의 관찰자에서 20해리 이상 떨어진 곳에서도 보인다고 한다. 우리는 약 9마일 떨어진 케이프 끝

레이스 포인트의 회전등과 프로빈스타운 항구 입구의 롱 포인트 등대를 볼 수 있었으며, 그 뒤편으로는 만 건너편의 먼 플리머스 항구 등대 중 하나가 별처럼 희미하게 빛나고 있었다. 등대지기는 또 다른 플리머스 등대가 롱 포인트 등대와 일직선상에 있어 가려졌다고 설명했다. 그는 또한 선원들이 고등어잡이 어부의 등불이나 오두막의 불빛을 등대로 착각해 길을 잃고, 깨닫고 나면 이유 없이 그 어부나 집주인을 저주하곤 한다고 말했다.

한때 사람들은 프로비던스가 이 점토층을 일부러 이곳에 두어 등대를 세웠다고 주장했지만, 등대지기는 등대가 지금보다 반 마일 남쪽에 세워졌어야 한다고 말했다. 그곳은 해안이 굽기 시작하는 지점으로, 노셋 등대와 동시에 보이면서도 구별되는 위치였다. 실제로 새로운 등대를 그곳에 세우자는 이야기가 진행 중이었다. 현재의 등대는 케이프 끝에 너무 가까워, 이후 세워진 다른 등대들에 가려져 제 기능을 다하지 못하고 있었다.

등대 안에는 등대 위원회의 여러 규정이 걸려 있었다. 대부분은 훌륭한 규정들이었지만, 나는 그중 하나를 흥미롭게 보았다. 만약 이곳에 한 분대가 주둔한다면, 낮 동안 등대를 지나가는 배의 수를 기록해야 한다는 규정이었다. 하지만 한 번에 백 척이 넘는 배가 사방으로 움직이고, 많은 배들이 지평선 가까이에 있을 때, 어느 배가 등대를 지나는지 구분하려면 아르고스의 눈이 필요할 것이다. 오히려 이 일은 등대 주위를 맴도는 갈매기들에게 더 어울릴 법했다.

이듬해 6월 8일, 등대지기에게 흥미로운 이야기를 들었다. 그날은 맑고 아름다운 아침이었다. 그는 해가 뜨기 30분 전쯤 일어나, 평소처럼 해가 떠오르면 불을 끄기 위해 해안 쪽으로 내려갔다. 둑 가장자리에 다다랐을 때, 그는 위를 올려다보다가 깜짝 놀랐다. 해가 이미 지평선 위로 반쯤 떠 있었던 것이다. 시계가 잘못되었다고 생각한 그는 서둘러 돌아와 등불을 껐다. 그러나 잠시 후 창문으로 내다보니, 해는 여전히 같은 위치에 있었다. 그는 그 빛이 방 건너편 벽에 떨어진 자리를 나에게 보여주었다. 그가 다시 불을 피워도 해는 여전히 움직이지 않았다. 그는 아내를 불러 함께 보았고, 아내 역시 같은 장면을 목격했다. 바다에는 배들이 떠 있었고, 그는 그 선원들도 그 현상을 보았음이 틀림없다고 말했다. 그 빛은 약 15분 동안 그대로 머물다가 평소처럼 떠올랐고, 그날 다른 이상한 일은 없었다.

그는 평생 해안에서 살았지만 그런 광경은 처음이었다고 했다. 나는 혹시 지평선 위에 구름이 있어 해가 함께 떠오르는 것처럼 보였을 가능성이나, 시계가 정확하지 않았을 가능성을 제시했다. 하지만 그는 그 설명을 부인했다. 어쩌면 그것은 슈피리어 호수 등지에서 보고된 것처럼, 굴절에 의해 해가 두 번 떠오르는 '이중 일출' 현상이었을지도 모른다. 존 프랭클린 경은 그의 기록에서, 북극 해안에서 "해가 뜨기 전, 수평 굴절로 인해 해의 윗부분이 두 번 나타났다"고 적은 바 있다.

해가 어둡게 보이거나, 떠오른 지 한참 후에야 보는 사람이 세상엔 수백만 명이나 된다. 그러나 해가 솟아오르는 찰나를 직접 본 사람은 분명 '오로라의 아들'일 것이다. 그럼에도 우리는 늙어서도 마지막까지 등불을 다듬고, 스스로의 빛으로 나아가야 한다. 해가 떠오르길 기다려서는 안 된다.

등대지기는 불꽃의 중심이 반사경의 중심과 정확히 마주해야 한다고 말했다. 만약 그가 아침에 심지를 제대로 내리지 않으면, 건물 남쪽 반사경에 비친 햇빛이 확대경처럼 작용해 한겨울의 추운 날에도 불을 붙일 수 있다고 했다. 그래서 정오에 위를 올려다보면 등불들이 모두 켜져 있는 광경을 보게 될 수도 있다는 것이다. "당신의 빛이 빛을 낼 준비가 되었을 때, 그것은 빛을 받을 준비가 가장 잘 되어 있는 법이오. 해가 그것을 비출 것이오." 그는 이렇게 덧붙였다. 후임 등대지기는 실제로 불이 붙은 적은 없었지만, 가끔 연기가 피어오르는 것을 본 적이 있다고 했다.

나는 이곳이 경이로운 장소임을 느꼈다. 다음 해 여름, 다시 그곳을 찾았을 때, 머리 위 하늘은 맑고 바다는 안개로 덮여 있었다. 20로드 떨어진 둑 가장자리는 마치 지평선 위의 산지 목장처럼 보였다. 나는 완전히 착각했고, 그 덕에 선원들이 왜 밤에 이런 안개 속에서 땅을 볼 수 있음에도 불구하고, 그것이 멀리 있다고 오인해 해안으로 밀려드는지를 이해하게 되었다.

그 후 어느 날, 나는 여기서 23마일 떨어진 해역에서 큰 굴 배를 타고 있었는데, 육지와 바다 위에 희미한 안개가 낀 어두운 밤이었다. 우리는 육지에 너무 가까이 접근했지만, 선장은 그것을 알아차리지 못했다. 내가 가장 먼저 경고를 받은 것은, 팔꿈치 바로 아래에서 들려오는 파도 소리였다. 나는 거의 해안으로 뛰어내릴 수 있을 만큼 가까웠고, 결국 배는 충돌을 피하기 위해 급히 방향을 틀어야 했다. 우리가 향하던 멀리의 불빛은 56마일 떨어진 등대라고 생각했지만, 실제로는 불과 6로드도 안 되는 거리에서 어부의 침상 틈새로 새어나온 불빛이었다.

등대지기는 외딴 바다의 집에서 우리를 따뜻하게 맞이했다. 그는 조용하고도 지적인 사람이었으며, 우리의 질문이 마음에 닿을 때마다 맑은 종소리처럼 선명한 대답을 내놓았다. 내 방 바로 옆 등대 램프는 몇 피트밖에 떨어져 있지 않아, 방 안을 낮처럼 밝게 비췄다. 그래서 나는 그날 밤 내내 하이랜드 등대의 불빛이 어떻게 바다를 비추는지 알고 있었다. 이번에는 지난번처럼 폭풍이 아니라, 여름밤처럼 고요했다. 나는 반쯤 깨어 있고 반쯤 잠든 채로 누워, 머리 위 창문을 통해 불빛을 올려다보았다. 그리고 생각했다. 저 먼 대양에서, 밤새 실을 잣으며 항해하는 모든 나라의 선원들 중 얼마나 많은 눈들이 지금 이 순간, 내 머리 위 그 불빛을 향하고 있을까 하고.

바다와 사막

등대의 불빛은 여전히 타오르고 있었지만, 이제는 부드럽고 은빛의 광채를 띠고 있었다. 내가 대양 위로 떠오르는 해를 보기 위해 일어났을 때, 그는 여전히 우리 동쪽 하늘에서 솟아오르고 있었다. 그러나 나는 그가 실제로는 바다 너머의 마른 땅에서 떠올랐음에 틀림없다고 확신했다. 비록 겉으로 보기엔, 마치 물결 속에서 솟아오르는 것처럼 보였지만 말이다.

**"태양은 다시 한번 들판을 어루만졌네,
아름답게 흐르는 깊은 바다에서
하늘로 솟아오르며."**

이제 우리는 깊은 바다 위에 떠 있는 수많은 고등어잡이 배의 돛을 보았다. 한 무리는 북쪽에서 막 케이프를 돌아 쏟아져 나오고 있었고, 다른 무리는 채텀을 향해 남쪽으로 향하고 있었다. 그리고 우리 주인의 아들은 만(灣)을 아직 떠나지 않은, 첫 번째 무리의 뒤처진 배에 합류하기 위해 떠났다.

등대를 떠나기 전에, 우리는 신발에 충실하게 텔로를 발라야 했다. 해변을, 소금물과 모래 속을 걸었더니, 신발이 붉고 바삭바삭해졌기 때문이다. 이것을 상쇄하기 위해, 나는 해변이, 비록 이곳은 그렇지 않지만, 진흙투성이인 곳에서도 유난히 깨끗하다는 것을 발견했다. 배를 오가며 걷는 동안 물과 진흙이 튀고 조개가 물을 뿜어대도, 당신의 가장 좋은 검은 바지는 시골을 걸을 때 묻을 얼룩이나 흙을 전혀 묻히지 않기 때문이다.

며칠 후, 우리는 뜻밖의 소식을 들었다. 프로빈스타운 은행이 강도당했을 때, 프로빈스타운에서 온 사절들이 이 등대에서 우리에 대해 특별히 문의했다는 것이다. 실제로 그들은 케이프를 따라 우리를 끝까지 추적했으며, 우리가 강도질을 저지르고 전리품을 숨기기 위해 이 기이한 경로를 따라 걸었다고 확신했다. 케이프는 너무 길고 좁으며, 또 황량해서, 낯선 사람이 난파되어 밀려온 경우가 아니라면, 그곳 주민들의 눈을 피해 다니는 것은 거의 불가능했다. 그래서 사건이 터졌을 때, 그들의 의심은 곧장 그 지역을 지나간 우리 두 여행자에게 쏠렸다. 만약 우리가 조금만 더 늦게 떠났더라면, 아마 체포되었을지도 모른다. 진짜 강도들은 워스터 카운티 출신의 젊은이 둘로, 센터 비트를 타고 다니며 일을 깔끔하게 해치웠다고 했다. 그러나 우리가 파헤친 유일한 '은행'은 케이프 코드의 거대한 모래톱이었다. 거기서 우리가 건진 것은 낡은 프랑스 은화 한 닢, 몇 개의 조개껍데기와 조약돌, 그리고 지금 이 이야기를 위한 재료뿐이었다.

며칠 뒤(10월 13일), 우리는 또다시 해변으로 나섰다. 소리 높이 울부짖는 바다를 따라 걸으며, 그 소리를 온몸으로 받아들이기로 했다. 시골의 잔잔한 연못이 아닌, 거대한 대양과 하나가 되고 싶었다. 바다는 전날보다 더욱 눈부시게 반짝였고, 우리는 "대양의 파도의 무수한 미소"를 보았다. 비록 그 미소 중 일부는 사납고 거칠었지만, 여전히 바람은 불고 파도는 해변을 따라 거품을 내며 부서지고 있었다. 우리가 바라본 정동쪽의 맞은편 해안은 스페인의 갈리시아 해안이었다. 그 수도는 산티아고, 옛 시인들의 계산으로는 아틀란티스나 헤스페리데스가 있었어야 할 곳이지만, 이제 천국은 더 서쪽에 있는 것으로 알려졌다. 처음 우리는 포르투갈의 엔트레 두로 이 미노 지방과 마주했고, 걷다 보니 갈리시아와 폰테베드라 항구가 눈앞에 펼쳐졌다. 그러나 파도가 너무 높아 우리는 그곳으로 들어가지 못했다. 이윽고 동쪽 조금 북쪽, 피니스테레 곶의 대담한 곳이 우리 앞에 불쑥 솟아올랐다. 하지만 그 자랑스러운 곶의 허풍을 우리는 이렇게 되받아쳤다.

"여기는 케이프 코드, 육지의 첫머리다."

그 북쪽으로 약간 움푹 들어간 곳—아마 신기루에 의해 우리 눈앞에 희미하게 나타난 그 지형은—비스케이 만임을 우리는 알아차렸고, 이내 노래를 불렀다.

**"거기서 우리는 누웠네, 다음 날까지.
오, 비스케이 만에서!"**

동쪽 약간 남쪽에는 콜럼버스가 닻을 올린 팔로

스가 있었고, 그 너머에는 헤라클레스가 세운 기둥들이 서 있었다. 우리가 그 기둥들에 새겨진 글귀가 무엇이냐고 소리 높여 묻자—아침 햇살이 눈부셔 제대로 볼 수 없었기 때문이다—그곳의 주민들은 "Ne plus ultra(더 이상 넘어갈 수 없음)"라고 외쳤다. 그러나 바람은 우리에게 진실만을 속삭였다. "Plus ultra(더 넘어갈 수 있음)." 그리고 만 서쪽으로부터는 "Ultra(넘어서)"라는 메아리가 되돌아왔다. 우리는 파도를 건너 그들에게 진정한 서쪽, 헤스페리아, 즉 하루의 끝, 해가 태평양 위에서 사그라지는 '이쪽 해질녘'에 대해 이야기했다. 그리고 그들에게 그들의 기둥을 뽑아 모두가 향해간 캘리포니아 해안에 다시 세우라고 조언했다. 이제 그곳이야말로 유일한 'Ne plus ultra', 즉 '그 너머가 없는 곳'이 되었으니까. 그러자 그들은 절벽 위에서 낙담한 듯 고개를 떨구었다. 우리가 그들의 모든 돛에서 바람을 빼앗아 버렸기 때문이다.

우리는 그들이 남기고 간 어떤 흔적도 이곳에서 찾을 수 없었다. 다만, 해변에서 아이의 장난감 같은 작은 모형 배 하나를 주웠을 뿐이었다. 어쩌면 그것은 폰테베드라에서 흘러왔을지도 모른다.

케이프는 트루로와 프로빈스타운 사이의 손목 부분으로 갈수록 점점 더 좁아졌고, 해안선은 더욱 뚜렷하게 서쪽으로 기울었다. 이스트 하버 크릭의 상류에서는 대서양이 만의 조수와 불과 여섯 로드의 모래로만 분리되어 있었다. 클레이 파운즈에서부터 레이스 포인트의 끝까지, 마지막 열 마일 구간의 둑은 평평했지만, 바다에서 보면 여전히 "섬"이라고 불릴 만큼 높은 지점들이 있어 대서양 위로 70~80피트 솟아 있었다. 그곳에서는 대서양의 전망뿐 아니라, 나무나 언덕이 시야를 가리지 않아 만의 풍경 또한 한눈에 들어왔다. 모래는 점차 육지를 삼켜가며, 마침내 가장 좁은 부분에서는 바다에서 바다까지 완전히 이어져 있었다. 트루로와 프로빈스타운 사이 3~4마일 구간에는 단 한 사람의 주민도 살지 않았고, 그 거리의 두 배를 더 가야 비로소 집 서너 채를 볼 수 있을 뿐이었다.

우리가 바다 가장자리를 따라 걸을 때, 모래는 마지막 파도가 남긴 물기를 빠르게 삼키고 있었다. 둑의 모래 언덕 위를 힘겹게 걸어가며 북쪽을 바라보니, 십여 마일 떨어진 바다 위에서 고등어 떼를 뒤쫓는 수많은 배들이, 스쿠너에 스쿠너를 이어, 마치 물 위에 떠 있는 도시처럼 빽빽이 늘어서 있었다. 배들은 서로 엉킨 듯 얽혀 있었고, 때로는 이쪽으로, 때로는 저쪽으로 침로를 바꾸며 바다를 가르고 있었다.

그 광경을 보며 우리는 뉴잉글랜드인들이 1616년에 존 스미스 선장이 어업에 관해 남긴 조언을 얼마나 철저히 실천했는지를 떠올렸다. 그가 "이 하찮은 생선 장사"라고 부르던 일이 지금은 얼마나 위대한 산업으로 발전했는지, 그리고 그들이 한때 본받으라 했던 네덜란드인들과 어깨를 나란히 하게 되었음을 실감했다. 스미스는 이렇게 말했었다. "네덜란드인들은 그들의 천성적 능력과 확실한 시장 덕분에 결코 필적하기 어려운 수준에 이르렀다. 그들은 2,300척의 배를 가지고 있으며, 선원과 군인, 상인으로서 그 무역에 헌신하고, 결코 그 일을 떠나지 않는다." 우리가 본 수많은 배들을 설명하기 위해서는 그의 말보다 더 많은 이름이 필요할 정도였다.

그 시절, 우리의 '유명한 조상들'이 '비할 데 없는 귀부인들'과 함께 플리머스 록에 발을 디디기 몇 해 전, 스미스는 이미 이렇게 썼다. "뉴펀들랜드에는 매년 거의 800척의 배가 도착해, 대구로 배를 가득 싣는다. 비록 모든 보급품은 매년 유럽에서 가져와야 하지만 말이다." 그는 이어 이렇게 덧붙였다. "그렇다면 왜 여기에 식민지를 세우지 않는가? 이곳에서 필요한 것은 모두 현지에서 얻을 수 있는데." 그는 또 말했다. "내가 본 사람이 살지 않는 세계의 네 부분 중에서, 만약 내가 식민지를 보낼 수단만 있다면, 나는 다른 어느 곳보다 이곳에서 살고 싶다. 만약 그것이 스스로를 유지하지 못한다면, 우리가 준비를 충분히 마친 뒤 굶어 죽게 내버려 두라." 그리고 이렇게 덧붙였다. "문 앞에서 낚시를 하며, 밤에는 아내와 가족과 함께 따뜻한 불 옆에서 평화롭게 잠들 수 있을 것이다." 그는 이미 "옛 기억 속의 뉴잉글랜드의 새로운 마을들"을 예견하고 있었다. "바로 그 가장자리조차도 이미 눈앞에 있다. 그리고 땅의 심장부와 내장에서 무엇이 발견될지 누가 알겠는가?"

그의 말은 모두 이루어졌고, 그 이상도 실현되었다. 이제 네덜란드는 어디에 있는가?

진실로, 스미스가 말한 대로, 이곳은 네덜란드가 차지했다. 그리고 그의 제안과 버크의 찬사 사이의 간극은 그리 길지 않았다.

여전히 고등어잡이 스쿠너들이 하나둘씩 케이프의 꼭대기를 돌아 시야에 들어왔고, "모든 바닷길을 하얗게 물들였다." 우리는 그 하나하나를 잠시 동안 온전한 주의로 지켜보았다. 그것은 마치 바다 위에서 벌어지는 즐거운 놀이 같았다. 이곳 시골에서는 비 오는 날 낚시하러 가는 이라야 몇몇 게으른 소년이나 부랑자들뿐이지만, 이곳에서는 만의 모든 건강한 남자와 일손이 되는 소년들이 요트를 타고 신나게 떠난 듯 보였다. 모두가 언젠가 케이프 어딘가에서 상륙해 차우더를 끓여 먹을 것만 같았다.

지명 사전은 이 마을들의 남자와 소년들 중 얼마나 많은 이가 고래, 대구, 고등어 어업에 종사하는지, 또 얼마나 많은 이가 뉴펀들랜드 뱅크나 래브라도 해안, 벨 아일 해협이나 샬뢰르 만—선원들이 '샬로어'라 부르는 곳—으로 향하는지를 진지하게 기록하고 있다. 마치 내가 콩코드의 소년들 중 여름 동안 농어, 강꼬치고기, 도미, 피라미 낚시에 종사하는 수를 세는 것과 다를 바 없다. 아무도 그런 통계를 기록하지 않지만, 나는 그것이 정신적, 도덕적 인간(또는 소년)에게는 그만큼의 이익을 주고, 육체적인 인간에게는 오히려 덜 위험하다고 생각한다.

내 친구 중 한 명은 인쇄소 도제였는데, 다소 장난기가 있었다. 어느 날 오후 그는 주인에게 낚시하러 가도 되냐고 물었고, 허락을 받았다. 그러나 그는 석 달 동안 돌아오지 않았다. 돌아온 뒤 그는 그랜드 뱅크스에 다녀왔다고 말하며, 마치 잠시 산책이라도 다녀온 듯 다시 활자 조판을 시작했다.

나는 그렇게 많은 남자들이 온종일, 아니 거의 평생을 낚시에 바친다는 사실에 놀랐다. 인간이 저녁 식사를 얻기 위해 얼마나 진지해질 수 있는지, 또 게으름과 천박한 취향이 얼마나 흔하게 단지 개미 같은 근면함 속에 숨어드는지를 생각하지 않을 수 없었다. 나는 속으로 생각했다. 가마우지처럼 영원히 그것을 위해 낚시하느니 차라리 저녁을 굶는 것이 낫다고. 물론, 해안에서 보면 시골의 우리의 삶 또한 그리 다르지 않다.

한 번은 내가 고등어잡이 배를 타고 세 마일쯤 항해한 적이 있었다. 잦은 뇌우가 있던 매우 더운 날, 일요일 저녁이었다. 나는 코하셋에서 덕스버리까지 해안을 따라 걸었고, 마지막에는 클라크 섬으로 건너가려 했다. 그러나 그들은 조수가 맞지 않아 배가 진흙 위에 걸려 움직일 수 없다고 했다. 마침 그날 밤, 여관 주인 윈저가 일곱 명의 남자와 함께 고등어잡이를 나갈 예정이라며 나를 데려가겠다고 했다.

적당한 준비 끝에 우리는 조수를 기다리는 여유로운 태도로 해안으로 내려갔다. 모두 인디아 고무장화를 신거나 신발을 벗어 들고 배까지 걸어갔다. 각 선원은 나무 한 아름씩을 들고 있었고, 한 명은 새 감자 한 통을 더 들었다. 이내 각자 나무 한 아름씩을 더 가져와야겠다고 결론을 내렸다. 그들은 이미 물한 통을 챙겼고, 스쿠너에는 더 많은 물이 있었다. 우리는 배를 진흙과 얕은 물 위로 열두 로드쯤 밀어 띄운 뒤, 반 마일쯤 노를 저어 배에 올라탔다.

그 배는 43톤짜리 튼튼하고 멋진 고등어잡이 스쿠너였다. 미끼는 아직 갈고리에서 마르지 않았고, 배에는 고등어를 다듬는 방앗간, 물고기를 담는 통, 그리고 그것을 바다로 던지는 긴 손잡이 국자까지 있었다. 항구 근처에는 진짜 봄 고등어 떼가 수면 위를 잔잔히 흔들며 지나가고 있었다.

선원들은 여유롭게 닻을 올리고 돛을 펼쳤다. 바람은 순풍이었지만 약했다. 뇌우가 지나간 뒤라 하늘은 맑았고, 햇살이 배 위에 부드럽게 비쳤다. 이보다 더 좋은 조건에서 항해를 시작할 수는 없을 듯했다. 그들은 네 척의 도리배를 갖고 있었는데, 보통 그 안에서 낚시를 했고, 그렇지 않을 때는 우현 선미에서 낚싯줄 두 개씩을 내려 고기를 잡았다.

윈저는 통에 고여 있던 빗물과 고등어의 끈적한 즙을 배 밖으로 버렸고, 우리는 조타수 주위에 모여 이야기를 나누었다. 나는 나침반이 근처 쇠붙이에 영향을 받아 약간의 오차를 보였던 것을 기억한다. 그중에는 캘리포니아에서 막 돌아온 사람도 있었는데, 그는 이번 항해에 승객으로 타 건강과 여가를 위해 바다로 나왔다고 했다.

그들은 일주일 정도 항해하며 다음 날 아침부터 낚시를 시작해, 잡은 고등어를 신선한 상태로 보스턴에 가져갈 예정이라고 했다. 우리는 필그림들이 상륙했던 클라크 섬 근처에서 내려주었다. 내 동료들은 항해를 위해 우유를 구하러 갔고, 나는 그 모든 과정을 지켜보았다. 나머지는 단지 바다로 나가 고등어를 잡는 일뿐이었다. 게다가 그들이 가져간 보급품의 양을 생각하니, 그들과 함께 가지 않은 것이 오히려 다행이었다.

이제 나는 마침내 고등어 떼를 그들의 어장에서 보았다. 비록 처음에는 그것을 알아차리지 못했지만, 이제야 내 경험은 완전해졌다.

그날은 전보다 훨씬 춥고 바람이 거셌으며, 우리는 종종 모래 언덕 뒤에 숨어 바람을 피해야 했다. 자연의 어떤 요소도 쉬지 않았다. 해변에는 늘 움직임이 있었다. 폭풍 속에서도, 고요한 날에도, 겨울에도, 여름에도, 밤낮을 가리지 않고 무언가가 일어나고 있었다. 그곳에서는 가만히 앉아 있는 사람조차 움직임과 맞먹는 광대한 시야를 누릴 수 있었다. 맑은 날이면 가장 게으른 사람조차 만 건너편 플리머스까지 한눈에 바라볼 수 있었고, 대서양 너머 인간의 시력이 닿는 끝까지 단지 눈꺼풀을 들어 올리는 것만으로 볼 수 있었다. 만약 그가 너무 게을러서 결국 보지 않는다 해도, 파도의 끊임없는 부딪침과 포효를 듣지 않을 수는 없었다. 불안한 바다는 언제든지 당신의 발치로 고래나 난파선을 밀어 올릴 수도 있었다. 그러나 세상의 어떤 기자니 속기사도 그 바다가 전하는 소식을 제때 기록하지는 못했을 것이다.

주위에는 생명으로 가득 차 있었고, 그 어떤 존재도 천천히 움직일 수 없었다. 몇 안 되는 난파선 인양꾼들은 오고 가고 있었으며, 배들, 모래밭새들, 머리 위에서 비명을 지르는 갈매기들 모두가 쉼 없이 움직였다. 오직 해안선만이 가만히 서 있을 뿐이었다. 작은 해변새들은 파도 가까이서 총총거리며 달렸고, 먹이를 삼키기 위해 잠시 멈출 때조차 바람과 파도의 리듬에 맞추어 움직였다. 나는 그들이 어떻게 그토록 바다에 익숙해졌는지, 어떻게 파도 가까이까지 다가갈 수 있는지 놀라웠다. 이 척박한 해안이 이토록 작은 생명들을 품고 있다니!

여우 한 마리를 제외하면 이곳에는 다른 육지 동물이 없었다. 하지만 여우가 저 높은 둑 위에서 대서양을 바라보며 무슨 생각을 할 수 있겠는가? 바다는 여우에게 아무 의미도 없을 것이다.

때때로 우리는 수레를 끌고 개를 데리고 다니는 난파선 인양꾼을 만났다. 그의 개가 짖는 소리는 파도의 포효를 뚫고 간신히 들려왔고, 그 희미하고 우스꽝스러운 소리는 마치 허공 속에서 흔들리는 한 줄기 연기 같았다. 작은 개가 섬세한 발을 떨며 대서양의 포효 앞에 서서 해변새를 향해 헛되이 짖는 모습이라니—아마 고래에게라도 짖어보려는 심산이었을까? 그 짖음은 농장 마당이라면 어울릴 소리였지만, 이 거대한 바다 앞에서는 어딘지 부조화로웠다. 개들은 모두 그곳에 어울리지 않아 보였고, 벌거벗은 듯 광활함에 떨고 있는 것처럼 보였다. 나는 그들이 주인의 존재가 아니었다면 결코 그 자리에 있지 않았을 것이라고 생각했다. 하물며 고양이가 그 길로 걸어나와 젖은 발로 대서양을 향해 나아가는 모습은 상상조차 할 수 없었다. 그러나 사람들은, 때로는 그것조차 일어난다고 내게 말했다.

여름에는 막 부화한 병아리처럼 두 다리만 달랑 있는 솜털 덩어리의 어린 물떼새들이 희미한 울음소리를 내며 파도 가장자리를 따라 무리를 지어 달렸다. 나는 뉴욕 만의 스태튼 섬 남쪽 해변에서도 그런 광경을 본 적이 있다. 그곳의 외로운 해안에서는 반쯤 야생화된 개 떼가 썩은 고기를 찾아 헤매고 있었다. 한 번은 습지의 키 큰 풀 속에서 맹렬한 짖음소리를 들었는데, 곧 대여섯 마리의 큰 개 떼가 해변으로 뛰쳐나왔다. 그들은 한 마리의 작은 개를 뒤쫓고 있었고, 그 작은 개는 나를 향해 곧장 달려와 보호를 구했다. 나는 돌멩이를 던져가며 그를 지켜주었지만, 다음 날 그 작은 개는 가장 먼저 나에게 짖었다.

그 순간, 나는 한 시인의 말을 떠올리지 않을 수 없었다.

> **"불어라, 불어라, 너 겨울바람아,**
> **너는 그의 배은망덕만큼**
> **불친절하지 않구나.**
> **네 이빨은 그리 날카롭지 않으니,**
> **네가 보이지 않기 때문이라,**
> **비록 네 숨결이 거칠지라도.**

"얼어라, 얼어라, 너 쓰라린 하늘아,
너는 잊힌 은혜만큼
가까이 물지 않는구나.
비록 네가 물을 휘게 할지라도,
네 침은 기억나지 않는 친구만큼
날카롭지 않구나."

때때로 내가 해변에 누워 있는 말이나 소의 사체에 다가갈 때면, 겉보기엔 아무 생명체도 보이지 않다가도 갑자기 개 한 마리가 그 안에서 튀어나와 내장의 한 조각을 물고 슬그머니 사라지곤 했다.

해변은 일종의 중립 지대이자, 이 세상을 관조하기에 가장 좋은 장소다. 그러나 동시에 그것은 어딘가 하찮고 원초적인 공간이기도 하다. 영원히 육지로 밀려드는 파도는 너무나 멀리서 왔고, 길들여지지 않아 결코 친숙해질 수 없다. 끝없는 해변을 따라 선스콜과 거품 속을 걸을 때면, 인간 또한 바다의 점액질로 빚어진 존재라는 생각이 절로 든다.

그곳은 거칠고 무성하며, 아첨이라고는 찾아볼 수 없는 세계다. 게, 투구게, 면도날 조개, 그리고 바다가 밀어 올린 온갖 잔해가 해안을 덮고 있다. 굶주린 개 떼가 이리저리 돌아다니고, 까마귀들은 매일 조수가 남긴 얼마 안 되는 잔해를 주워 먹으러 온다. 그곳은 거대한 시체 안치소 같다. 사람과 짐승의 사체가 나란히 모래 위에 누워, 태양과 파도 속에서 썩고 표백된다. 밀려오는 조수는 그들을 침대 위에서 뒤집고, 그 아래에 신선한 모래를 깔아준다. 벌거벗은 자연은 냉정할 만큼 진실하고, 인간 따위에 대해선 아무런 연민도 품지 않는다. 갈매기들은 물보라 속을 맴돌며 절벽 해안을 갉아먹는다.

오늘 오전, 우리는 멀리서 가지가 달린 표백된 통나무 같은 것을 발견했다. 가까이 가보니 그것은 고래의 주요 뼈 중 하나였다. 그 사체는 지방이 벗겨지고 잘려나간 뒤, 몇 달 전에 바다에서 밀려온 것이었다. 흥미롭게도, 이 고래뼈는 코펜하겐의 고고학자들이 주장한 이곳이 바로 '푸르두스트란다스(Furdustrandas)', 즉 토르핀의 빈란드(Vinland) 원정(1007년) 당시 그의 동료 토르할(Thorhall)이 지나갔다고 전해지는 그 해안이라는 주장을 뒷받침하는, 가장 결정적인 증거였다.

그들의 연구에 따르면, 토르핀이 케이프를 떠나 버저드 만(그들이 '스트라움피오르드 Straumfjord'라 불렀던 곳)을 탐험한 뒤, 그 일행은 포도주를 마시지 못해 실망했고, 토르할은 이를 비관하며 다시 북쪽으로 항해하기로 결심했다고 한다. 고고학자들은 아이슬란드어 원문을 제시했지만, 나는 그들의 번역문을 인용하는 편을 택했다. 그 라틴어 번역이야말로 내가 아는 한 케이프 코드를 직접 겨냥한 유일한 것이기 때문이다.

"Cum parati erant, sublato
velo, cecinit Thorhallus:
Eò redeamus, ubi conterranei

>   sunt nostri! faciamus aliter,
>   expansi arenosi peritum,
>   lata navis explorare curricula:
>   dum procellam incitantes gladii
>   moræ impatientes, qui terram
>   collaudant, Furdustrandas
>   inhabitant et coquunt balænas."

다른 말로 하면, "그들이 준비되고 돛이 올려졌을 때, 토르할은 노래했다. 우리 동포들이 있는 곳으로 돌아가자. 다르게 하자. 모래의 하늘[7]을 나는 데 능숙한 새[8]를 만들어, 배들의 넓은 항로를 탐험하게 하자. 칼의 폭풍[9]을 일으키는, 땅을 칭송하는, 참을성 없는 전사들이 경이로운 해변에 살며 고래를 요리하는 동안." 그리고 그는 고고학자들이 말했듯이, 케이프 코드를 지나 북쪽으로 항해했고, "아일랜드에 난파되었다."

비록 한때 이 해안에 더 많은 고래가 밀려왔던 적이 있었지만, 나는 지금보다 더 야생적이었던 시절은 없었다고 생각한다. 우리는 '고대'라는 개념을 바다와는 연결하지 않는다. 육지의 경우처럼 천 년 전의 바다가 어떤 모습이었을까 궁금해하지도 않는다. 왜냐하면 바다는 언제나 똑같이 헤아릴 수 없고, 거

---

7 모래 바닥 위로 하늘처럼 아치형을 이룬 바다.
8 배를 의미한다.
9 전투.

칠고, 길들여지지 않았기 때문이다. 인디언들은 그 표면에 아무 흔적도 남기지 않았으며, 바다는 문명인과 야만인 모두에게 동일하게 낯설다. 오직 해안선의 모습만이 변했을 뿐이다.

바다는 지구를 둘러싼 거대한 황무지이며, 벵골의 밀림보다도 더 야생적이고 괴물들로 가득하다. 그것은 우리 도시의 부두와 해안가 정원을 직접 씻어내리며, 문명의 경계를 조롱한다. 뱀, 곰, 하이에나, 호랑이는 문명의 진보와 함께 빠르게 사라지지만, 인구가 가장 많고 문명화된 도시조차 상어를 그 부두에서 몰아낼 수는 없다. 이 점에서 보스턴은 호랑이가 사는 싱가포르보다 더 진보했다고 말할 수 없다. 보스턴의 신문들은 나에게 항구 근처에 바다표범이 있다는 사실조차 알려주지 않았다. 나는 그것들이 에스키모나 먼 북쪽의 이국적인 존재와만 관련이 있다고 생각했다. 그러나 해안을 따라 있는 응접실 창문에서조차, 사람들은 그 갯벌 위를 뛰노는 바다표범 가족들을 볼 수 있었다. 그 광경은 나에게 인어만큼이나 낯설게 느껴졌다. 숲속을 결코 걷지 않는 숙녀들이 바다 위를 항해한다는 사실은 얼마나 기이한가. 바다로 나아간다는 것은 곧 노아의 경험, 대홍수를 실감하는 일이다. 모든 배는 방주이며, 모든 항해자는 한때의 생존자다.

우리가 해변을 걸을 때, 울타리는 하나도 보이지 않았다. 소들이 물을 건너지 못하도록 바다로 뻗은 자작나무 울타리도 없었고, 인간이 해안을 소유하고 있다는 흔적 또한 어디에도 없었다. 그러나 한 트루로 사람이 말하길, 그 마을 동쪽의 땅 소유주들은 해변을 자신들의 소유지로 간주한다고 했다. 모래와 해변풀이 침식해 오는 것을 막기 위해서였다. 심지어 이 자연조차도 그들에겐 때로 '적'으로 여겨지기 때문이었다. 반면, 그는 만(灣) 쪽에서는 그런 소유 개념이 없다고 덧붙였다. 나는 만의 잔잔한 지역에서 썰물선까지 이어지는 임시 울타리를 본 적이 있었는데, 그것은 가로로 눕힌 문지방이나 침목 위에 세운 기둥으로 만들어져 있었다.

우리가 여러 시간을 걸었을 때에도, 고등어 떼는 여전히 북쪽 지평선 가까이 거의 같은 위치에서 떠 있었다. 그들은 돛을 올린 채 머물렀고, 항해하지도 닻을 내리지도 않았다. 항구에 정박한 배들처럼 서로 가까이 모여, 다양한 방향으로 천천히 움직였다. 우리는 처음엔 무지하게도 그들이 역풍을 뚫고 동쪽으로 나아가는 줄 알았다. 그러나 나중에 알게 된 것은, 그들이 이미 어장 위에 있었다는 사실이었다. 그들은 주돛이나 닻을 내리지 않고 그대로 낚시를 하고 있었던 것이다.

"상쾌한 바람"—그래서 '고등어 바람'이라 불린다—은 이 일을 하기에 가장 이상적이라고 누군가 말했다. 우리는 지평선의 작은 호 안에서만 약 200척의 고등어잡이 배를 셌고, 그와 거의 같은 수가 남쪽으로 사라졌다. 그리하여 그들은 마치 촛불 주위를 맴도는 나방처럼 케이프 끝을 돌았다. 레이스 포인트와 롱 포인트의 등대는 밤마다 그들에게 밝은 촛불이 되어주었다. 멀리서 보면 그 배들은 아직 불빛 속으로 날아들지 않은 듯, 맑고 하얗게 보였다. 그러나 가까이 다가가면, 그중 일부는 이미 날개와 몸을 그슬린 흔적을 지니고 있었다.

한 마을이란, 그곳의 건강한 남자들이 모두 함께 바다를 공동의 밭처럼 갈고 있을 때 비로소 살아 있는 듯 보인다. 북 트루로에서는 여자들과 소녀들이 문 앞에 앉아, 남편과 형제들이 15~20마일 떨어진 바다에서 수백 척의 하얀 '수확 마차'—즉, 고등어잡이 배들—와 함께 고등어를 수확하는 광경을 바라본다. 마치 시골의 농부의 아내들이 먼 언덕의 밭에서 일하는 남편들을 지켜보는 것처럼. 그러나 어떤 저녁 식사 뿔나팔 소리도 그 어부들의 귀에는 닿지 않는다.

우리는 케이프의 허리 중 가장 좁은 부분을 지나 여전히 트루로에 있었다. 이 마을은 해안을 따라 약 12마일에 걸쳐 뻗어 있기 때문이다. 우리는 정오를 프로빈스타운에 가장 가까운 관목이 무성한 모래 언덕, 일명 아라랏 산(Mount Ararat) 위에서 보내기로 했다. 이 언덕은 바다 위 100피트 높이에 솟아 있었다. 그곳으로 향하는 길에서 우리는 모래의 놀라운 형태와 다채로운 색감에 감탄했고, 흥미로운 신기루 현상을 목격했다. 나중에 히치콕도 케이프의 모래 위에서 같은 현상을 관찰했다고 한다.

우리는 얕은 사막 계곡을 건너고 있있는데, 매끄럽고 티 하나 없는 모래가 사방으로 완만하게 경사를 이루며 지평선 쪽으로 흘러내리고 있었다. 그 가장 낮은 부분에는 투명하고 얕은 웅덩이들이 길게 이어져 있었다. 우리가 물을 마시기 위해 대각선으로 그쪽으로 다가갈 때, 그 웅덩이들은 분명히 서로 연결되어 있었다. 그러나 물결은 거의 없었고, 오히려 지평선에 비해 약간 비스듬하게 기울어져 있는 것처럼 보였다. 우리가 그중 하나의 편평한 가장자리에 도달했을 때, 마치 몇 피트 위로 올라선 듯한 착각을 느꼈다. 그것들은 마치 사선으로 놓인 거울처럼, 마법처럼 계곡의 경사면에 떠 있는 듯 보였다. 프로빈스타운의 사막에서 본 이 신기루는 아름다웠지만, 산스크리트어로 "가젤의 갈증"이라 불리는 사막의 신기루만큼은 아니었다. 왜냐하면 이곳에는 실제로 물이 있었고, 우리는 결국 그곳에서 갈증을 해소할 수 있었기 때문이다.

코펜하겐의 라폰 교수는 내가 언급한 이 신기루—프로빈스타운의 한 노인에게 이야기했을 때, 그는 한 번도 본 적도 들은 적도 없다고 한 그것—가 1007년 토르핀의 빈란드 원정 기록에 나오는 "푸르두스트란다스(Furdustrandas, 경이로운 해변)"라는 지명과 관련이 있다고 보았다. 그는 이것이 토르핀이 상륙한 해안의 일부를 지칭한다고 생각했다. 하지만 이 모래는 오히려 전형적인 사막 신기루보다 그 길이와 넓이로 더 주목할 만했다. 북유럽인들이 이곳을 그렇게 이름 붙인 이유—"그곳을 항해하는 데 오랜 시간이 걸렸기 때문"—는 충분하며, 실제로 이 해안의 특성을 잘 설명한다. 물론, 만약 그린란드에서 버저드 만까지 항해한다면 수많은 모래 해변을 보게 되겠지만 말이다. 그러나 토르핀이 이곳에서 신기루를 봤든 그렇지 않든, 같은 민족의 또 다른 인물 토로르(Thoror)는 그것을 보았다. 어쩌면, 그의 선조 레이프가 이전 항해에서 바다 위 바위에서 토레르와 그 일행을 구해냈기 때문에, 토로르가 이 신기루를 보도록 운명 지어졌는지도 모른다.

이것이 내가 케이프에서 본 유일한 신기루는 아니었다. 둑 옆의 해변 절반은 보통 평평했지만, 다른 절반은 바다 쪽으로 완만하게 경사져 있었다. 어느 날 해질녘, 나는 웰플리트의 둑 가장자리를 걷고 있었다. 그때 내 눈에는 해변의 안쪽 절반이 바다 쪽으로 솟아올라 다른 절반과 맞닿아, 해안 전체에 걸쳐 약 10~12피트 높이의 능선을 이루는 것처럼 보였다. 그러나 이상하게도 언제나 내가 서 있는 반대쪽이 더 높아 보였다. 둑 아래로 내려가 보기 전까지 나는 그 반대임을 깨닫지 못했다. 어쩌면 이전 조수의 파도가 남긴 그늘진 윤곽이, 겉보기 경사면의 중간 정도에서 내게 그 착시를 더욱 강하게 느끼게 했을지도 모른다. 낯선 사람은 언제나 그곳의 가장 오래된 주민조차 본 적 없는 것을 발견한다. 낯선 것은 그의 영역이기 때문이다. 늙은 굴 장수는 갈매기 사냥법을 이야기하며, "둑 아래로 쏠 때는 낮게 조준해야 한다"고 소언했나.

어느 이웃은 내게 말했다. 어느 8월, 나우숀에

서 마서스 빈야드 근처를 항해하던 몇 척의 배를 망원경으로 보았는데, 그들 주위의 물이 너무나 매끄러워 배들이 그 위에 완벽히 비쳤다고 한다. 그러나 돛이 바람을 받아 불룩한 것을 보면, 실제로는 잔물결이 있었던 것이다. 그는 그것이 신기루, 즉 안개로 인한 반사 현상이라고 생각했다.

우리는 언덕 꼭대기에서 프로빈스타운과 그 항구를 내려다보았다. 지금은 항구의 배들이 텅 비어 있었고, 멀리까지 트인 바다가 한눈에 들어왔다. 그러나 우리는 일부러 해가 완전히 지기 전까지 마을로 들어가지 않기로 했다. 바람은 차갑고 세찼지만, 우리는 여전히 바다의 기운에 굶주려 있었기 때문이다. 그래서 사막을 가로질러 대서양 쪽으로 되돌아가, 전날 저녁 우리가 바다를 떠났던 지점 근처까지, 거의 레이스 포인트에 이르기까지 해변을 따라 걸었다. 바람은 잠시도 쉬지 않았다. 불고, 또 불고, 포효하고, 또 포효하며, 우리는 끊임없이 걸었다. 해안선은 이제 거의 동서 방향으로 뻗어 있었다.

해가 지기 전, 고등어 떼가 만으로 되돌아오는 것을 본 우리는 사막을 가로질러 마을의 동쪽 끝으로 향했다. 사막 가장자리, 해변풀과 덤불이 빽빽하게 덮인 첫 번째 높은 모래 언덕 정상에 오르자, 프로빈스타운을 북쪽에서 감싸며 사막의 모래로부터 마을을 어느 정도 지켜주는 관목 숲과 늪지대가 한눈에 들어왔다. 불모의 사막이 바로 옆에 있음에도 불구하고, 나는 이토록 생생하고 아름다운 가을 풍경을 본 적이 없었다. 그것은 거칠게 일렁이는 지면 위에 펼쳐진, 세상에서 가장 화려하고 정교한 양탄자 같았다. 어떤 벨벳이나 다마스크 천, 어떤 티리안 염료나 직조물도 이보다 풍부하지 않았다. 허클베리의 눈부신 붉은색, 베이베리의 붉은 갈색, 작은 소나무의 생생한 녹색, 박스베리와 자두나무의 어두운 녹색, 관목 떡갈나무의 황록색, 그리고 자작나무·단풍나무·사시나무의 황금빛과 엷은 갈색이 서로 뒤섞이며 각자 독특한 무늬를 만들어내고 있었다. 그 사이로 언덕 비탈을 따라 이어진 노란 모래의 미끄럼틀들은 마치 양탄자의 틈새로 드러난 흰 바닥 같았다. 나는 시골 사람으로서 수많은 가을 숲을 보았지만, 이곳의 풍경만큼 생동하고 이채로운 장면은 본 적이 없었다. 그 색감의 선명함은 주변의 하얀 모래와의 강렬한 대비로 더욱 빛났다. 이것이야말로 케이프 코드가 지닌 가구와 직물의 미학이었다. 며칠 동안 대서양 쪽의 긴 황량한 베란다를 걷고, 모래 깔린 홀을 지나, 이제 우리는 그녀의 규방, 즉 케이프의 가장 내밀한 아름다움 속으로 들어서는 듯했다. 앞의 언덕 너머로, 롱 포인트를 돌아 프로빈스타운 항구로 들어오는 백 척의 흰 돛단배들이 보였는데, 그것들은 마치 벽난로 선반 위에 놓인 장난감 배처럼 보였다.

이 가을 풍경의 독특함은 색의 밝기뿐 아니라, 관목 숲이 낮고 빽빽하게 이어진 그 질감에도 있었다. 그것은 마치 두꺼운 양털 옷감 같았고, 거인이 그 가장자리를 들어 흔들면 금세 먼지가 일어날 것만 같았다. 사실 그 아래에는 이미 수많은 모래먼지가 쌓여 있었다. 나는 문득 생각했다. 어쩌면 우리의 고색창연한 양탄자와 카펫은 바로 이런 풍경에서 영감을 얻은 것이 아닐까. 훗날 더 정교한 양탄자를 볼 때마다, 나는 이 언덕들을 떠올릴 것이다. "저기 허클베리의 붉은 비탈이 있고, 저기 박스베리와 블루베리의 늪이 있으며, 저기 관목 떡갈나무와 베이베리, 그리고 자작나무와 소나무가 있다." 이 염색보다 더 따뜻하고 풍부한 색조를 어디서 찾을 수 있겠는가. 그것은 내가 지금껏 뉴잉글랜드 해안과 연결 지어온 색감보다 훨씬 따뜻하고 인간적인 색이었다.

박스베리가 무성한 늪을 헤치고, 관목 떡갈나무가 뒤덮은 언덕을 길 없이 올라가며, 우리는 한때 난파자들이 목숨을 잃었던 그 황량한 지대를 지나 마침내 프로빈스타운 거리의 동쪽 끝, 즉 네 개의 널빤지 길로 내려왔다. 케이프의 마지막 마을인 이곳은 주로 남동쪽으로 굽은 해변을 따라 길게 이어져 있었다. 마을 뒤편에는 관목 숲과 늪, 그리고 연못들이 점점이 박혀 있는 모래 언덕이 초승달 모양으로 솟아 있었고, 그 사이의 넓이는 반 마일에서 1마일까지 다양했다. 그 너머로는 사막이 펼쳐져 있었고, 이 사막이 마을의 대부분을 차지한 채 동쪽과 서쪽, 그리고 북쪽으로 바다까지 이어지고 있었다.

마을은 항구와 모래 언덕 사이, 폭이 10~50로드밖에 되지 않는 좁은 지대에 빽빽하게 들어서 있었다. 당시 주민은 약 2,600명가량이었다. 어부의 오두막을 지나면, 점차 더 세련되고 허세 섞인 현대식 집들이 등장했고, 그 안쪽으로 생선 창고와 염전의 풍차들이 바닷가를 따라 줄지어 있었다. 해변 쪽의 좁은 모래길은 약 18피트 정도 폭이었는데, 만약 마차가 두 대 있다면 그 길이야말로 서로 지나칠 수 있는 유일한 공간이었다. 우리가 걸었던 어느 해변보다도 그 길은 훨씬 더 '거칠고 힘든' 길이었다. 높은 조수의 영향은 닿지 않았지만, 오가는 사람들의 발걸음이 모래를 느슨하게 만들어 놓았기 때문이다.

우리가 걸었던 그 네 개의 널빤지는, 한때 마을의 잉여 수입을 어떻게 사용할지를 두고 벌어진 논쟁의 결과물이었다. 결국 주민들은 현명하게도 그 돈을 발밑에 두기로 결정했다—즉, 보도용 널빤지를 깐 것이다. 그러나 일부 주민들은 현금으로 몫을 받지 못한 것에 불만을 품고, 보도가 생긴 뒤에도 한동안 고집스럽게 모래 위를 걸었다고 한다. 내가 아는 한, 잉여 수입이 한 마을에 실제로 '축복'이 된 유일한 사례였다. 바다에서 밀려오는 잉여 모래를 막기 위해 쓰인, 국고의 잉여 달러였던 셈이다. 사람들은 널빤지가 닳아 없어질 즈음엔 단단한 길을 만들 것이라 기대했는데, 실제로 우리가 그곳을 떠난 후, 그들은 이미 포장길을 만들어 '모래의 세례'를 거의 잊은 채 살고 있었다.

우리가 마을을 지나갈 때, 주민들은 생선을 말리거나 집 앞 해변에 펼쳐놓은 거친 소금 건조를 뒤집으며 바쁘게 움직이고 있었다. 그것들은 바다에서 막 건져 올린 듯 노랗게 빛났다. 앞마당은 울타리로 구분되어 있긴 했지만, 마치 해변의 연장처럼 보였고, 그 안에는 해변풀이 자라 조수의 영향을 받는 듯했다. 그곳에서는 여전히 조개껍데기나 조약돌을 주울 수도 있었다. 집들 사이로는 몇 그루의 나무가 자라고 있었는데, 주로 은단풍, 버드나무, 그리고 '길르앗의 향유나무'가 눈에 띄었다. 한 남자는 마을 뒤편에서 옮겨 심은 어린 떡갈나무를 자랑스럽게 보여주었는데, 그는 그것이 사과나무라고 믿고 있었다. 그러나 그는 식물에는 무지했어도 날씨에 대해서는 누구보다 현명했다. 그는 우리에게 "뇌우가 만조와 함께 올 때는 비가 오지 않는다"고 관찰한 사실을 알려주었다. 이곳은 우리가 지나온 마을 중 가장 완벽하게 해양적인 곳이었다. 단단하지는 않지만 바다로 둘러싸인 땅, 즉 어부들이 생선을 말리고 저장하는 '살아 있는 해변'이었다. 내륙이라 할 만한 배후지는 없었고, 마을 사람들은 해안에서도 여전히 널빤지 위를 걸었다. 늪에서 개간한 작은 밭이 몇 있었는데, 대부분 크기가 6평방 로드에 불과했다. 울타리는 네 개의 가로장으로 된 간단한 구조이거나, 통 널빤지를 세워 만든 것이었다. 이런 작은 밭들이 프로빈스타운의 전부이자, 경작 가능한 땅의 전부였다. 마을에는 대략 30~40에이커의 농지가 있다고 들었지만, 우리가 직접 본 것은 그 중의 4분의 1도 되지 않았고, 그것마저도 대부분 모래로 덮여 있었다. 마치 사막이 그들의 밭을 되찾아 가려는 듯했다. 그들은 이제 늪 일부를 크랜베리 밭으로 바꾸는 중이었다.

그럼에도 프로빈스타운은 결코 외딴 마을이 아니었다. 오히려 항해의 중심로, 즉 상업의 대로 한가운데 놓인 곳이었다. 이 해안에서 어둠 속에 부딪히지 않고 지나가는 것은 행운이라 할 만큼, 이곳은 모든 뱃길의 길목이었다. 일 년 내내 전 세계에서 온 배들이 이곳을 찾았다.

우리가 도착했을 때는 토요일 밤이었고, 대부분의 고등어잡이 배들이 이미 항구로 들어와 있었다. 단, 아침에 채텀으로 남하한 몇 척만이 예외였다. 그날 저녁, 우리가 해가 만 위로 지는 것을 바라본 언덕에서, 우리는 해안에서 다양한 거리에 닻을 내리고 있는 200척이 넘는 스쿠너(schooner)를 세어 볼 수 있었다. 그리고 더 많은 배들이 여전히 케이프를 돌아오고 있었다. 각 배는 닻을 내릴 때마다 돛을 내리고, 바람을 받아 선회하며, 보트를 내렸다. 그것들은 주로 웰플리트, 트루로, 그리고 케이프 앤에서 온 배들이었다.

이것이 바로 우리가 지평선에서 선체만 보았던 '캔버스 도시'였다. 그러나 가까이에서 보니, 돛을 내린 그 배들은 예상보다 훨씬 어두워 보였다. "μέλαιναι νῆες(검은 배들)"—호메로스의 표현이 그대로 어울렸다. 한 어부는 우리에게 고등어 어군에는 1,500척의 배가 몰려 있다고 말했고, 그중 350척이 한 번에 프로빈스타운 항구에 정박한 적도 있다고 했다. 항구의 물이 얕아 해안에서 멀리 떨어져 닻을 내려야 했기 때문에, 그 광경은 거대한 도시의 부두보다도 훨씬 더 장관이었다.

우리가 며칠 전 대서양을 따라 북서쪽으로 걸을 때, 저 멀리서 보이던 그 배들이 마치 우리를 위해 항해 연습이라도 하는 듯 보였는데, 이제 그들이 실제로 밤에 프로빈스타운 항구로 몰려드는 장면을 보게 된 것이다. 마치 우리를 맞이하러 온 듯, 각기 다른 속도로 레이스 포인트와 롱 포인트를 지나며 들어오는 그 배들은, 아침에 둥지를 떠나 들판으로 흩어지는 닭 떼를 연상시켰다.

이 배들은 진정한 뉴잉글랜드의 상징이었다. 1721년, 모세 프린스는 자신의 일지에 글로스터에서 스쿠너라는 형태의 배가 처음 건조된 것은 약 8년 전, 즉 1713년 무렵이라고 기록했다. 그 배는 앤드루 로빈슨이 만든 것으로, 독특한 돛대와 삭구를 갖추고 있었다. 전해지는 이야기로는, 그 배가 진수될 때 구경꾼 중 한 명이 외쳤다. "오, 저 배 정말 잘 미끄러지네!(Scoons!)" 그러자 로빈슨이 대답했다. "좋아, 스쿠너(schooner)라고 부르자고!" 그때부터 이런 배들은 '스쿠너'라 불리게 되었다고 한다.

코튼 터프츠는 이 전통을 세부적으로 기록하며 덧붙였다. "그전에는 이런 종류의 배는 유럽 어디에서도 알려지지 않았다." (출처: Massachusetts Historical Collections, 1st Series, Vol. 9, and 4th Series, Vol. 1). 그러나 나는 솔직히 이 이야기를 전적으로 믿기 어렵다. 스쿠너는 내게 언제나 '태초부터 존재한 전형적인 배'처럼 느껴졌기 때문이다.

한편, 뉴햄프셔 맨체스터의 C. E. 포터는 스쿠너라는 말이 뉴잉글랜드 원주민 언어에서 유래했다고 주장했다. 그는 인디언어 schoon 또는 scoot이 '돌진하다'라는 뜻을 지니며, 스쿠딕(Schoodic)이라는 지명도 scoot과 anke(물이 돌진하는 곳)에서 파생되었다고 했다. 덧붙여, 보스턴 저널(1859년 3월 3일자)은 글로스터의 한 인사가 이 어원 문제를 두고 족보 학회에서 논문을 발표할 예정이라고 보도했다.

프로빈스타운에서는 누구든 마을을 나서려면 반드시 내가 언급한 네 개의 널빤지 길을 지나야 했다. 그래서 하루 동안 밖에만 있어도, 마을 주민 거의 전부를 만나게 된다. 그날 저녁, 널빤지 위는 고등어잡이 어부들로 북적였다. 우리는 호텔로 돌아가는 길에 그들과 서로 길을 비켜 주며 오갔다. 그 호텔은 재단사가 운영했는데, 건물 한쪽은 그의 옷가게, 다른 한쪽은 호텔이었다. 그는 하루를 바느질과 고기를 자르는 일 사이에서 보냈고, 마치 천과 생선 사이를 오가는 사람처럼 보였다. 다음 날 아침, 전날보다 훨씬 추운 날씨와 거센 바람에도 불구하고, 우리는 다시 사막으로 향했다. 우리는 해가 있는 동안은 햇볕 속에서, 그리고 결코 그치지 않는 바람 속에서 하루 종일 야외에서 시간을 보냈다. 마을 남서쪽 끝, 섕크-페인터 늪 근처의 관목지대를 지나자 우리는 모래 벌판을 가로질러 레이스 포인트 남쪽 약 3마일 떨어진 해안에 닿았다. 거기서부터는 다시 동쪽으로 방향을 틀어, 전날 저녁 바다를 떠났던 지점까지 사막을 가로질러 걸었다. 그날 우리가 걸은 거리는 약 56마일, 어쩌면 9~10마일은 더 되었을지도 모른다. 순수한 모래의 광활한 평원 한가운데에는 식물이라 부를 만한 것이 전혀 없었다. 멀리서 보이는, 해변풀로 덮인 둑의 능선만이 옥수수밭처럼 지평선을 따라 희미하게 보일 뿐이었다. 내내 1월처럼 매서운 바람이 몰아쳤고, 우리는 그 살을 에는 추위를 견디며 걸었다. 사실 이후 거의 두 달 동안 우리는 이 날만큼 추운 날씨를 다시 경험하지 못했다.

이 사막은 케이프 끝에서부터 프로빈스타운을 지나 트루로까지 이어져 있었다. 우리는 그곳을 건널 때마다, 추위에도 불구하고 자연스레 라일리의 『아라비아 사막 포로 생활기』를 떠올렸다. 눈앞의 해변풀 덤불들은 멀리서 보면 옥수수밭으로 착각될 만큼 넓게 퍼져 있었고, 아마도 신기루가 능선의 높이를 실제보다 더 과장해 보이게 했을 것이다. 나중에 나는 칼름의 『북아메리카 여행기』에서, 세인트로렌스 강 하류의 사람들이 이 식물—칼라마그로스티스 아레나리아(Calamagrostis arenaria)와 바다 라임풀(Elymus arenarius)—을 '바다 호밀(seigle de mer)'이라 부른다는 사실을 읽고 반가움을 느꼈다. 그는 이렇게 덧붙였다. "나는 이 식물들이 뉴펀들랜드와 북아메리카 해안 전역에 풍부하게 자란다고 확신한다. 그것들로 덮인 해안은 멀리서 보면 마치 옥수수밭처럼 보인다. 이는 북부 기록들에서 말하는 '좋은 포도주의 땅(Vinland det goda)'을 설명해주는 단서가 될지도 모른다. 그 기록에는 '그들이 야생으로 자라는 밀밭을 발견했다'고 되어 있다."

해변풀은 높이 2~4피트, 색은 바다빛 녹색, 그리고 전 세계적으로 분포한다고 한다. 헤브리디스 제도에서는 이 풀을 엮어 매트, 안장, 가방, 모자 등을 만들었고, 도체스터에서는 종이 제조에 사용했다. 소들은 어릴 때 이 풀을 먹는다. 그것의 이삭은 호밀과 비슷하며 길이는 6인치에서 1피트, 뿌리와 씨앗으로 번식한다. 모래를 사랑하는 이 식물의 성질을 나타내기 위해 어떤 식물학자들은 이 풀을 프삼마 아레나리아(Psamma arenaria)라 불렀다. 이는 '모래(그리스어)'에 '모래(라틴어)'를 덧붙인 이름으로, 문자 그대로 "모래 같은 모래"를 뜻한다. 바람이 불면 이 풀은 뿌리로 단단히 고정된 채 흔들리며, 마치 컴퍼스로 그린 듯 완벽한 원형 무늬를 모래 위에 그려낸다.

그것은 상상할 수 있는 한 가장 쓸쓸한 풍경이었다. 그때 모래 위에서 우리가 본 유일한 동물은 거미였는데, 거미는 눈이나 얼음물, 모래 위 어디에서나 거의 발견된다. 그리고 독이 있어 보이는, 길고 좁은 벌레, 노래기 또는 천족류 중 하나였다. 우리는 그 흐르는 모래 속에, 돌로 쌓은 우물 가장자리처럼 단단한 가장자리를 가진 거미 구멍을 보고 놀랐다.

6월에 이 모래는 밤에 밖에 나왔던 크고 작은 거북이들의 흔적으로 가득했는데, 늪을 오가는 길이있다. 사막 가장자리에 "농장"을 가지고 있고 프로빈스타운의 명성에 익숙한 한 '땅의 아들(terræ filius)'은 나에게 한 남자가 지난봄에 그곳에서 25마리의 늑대거북을 잡았다고 말했다. 그 자신의 거북이 잡는 방법은 두꺼비를 고등어 낚싯바늘에 꿰어 연못에 던지고, 낚싯줄을 해안의 그루터기나 말뚝에 묶는 것이었다. 변함없이, 낚싯바늘에 걸린 거북이는 낚싯줄을 타고 그루터기까지 기어 올라와, 아무리 오랜 시간이 지난 후에도, 그를 잡은 사람에 의해 거기서 기다리고 있는 것이 발견되었다. 그는 또한 그곳에서 밍크, 사향쥐, 여우, 너구리, 그리고 야생 쥐가 발견되지만, 다람쥐는 없다고 말했다. 우리는 배럴만 한 바다거북이 해변과 이스트 하버 습지에서 발견되었다는 소식을 들었지만, 그것들이 그곳 토착종인지, 아니면 어떤 배에서 잃어버렸는지는 분명하지 않았다. 아마도 그것들은 소금물 테라핀, 혹은 이렇게 북쪽까지 발견되는 매끄러운 테라핀이었을 것이다. 모래와 해변풀 외에는 아무것도 없는 곳에서 많은 두꺼비가 발견되었다. 트루로에서 나는 건조하고 모래가 많은 들판 위를 여기저기 뛰어다니는, 모래 색깔과 일치하는 색깔의 큰 옅은 색 두꺼비의 수에 놀랐다. 뱀 또한 이 순수한 모래 해변에서 흔하며, 나는 그런 지역에서만큼 모기에 시달린 적이 없다. 같은 계절에 딸기가 사막 가장자리의 작은 움푹한 곳에서 풍부하게 자랐는데, 모래 속 해변풀 사이에 서 있었다. 그리고 주민들이 조쉬-배(어떤 사람들은 '즙이 많은'에서 유래했다고 생각한다)라고 부르는 섀드부시 또는 아멜란키에의 열매는 언덕 위에서 매우 풍부하다. 나는 친절한 한 남자를 만났는데, 그는 나를 딸기를 위한 최고의 장소로 안내했다. 그는 내가 낯선 사람이고, 내년에 그를 앞지를 수 없다는 것을 알았기 때문에 그 장소를 보여주었을 것이라고 말했다. 따라서 나는 그것을 밝히지 않을 의무가 있다고 느낀다. 우리가 연못에 이르렀을 때, 그는 토박이로서 예의를 갖추어, 신밧드처럼 나를 어깨에 메고 건너주었다. 한 가지 좋은 일은 다른 좋은 일을 낳는 법이니, 만약 그가 우리 쪽으로 온다면, 나도 그를 위해 그만큼 할 것이다.

한 곳에서는, 그렇지 않으면 끊이지 않는 사막을 뚫고 튀어나온 수많은 죽은 나무 꼭대기를 보았는데, 우리가 나중에 알게 된 바로는, 30~40년 전에는 무성한 숲이 서 있었고, 이제는 해마다 나무들이 드러나면서, 주민들이 연료용으로 그 꼭대기를 잘라낸다고 한다.

우리는 그날 마을 밖에서는 아무도 보지 못했다. 이전에 뒤편을 본 적이 있는 사람이나, 그것을 보고 싶어 하지 않는 대다수의 사람들에게는, 밖으로 나가기에는 너무 겨울 같았다. 그리고 우리는 거의 아무도 이 사막을 건넌 적이 없다는 것을 보여주는 흔적을 거의 보지 못했다. 그러나 나는 어떤 사람들은 혹독한 날씨에 밤낮으로 항상 뒤편에 나가, 난파선을 찾고 있다고 들었다. 화물을 내리는 일이나 그와 비슷한 일을 얻기 위해서이다. 그리고 이렇게 난파된 사람들은 구조된다. 그러나 일반적으로 말해서, 주민들은 이 모래를 거의 방문하지 않는다. 프로빈스타운에 30년 동안 살았던 한 사람은 나에게 그 시간 안에 북쪽으로 가본 적이 없다고 말했다. 때로는 원주민들 자신도 마을 뒤에서 눈보라 속에서 길을 잃어 거의 죽을 뻔한다.

바람은 우리가 사막과 연관시키는 시로코나 시문이 아니라, 뉴잉글랜드의 북동풍이었다. 그리고 우리는 모래 언덕 아래에서 헛되이 피난처를 찾았다. 바람이 그 주위를 모두 불어, 그것들을 원뿔 모양으로 만들었고, 우리가 어느 쪽에 앉든 반드시 우리를 찾아냈기 때문이다. 때때로 우리는 누워서, 연못이나 늪에서 남은 모든 것일, 순수한 민물로 가득 찬 모래 속의 작은 웅덩이에서 물을 마셨다. 공기는 눈처럼 먼지로 가득 차 있었고, 얼굴을 따끔거리게 하는 살을 에는 모래가 있었다. 그리고 우리는 날씨가 더 건조하고, 가능하다면, 바람이 더 세찰 때, 그것을 마주하는 것이 어떠할지 보았다. 짐을 챙겨 떠나는, 공중의 이동하는 모래톱을 마주하는 것, 아홉 꼬리가 아니라, 무수한 꼬리를 가진 고양이에게 채찍질당하는 것, 그리고 각 꼬리에는 침이 있는 것. 웰플리트의 전직 목사인 휘트먼 씨는 내륙의 친구들에게, 날리는 모래가 창문을 너무 긁어서, 밖을 보기 위해 매주 새 유리창 하나를 끼워야 했다고 쓰곤 했다.

관목 숲 가장자리에서 모래는 그것들을 압도하는 홍수처럼 보였고, 그것들이 서 있는 표면보다 여러 피트 더 높은 가파른 둑으로 끝났으며, 바깥쪽 나무들을 부분적으로 묻었다. 이것들과 비유되는, 듄(Dunes) 또는 다운스(Downs)라고 불리는 영국의 움직이는 모래 언덕들은, 바다가 밀어 올린 모래로 형성되거나, 처음에는 바람에 의해 육지 자체에서 가져온 모래가 더 내륙으로 밀려가서 형성된다. 이곳에서는 파도와 바람에 의해 밀려, 바다에서 마을을 향해 천천히 흐르는 모래의 조수이다. 북동풍이 가장 강하다고 하지만, 북서풍이 가장 건조하기 때문에 가장 많은 모래를 움직인다고 한다. 비스케이 만 해안에서는 예전에 많은 마을이 이런 식으로 파괴되었다. 우리가 본 해변풀 능선 중 일부는 여러 해 전에 정부에 의해 심어졌는데, 프로빈스타운 항구와 케이프 끝을 보존하기 위해서였다. 나는 심는 일에 고용되었던 몇몇 사람들과 이야기했다. 내가 이미 언급한 '동부 해안에 대한 설명'에는 이렇게 쓰여 있다. "해변풀은 봄과 여름 동안 약 2피트 반 자란다. 만약 맨 해변으로 둘러싸여 있다면, 가을과 겨울의 폭풍이 사방에 모래를 쌓아 올려, 식물 꼭대기까지 거의 솟아오르게 한다. 이듬해 봄에 풀은 다시 솟아오르고, 겨울에는 다시 모래로 덮인다. 그리하여 언덕이나 능선은 그것을 지탱할 충분한 기반이 있는 한, 또는 둘러싼 모래도 해변풀로 덮여 더 이상 바람의 힘에 굴복하지 않을 때까지 계속해서 솟아오른다." 이런 방식으로 형성된 모래 언덕은 때때로 100피트 높이에 이르며, 눈 더미나 아랍 텐트처럼 다양한 형태를 띠고, 끊임없이 이동한다. 풀은 매우 단단하게 뿌리를 내린다. 내가 그것을 뽑으려고 했을 때, 그것은 보통 표면에서 10인치나 1피트 아래에서 부러졌는데, 그곳은 수많은 곁가지로 보아 작년의 표면이었던 곳이었다. 그것은 곧고, 단단하고, 둥근 줄기였고, 그 길이로 작년에 모래가 얼마나 쌓였는지를 보여주었다. 그리고 때때로 이전 계절의 죽은 그루터기들이, 그들 자신의 더 썩은 줄기가 붙은 채, 모래 속 더 깊은 곳에서 그것과 함께 뽑혀 나왔다. 그래서 모래 언덕의 나이와, 여러 해 동안의 그것의 증가율은 이런 방식으로 꽤 정확하게 기록된다.

영국의 오래된 약초학자 제라드는 1250쪽에서 이렇게 말한다. "나는 스토우의 연대기, 1555년 기사에서, 그들이 부르는 대로, 어떤 콩과 식물이나 완두콩에 대한 언급을 발견했는데, 그때 큰 흉년이 들어 가난한 사람들이 기적적으로 도움을 받았다. 그는 그것을 이렇게 언급한다. 8월에 (그가 말한다), 서퍽에서, 바닷가 한 곳, 모두 단단한 돌과 조약돌로 된, 그 지역에서는 선반이라고 불리는, 오퍼드와 앨드버러 마을 사이에 놓인 곳에서, 풀도 자라지 않고 흙도 전혀 보이지 않았는데, 이 불모지에서 갑자기 경작이나 파종 없이, 엄청난 양의 완두콩이 돋아났다. 가난한 사람들은 (사람들이 판단하기에) 100쿼터 이상을 거두었지만, 여전히 익은 것과 꽃이 피는 것이, 이전과 마찬가지로 많이 남아 있었다. 그곳으로 노리치 주교와 윌러비 경이, 다른 많은 사람들과 함께 말을 타고 갔는데, 그들은 이 완두콩 뿌리 아래 3야드 공간에 단단하고 바위 같은 돌 외에는 아무것도 발견하지 못했다. 그 뿌리는 크고 길었으며, 매우 달콤했다." 그는 또한 게스너가 카이우스 박사에게서, 그곳에 수천 명의 사람들을 먹일 만큼 충분히 있었다는 것을 알게 되었다고 우리에게 말한다. 그는 계속해서 말한다. "그것들은 의심할 여지없이 여러 해 전에 그곳에서 자랐지만, 굶주림이 그들을 주목하게 하고, 그들의 창의력을 자극할 때까지는 관찰되지 않았다. 우리 사람들 사이에서는, 특히 이런 종류의 음식을 찾는 데 있어서, 보통 매우 둔하다. 나의 존경하는 친구 아르젠트 박사는 나에게 여러 해 전에 그가 이 장소에 있었고, 그의 하인에게 손으로 해변을 파헤쳐, 그가 그의 키와 같은 길이의 뿌리를 얻을 때까지 뿌리를 따라가게 했지만, 그 끝을 찾을 수 없었다고 말했다." 제라드는 그것들을 본 적이 없으며, 어떤 종류였는지 확신하지 못한다.

드와이트의 '뉴잉글랜드 여행기'에는, 트루로 주민들이 예전에는 매년 4월에 법의 권위 아래 정기적으로 해변풀을 심으라는 경고를 받았다고 기록되어 있다. 다른 곳에서 도로를 수리하라는 경고를 받는 것처럼 말이다. 그들은 풀을 뭉치로 파내어, 나중에 여러 개의 작은 뭉치로 나누어, 약 3피트 간격으로, 줄을 지어 심었는데, 이음매를 엇갈리게 하고 바람의 통과를 방해하도록 배열했다. 그것은 빠르게 퍼져나갔고, 익었을 때 씨앗의 무게가 풀의 이삭을 구부려, 바로 옆에 떨어져 거기서 싹을 틔웠다. 이런 방식으로, 예를 들어, 그들은 지난 세기에 바다가 넘쳤던 트루로와 프로빈스타운 사이의 케이프 부분을 다시 쌓아 올렸다. 그들은 지금 그 근처에 공공 도로를 가지고 있는데, 뿌리가 가득한 잔디를 바닥이 위로 오도록, 그리고 길 가운데는 이중으로, 모래 위에 촘촘하게 깔고, 그러고 나서 양쪽 모래 위에 6피트 정도 덤불을 고르게 펴고, 둑 위에는 위에서 설명한 대로 규칙적인 줄로 해변풀을 심고, 움푹한 곳에는 덤불 울타리를 박아 만들었다.

연방 정부의 관심이 케이프 코드 항구를 위협하는 모래의 침입에 처음 쏠린 것은 약 30년 전이었고, 당시 매사추세츠 주에서 현장을 조사하기 위해 위원들이 임명되었다. 그들은 1825년 6월에 보고했는데, "항구 맞은편, 케이프의 바다 쪽에서 나무와 덤불이 베어지고 해변풀이 파괴되어", 이전 14년 동안, "폭이 반 마일, 길이가 약 4.5마일"에 걸쳐, 땅의 원래 표면이 바람에 의해 파헤쳐져 항구 쪽으로 이동했다는 것이다. "몇 년 전에는 나무와 덤불로 덮인, 케이프에서 가장 높은 땅이었던 공간"이 "광활한 물결치는 모래의 황무지"를 드러냈고, 이전 12개월 동안, 모래가 "4.5마일에 걸쳐 평균 50로드 거리만큼 항구에 접근했다!" 그리고 그 진행을 막기 위한 조치가 취해지지 않는다면, 몇 년 안에 항구와 마을 모두를 파괴할 것이라고 했다. 따라서 그들은 10로드 폭, 4.5마일 길이에 걸쳐 곡선으로 해변풀을 심고, 소, 말, 양이 돌아다니는 것을 금지하고, 주민들이 덤불을 베는 것을 금지할 것을 권고했다.

나는 이 목적을 위해 총 3만 달러 정도가 배정되었다고 들었지만, 공공 자금이 으레 그렇듯, 이 중 상당 부분이 어리석게 사용되었다는 불평이 있었다. 어떤 사람들은 정부가 항구 보호를 위해 마을 뒤에 해변풀을 심는 동안, 주민들은 집터를 만들기 위해 손수레로 모래를 항구로 굴리고 있다고 말한다. 특허청은 최근에 이 풀의 씨앗을 네덜란드에서 수입하여 전국에 배포했지만, 아마도 우리는 네덜란드인들만큼이나 많이 가지고 있을 것이다.

그리하여 케이프 코드는, 말하자면, 무수한 작은 해변풀 밧줄로 하늘에 닻을 내리고 있으며, 만약 그것들이 끊어진다면, 완전히 난파되어 머지않아 바다로 가라앉을 것이다. 예전에는 소들이 마음대로 돌아다니도록 허용되었고, 그들은 케이프가 정박된 밧줄의 많은 가닥을 먹어치워, 황소가 풀 밧줄로 정박된 배를 풀어놓았듯이, 거의 표류하게 만들 뻔했다. 그러나 지금은 그들이 돌아다니는 것이 허용되지 않는다.

상당한 과세 재산이 있는 트루로의 일부가 최근에 프로빈스타운에 편입되었고, 한 트루로 사람은 나에게 그의 동네 사람들이 입법부에 그들의 영토 다음 1마일도 프로빈스타운에 편입시켜 달라고 청원할 것을 이야기하고 있다고 말했다. 그녀가 기름진 부분뿐만 아니라 마른 부분도 자기 몫을 차지하고, 그곳을 통과하는 도로를 관리하도록 하기 위해서였다. 그 전체 가치는 문자 그대로 케이프를 하나로 묶는 것이고, 심지어 이것도 항상 해내지는 못했다. 그러나 프로빈스타운은 그 선물을 완강히 거절한다.

바람이 북동쪽에서 너무 세차게 불어서, 춥기는 했지만, 우리는 아침 내내 들었던 대서양 쪽의 파도를 보기로 결심했다. 그래서 우리는 사막을 통해 동쪽으로 계속 나아가, 프로빈스타운 북동쪽에서 다시 해안에 이르렀고, 살을 에는 바람의 온전한 힘에 우리 자신을 노출시켰다. 그곳에는 넓은 여울이 있었고, 그 위로 바다가 큰 힘으로 부서졌다. 해안에서 반 마일 떨어진 곳까지는 온통 하얀 파도 덩어리였고, 바람과 함께 너무나 큰 소음을 내서, 우리는 거의 서로의 말을 들을 수 없었다. 이 해안 부분에 대해 이렇게 쓰여 있다. "북동풍 폭풍은, 선원들에게 가장 격렬하고 치명적인데, 종종 눈을 동반하며, 육지로 직접 분다. 강한 해류가 해안을 따라 흐른다. 게다가, 그런 폭풍이 부는 동안 배들은 만으로 들어가기 위해 북쪽으로 항해하려고 애쓴다. 만약 그들이 레이스 포인트를 피할 수 없다면, 바람이 그들을 해안으로 몰아붙이고, 난파는 불가피하다. 따라서, 해변은 어디에나 배의 파편으로 뒤덮여 있다." 그러나 하이랜드 등대가 세워진 이후로, 이 해안 부분은 덜 위험해졌고, 이전에는 거의 알려지지 않았던 그 등대 남쪽에서 더 많은 난파선이 발생한다고 한다.

이것은 우리가 목격한 가장 폭풍우 치는 바다였다. 내 동행은 나이아가라 폭포의 급류보다 더 거칠다고 단언했고, 물론 훨씬 더 큰 규모였다. 그것은 폭풍 속의 대양이었고, 맑고 추운 날이었으며, 시야에는 단 한 척의 돛단배만 있었는데, 그것은 마치 간절히 항구를 찾는 것처럼 몹시 힘겨워 보였다. 우리가 해안에 도착했을 때는 만조였고, 한 곳에서는 상당한 거리 동안, 각 파도가 너무 높이 솟구쳐서 그것과 둑 사이를 지나가기가 어려웠다. 더 남쪽, 둑이 더 높은 곳에서는, 그것을 시도하는 것이 위험했을 것이다. 케이프의 한 원주민은 나에게 여러 해 전에, 그의 놀이 친구 세 소년이 웰플리트의 이 해변에 난파선을 보러 갔다가, 바다가 물러갔을 때 난파선으로 달려갔고, 바다가 밀려왔을 때 그 앞에서 둑으로 달렸지만, 바다가 그들의 발뒤꿈치를 바짝 따라와, 둑이 무너져 그들을 산 채로 묻었다고 말했다.

그것은 포효하는 바다,
소리 높여 울리는 바다,—
그리고 둑의 정상들이
주위에서 울려 퍼지네, 바다가 토해내지며.

우리가 이 광경을 바라보고 서 있을 때, 우리는 점차 이곳에서의 낚시와 연못에서의 낚시가 모든 면에서 같지 않다는 것을 확신하게 되었다. 그리고 맑은 날씨와 잔잔한 바다를 기다리는 사람은 결코 고등어의 반짝이는 피부를 보지 못할 것이고, 주 의사당의 나무 상징보다 대구에 더 가까이 가지 못할 것이다.

 해안에 머물다가 바람에 거의 얼어 죽을 뻔하고, 자선 오두막에 피신할 준비가 되었을 때, 우리는 이제 케이프를 두 배 이상 돌았으므로, 비바람에 시달린 얼굴을 프로빈스타운과 만 쪽으로 다시 돌렸다.

프로빈스타운

다음 날 아침 일찍, 나는 우리 호텔 근처의 생선 창고로 걸어 들어갔는데, 그곳에서는 서너 명의 남자들이 소금에 절인 생선을 손수레에 싣고 나와 말리기 위해 펴는 일에 열중하고 있었다. 그들은 나에게 최근에 뱅크스에서 4만 4천 마리의 대구를 싣고 온 배가 들어왔다고 말했다. 티모시 드와이트는, 그가 프로빈스타운에 도착하기 직전에, "한 스쿠너가 그레이트 뱅크에서 5만 6천 마리의 생선, 거의 1,500퀸틀을 한 번의 항해로 잡아 들어왔는데, 돌아올 때 주 갑판이 잔잔한 날씨에 8인치나 물에 잠겨 있었다"고 말한다. 이 생선 창고의 대구는, 막 소금물에서 꺼내져, 몇 피트 깊이로 쌓여 있었고, 서너 명의 남자들이 소가죽 장화를 신고 그 위에 서서, 쇠로 된 뾰족한 끝이 하나 달린 도구로 그것들을 손수레에 던져 올리고 있었다. 담배를 씹던 한 젊은이는 생선 위에 반복해서 침을 뱉었다. 글쎄, 선생님, 나는 생각했다. 저 나이 든 남자가 당신을 보면, 당신에게 한마디 할 것이라고. 그러나 곧 나는 그 나이 든 남자도 똑같은 짓을 하는 것을 보았다. 그것은 나에게 스미르나의 무화과를 떠올리게 했다. "이 생선을 말리는 데 얼마나 걸립니까?" 내가 물었다.

"좋은 건조일 이틀이면 됩니다, 선생님."이라는 대답이 돌아왔다.

나는 길을 건너 다시 호텔로 들어가 아침 식사를 했고, 주인은 내가 "다진 생선이나 콩"을 먹을 것인지 물었다. 나는 콩을 택했다. 비록 그것들이 결코 내가 가장 좋아하는 음식은 아니었지만 말이다. 나는 다음 여름에 이곳에서 여전히 이 두 가지 선택지만 제안된다는 것을 알았고, 주인은 여전히 이 두 단어를 번갈아 가며 말하고 있었다. 전자의 요리에는 놀라울 정도로 많은 생선이 들어 있었다. 내륙으로 여행할수록 감자가 우세해진다. 우연히도, 나는 케이프에서 어떤 종류의 신선한 생선도 맛보지 못했고, 그곳에서는 시골에서만큼 많이 사용되지 않는다고 확신했다. 그곳은 생선을 말리는 곳이고, 때로는 여행객들이 생선 먹는 것을 그만두게 되는 곳이다. 프로빈스타운에서는 신선한 고기가 도축되지 않았고, 공공 숙소에서 사용되는 소량의 고기는 증기선으로 보스턴에서 가져왔다.

이곳의 많은 집들은 사방으로 문턱까지 바싹 붙어 있는 생선 건조대로 둘러싸여 있었고, 정문까지는 폭이 23피트에 불과한 좁은 통로만 있었다. 그래서 꽃밭이나 잔디밭을 내다보는 대신, 뒤집어 놓은 대구 수십 평방 로드를 내다보게 되었다. 이 화단들은 한여름의 좋은 건조일에는 꽃밭과 가장 닮지 않았다고 한다. 모든 시대와 양식의 건조대가 있었고, 어떤 것들은 너무 녹슬고 이끼가 자라서, 이곳 어업의 창시자들을 섬겼을지도 모른다는 생각이 들 정도였다. 어떤 것들은 연이은 수확의 무게에 무너져 내렸다. 이때 주민들의 주된 일은 아침에 생선을 수레로 내다 펴고, 밤에 들여오는 것 같았다. 나는 일찍 나온 게으름뱅이들이, 맑은 날 하루를 온전히 활용하고 싶어 하는 이웃의 생선을 수레로 내다주는 일거리를 얼마나 많이 얻는지 보았다. 이제, 나는 소금에 절인 생선이 어디서 잡히는지 알았다. 그것들은 사방에 등을 대고 누워 있었고, 쇄골이 군함 수병의 재킷 옷깃처럼 튀어나와, 모든 것을 그들의 품속에서 쉬라고 초대하고 있었다. 그리고 몇 가지 예외를 제외하고는, 모든 것이 그 초대를 받아들였다. 그런데, 만약 당신이 작은 소년 주위에 큰 소금에 절인 생선을 감싼다면, 그는 내가 많은 사람들이 훈련소에 입고 가는 것과 같은 패션의 코트를 입게 될 것이라고 생각한다. 소금에 절인 생선은 부두에 쌓여 있었는데, 껍질이 남겨진 단풍나무와 노란 자작나무 장작처럼 보였다. 나는 처음에 그것들을 이것으로 착각했고, 어떤 의미에서는 그것들이 그랬다. 우리의 생명의 불을 유지하는 연료, 그랜드 뱅크스에서 자란 동부의 나무. 어떤 것들은 거대한 화분 모양으로 쌓여 있었는데, 꼬리를 바깥쪽으로 하여 작은 원으로 놓여 있었고, 각 원은 이전 것보다 연속적으로 더 커져서, 더미가 34피트 높이가 될 때까지 계속되었다. 그리고 나서는 원이 급격히 줄어들어 원뿔 모양의 지붕을 형성했다. 뉴브런즈윅 해안에서는 이것을 자작나무 껍질로 덮고, 그 위에 돌을 놓아, 비에 젖지 않게 만든 후, 수출을 위해 포장하기 전에 숙성시킨다.

가을에는 이곳의 소들이 때때로 대구 머리를 먹는다는 소문이 있다! 인간의 머리처럼 기묘하고 경이롭게 만들어진, 대구의 신성한 부분, 그 안에 뇌가 거의 덜 들어 있지 않은 그 부분이, 그런 최후를 맞이하다니! 소에게 씹히다니! 나는 공감으로 내 자신의 두개골이 깨지는 것을 느꼈다. 만약 인간의 머리가, 에테르의 섬에 사는 우월한 존재들의 소를 먹이기 위해 잘려나간다면 어떨까? 생각과 본능의 집인 당신의 훌륭한 뇌가, 반추 동물의 되새김질을 부풀리기 위해 사라져버린다!—그러나 한 주민은 나에게 그들이 소에게 대구 머리를 먹이는 것을 습관으로 삼지는 않는다고 확신시켜 주었다. 소들이 단지 때때로 그것들을 먹을 뿐이라고. 하지만 내가 평생 그곳에 살아도 그것을 결코 보지 못할 수도 있다고 했다. 소금이 부족한 소는 또한 때때로 건조대 위의 대구의 부드러운 부분을 모두 핥아먹기도 한다고 했다. 그는 내가 이것이 이 생선 이야기의 근거라고 믿게 하려 했다.

수천 년 동안, 라틴인과 그리스인들이 반복해온, 끊임없는 여행자의 이야기이자 아마도 중상모략일 것이다. 이 나라 또는 저 나라가 소, 말, 또는 양에게 생선을 먹인다는 것. 엘리안과 플리니에서 볼 수 있듯이. 그러나 알렉산더의 제독이었고, 기원전 326년에 인더스 강에서 유프라테스 강까지 항해한 네아르코스의 일지에는, 그가 익티오파기 또는 생선 먹는 사람들이라고 부른, 중간 해안 일부의 주민들이, 생선을 날것으로 먹고 또한 말려서 고래 척추를 절구 삼아 빻아 반죽으로 만들었을 뿐만 아니라, 해안에 풀이 없었기 때문에, 그들의 가축에게도 주었다고 한다. 그리고 여러 현대 여행가들—브레이보사, 니부르, 그리고 다른 사람들—도 같은 보고를 한다. 따라서 증거를 비교해 볼 때, 나는 여전히 프로빈스타운 소들에 대해 의심하고 있다. 다른 가축들에 관해서는, 1779년 쿡 선장의 일지를 이어받은 킹 선장은 캄차카의 개들에 대해 이렇게 말한다. "겨울에 그들의 음식은 전적으로 연어의 머리, 내장, 그리고 등뼈로 이루어져 있는데, 이것들은 그 목적을 위해 따로 두어 말린다. 그리고 이 식단으로 그들은 인색하게 먹여진다." (쿡의 일지, 7권, 315쪽.)

우리가 물고기 같은 문제들을 다루고 있으므로, 플리니가 말한 것을 삽입하겠다. "알렉산더 대왕의 함대 사령관들은 아라비스 강둑에 사는 게드로시족이 물고기의 턱뼈로 집 문을 만들고, 그 뼈로 지붕 서까래를 만드는 습관이 있다고 전했다." 스트라보는 익티오파기족에 대해서도 같은 말을 한다. "아르두앵은 그의 시대의 바스크인들이 길이가 20피트를 초과하는 고래 갈비뼈로 정원 울타리를 치는 습관이 있었다고 말한다. 그리고 퀴비에는 현재 노르웨이에서는 고래 턱뼈가 건물 기둥이나 지주를 만드는 데 사용된다고 말한다." 헤로도토스는 트라키아의 프라시아스 호수 주민들(말뚝 위에 사는)이 "말과 짐을 나르는 짐승들에게 사료로 생선을 준다"고 말한다.

프로빈스타운은 소위 번성하는 마을인 듯했다.

일부 주민들은 내가 그들이 대체로 잘 사는 것처럼 보이지 않느냐고 물었다. 나는 그렇다고 말하고, 구빈원에 몇 명이 있는지 물었다. "오, 한두 명뿐이오. 허약하거나 백치요."라고 그들은 대답했다. 집과 상점의 외관은 종종 그 내부의 안락함과 심지어 풍요로움이 반증하는 가난을 암시했다. 당신은 안식일 아침에 섬세하게 차려입은 한 숙녀가, 교회에서 나와, 그녀를 맞이하기에 적합한 집이 없어 보이는 모래 언덕 사이를 걸어가는 것을 만날 수도 있었을 것이다. 그러나 의심할 여지없이, 집의 내부는 숙녀의 외관에 부응했을 것이다. 주민들의 내면에 관해서는, 나는 여전히 어둠 속에 있다. 나는 거리에서 만난 몇몇 사람들과 약간의 교류를 가졌고, 거칠고, 유망해 보이지 않는 표본들의 지성을 발견하고 종종 기분 좋게 실망했다. 아니, 나는 다음 여름에 특별한 초대로 한 시민을 방문하기까지 했다. 나는 그가 그 안식일 저녁에, 내가 그에게 들어오기를 준비하며, 그의 앞문간에 앉아 있는 것을 발견했다. 그러나 그의 개방적인 집을 유지하는 명성에 불행하게도, 그의 문간에는 가장 큰 종류의, 그리고 완전히 온전한, 원형 거미줄이 쳐져 있었다. 이것이 너무나 불길해 보여서, 나는 실제로 옆으로 돌아 뒷길로 들어갔다.

이 월요일 아침은 육지와 물 모두 아름답게 온화하고 고요하여, 우리에게 만(灣)을 건너는 순조로운 항해를 약속했다. 그리고 어부들은 그것이 그 전의 춥고 바람 부는 날만큼 좋은 건조일이 되지 않을까 두려워했다. 이보다 더 큰 대조는 거의 없었을 것이다. 이것은 인디언 서머의 첫날이었다. 비록 늦은 아침 시간에 우리는 마을 뒤 모래 속의 우물들이 여전히 밤에 형성된 얼음으로 덮여 있는 것을 발견했지만 말이다. 바람과 해로 인해 나의 가장 두드러진 특징은 완전히 허물을 벗었다. 그러나 나는 당신에게 장담하건대, 나를 방랑에서 치료하는 데는 좋은 건조일 이틀 이상이 걸릴 것이다. 섕크-페인터 늪 근처의 언덕들을 탐험하고, 그 분야에서 약간의 일을 마친 후, 우리는 마을이 내려다보이는 가장 높은 모래 언덕에, 공중에, 두 모래 언덕 사이에 걸쳐진 긴 널빤지 위에 자리를 잡았다. 그곳에서는 몇몇 소년들이 헛되이 연을 날리려고 애쓰고 있었다. 그리고 우리는 그날 오전 내내 그곳에 머물며, 평온한 항구를 내다보고, 롱 포인트 앞바다에서 휘슬 소리를 들었을 때 배에 탈 준비를 하기 위해, 웰플리트에서 오는 증기선의 첫 모습을 기다렸다.

그동안 우리는 소년들에게서 얻을 수 있는 것을 얻었다. 프로빈스타운 소년들은 물론 모두 선원이고 선원의 눈을 가지고 있다. 지난여름 우리가 하이랜드 등대에 있었을 때, 프로빈스타운 항구에서 7~8마일 떨어진 곳에서, 어느 일요일 아침, 잘 알려진 요트인 올라타 호가 보스턴에서 들어왔는지, 그래서 우리가 그 배를 타고 돌아갈 수 있는지 알고 싶었을 때, 식탁에 우연히 앉아 있던 열 살쯤 된 프로빈스타운 소년이 들어왔다고 말했다. 내가 어떻게 아느냐고 물었다. "방금 들어오는 걸 봤어요." 그가 말했다. 내가 그가 그렇게 멀리서 다른 배들과 구별할 수 있다는 것에 놀라움을 표하자, 그는 그 두 돛대 스쿠너들이 그렇게 많지 않아서, 그 배를 알아볼 수 있다고 말했다. 팰프리는 반스터블에서의 연설에서, 오리가 물에 뛰어드는 것은 반스터블 소년보다 더 확실한 본능이 아니라고 말했다. [그는 케이프 코드 소년이라고 말했을 수도 있다.] 그는 아기 띠에서 삭구로 뛰어오른다. 그것은 어머니의 무릎에서 돛대 꼭대기로의 도약에 불과하다. 그는 유아기의 독백에서 나침반을 돌린다. 그는 연을 날릴 때쯤이면 돛을 다루고, 줄이고, 조종할 수 있다.

이날은 바로 바다와 육지가 내려다보이는 언덕에 앉아, 거기서 명상하기에 선택했을 바로 그날이었다. 고등어 떼는 아침에 둥지를 떠나 먼 들판으로 흩어지는 닭들처럼, 스쿠너에 스쿠너를 이어, 케이프를 돌아 빠르게 떠나고 있었다. 염전의 거북이 등 같은 창고들은 마을 바로 뒤, 언덕의 모든 구석에 빽빽하게 들어차 있었고, 지금은 한가한 그들의 풍차들은 해안을 따라 늘어서 있었다. 이 거의 필수품인 것이, 태양을 일꾼으로 삼고, 큰 시설의 잡일을 할 단 한 명의 견습생과 함께, 얼마나 거칠고 단순한 화학으로 얻어지는지 볼 가치가 있었다. 그것은 일종의 열대 노동이었고, 가장 햇볕이 잘 드는 계절에 행해졌다. 금이나 다이아몬드 세척보다 더 흥미로웠는데, 내 생각에 그것은 멀리서 보면 다소 비슷했다. 생필품 생산에 있어서 자연은 기꺼이 인간을 돕는다. 헐에서 본, 켈프 줄기를 태우고 재를 끓이는 칼륨 공장에서도 마찬가지였다. 진실로, 실험실에 생짜 아일랜드인 대여섯 명이 있을 때, 화학은 머리카락을 쪼개는 일이 아니다. 모래 언덕에서 반사되는 햇빛과, 항구로 흘러드는 민물이 전혀 없기 때문에, 같은 면적의 표면이 카운티의 다른 어떤 지역보다 더 많은 소금을 생산한다고 한다. 약간의 비는 공기를 맑게 하고, 소금을 빠르고 좋게 만드는 데 필요하다고 여겨진다. 페인트가 마르지 않듯이, 복날 날씨에는 물이 증발하지 않기 때문이다. 그러나 그들은 지금, 케이프의 다른 곳에서처럼, 염전을 부수고 목재용으로 팔고 있었다.

그 높은 곳에서 우리는 마치 지붕이 걷힌 것처럼 주민들의 활동을 거의 완벽하게 내려다볼 수 있었다. 그들은 집 주위의 고리버들로 엮은 건조대를 소금에 절인 생선으로 부지런히 덮고 있었고, 우리는 이제 뒷마당이 앞마당만큼이나 이 목적을 위해 활용되고 있다는 것을 보았다. 거의 모든 마당에서 우리는 이 보물들이 수레에 실려 나와 체계적으로 펼쳐지고 있는 작은 건물을 발견했고, 생선을 펴는 데에도 기술과 요령이 있으며, 분업이 유익하게 실행되고 있다는 것을 보았다. 한 남자는 자기 소가 그것들을 먹기 위해 울타리 너머로 목을 뻗은 코 바로 앞에서 자기 생선을 몇 인치 뒤로 빼고 있었다. 그것은 옷을 말리는 것처럼 꽤 가정적인 일처럼 보였고, 실제로 카운티의 일부 지역에서는 여자들도 그 일에 참여한다.

나는 케이프의 여러 곳에서 일종의 옷 건조대를 보았다. 그들은 땅에 덤불을 펴고, 그 주위에 울타리를 치고, 그러고 나서 그 위에 옷을 널어, 모래로부터 보호한다. 이것이 케이프 코드의 빨랫줄이다.

모래는 이곳의 큰 적이다. 일부 언덕 꼭대기는 울타리로 둘러싸여 있었고, 모든 사람이 그 울타리 안으로 들어가는 것을 금지하는 팻말이 세워져 있었다. 그들의 발이 모래를 흐트러뜨려, 날리거나 미끄러지게 할까 염려되었기 때문이다. 주민들은 생선 건조대, 콩 지지대, 완두콩 덤불 등을 위해 마을 뒤에서 나무를 베려면 당국의 허가를 받아야 한다고 한다. 비록 우리가 들은 바로는, 허가 없이 마을의 한 부분에서 다른 부분으로 나무를 옮겨 심을 수는 있지만 말이다. 모래는 눈처럼 날리고, 때로는 집의 아래층이 그것에 가려지기도 한다. 비록 벽으로 막혀 있지만 말이다. 예전에는 집을 말뚝 위에 지었는데, 날리는 모래가 그 아래로 지나갈 수 있도록 하기 위해서였다. 우리는 여전히 말뚝 위에 서 있는 몇 채의 낡은 집을 보았지만, 지금은 더 젊은 이웃들에 의해 보호받으며, 판자로 막혀 있었다. 우리가 앉아 있던 언덕 바로 아래에는 학교 건물이 하나 있었는데, 책상 꼭대기까지 모래로 가득 차 있었고, 물론 선생님과 학생들은 도망쳤다. 아마도 그들은 어느 날 부주의하게 창문을 열어두었거나, 깨진 유리창을 고치는 것을 게을리했을 것이다. 그러나 한 곳에서는 "고운 모래 판매"라고 광고되어 있었다. 나는 내 눈을 거의 믿을 수 없었다. 아마도 거리의 일부를 체로 친 것일 것이다. 사람이 가장 가치 없는 것에 자신을 섞음으로써 가치를 부여한다는 사실의 좋은 예이다. 그 규칙에 따르면, 우리는 케이프 코드의 뒤편 전체에 가치를 부여했음에 틀림없다. 그러나 나는 만약 그들이 "기름진 흙", 혹은 아마도 "고운 모래 처리", 아, 그리고 "여기서 신발 비우기"라고 광고할 수 있었다면, 그것이 더 매력적이었을 것이라고 생각했다. 우리가 마을을 내려다볼 때, 나는 아마도 널빤지 끝 너머에 사는 한 남자가, 일종의 설피를 신고 그것을 향해 조종하고 방향을 바꾸는 것을 본 것 같았지만, 내가 착각했을 수도 있다. 프로빈스타운의 어떤 그림에서는 주민들의 모습이 발목 아래로는 그려져 있지 않은데, 그만큼 모래에 묻혀 있다고 생각되기 때문이다. 그럼에도 불구하고, 프로빈스타운 원주민들은 나에게 길 한가운데를 슬리퍼를 신고도 문제없이 걸을 수 있다고 확신시켜 주었다. 그들은 모래를 들이지 않고 발을 내려놓고 들어 올리는 법을 배웠기 때문이다. 한 남자는 밤에 자기 펌프스에서 모래알 대여섯 개를 발견하면 놀랄 것이라고 말했고, 게다가 젊은 아가씨들은 각 걸음마다 신발을 비우는 능숙한 방법이 있는데, 낯선 사람이 배우려면 오랜 시간이 걸릴 것이라고 말했다. 역마차 바퀴의 타이어는 폭이 약 5인치였고, 케이프의 마차 타이어는 일반적으로 12인치 더 넓었다. 모래가 다른 곳보다 12인치 더 깊기 때문이다. 나는 아기 유모차의 타이어가 표면 가까이 유지하기 위해 폭이 6인치인 것을 보았다. 바퀴가 더 피곤할수록, 말은 덜 피곤하다. 그러나 우리가 프로빈스타운에 있었던 이틀 밤낮 동안, 우리는 단 한 대의 말과 수레만 보았고, 그것들은 관을 운반하고 있었다. 그들은 평범한 경우에는 그런 실험을 하지 않았다. 다음 여름에 나는 나를 항구로 30로드 데려다준 이륜 마차만 보았다. 증기선으로 가는 길에. 그러나 우리는 1791년에 이곳에 말 두 마리와 소 두 마리가 있었다고 읽었고, 우리가 그곳에 있었을 때는 역마차 팀 외에도 몇 마리가 더 있었다고 들었다. 바버의 '역사 컬렉션'에는, "그곳에서는 바퀴 달린 마차가 너무 드물어서, 젊은 세대에게는 다소 호기심의 대상이다. 육지 여행보다 바다 항해를 훨씬 더 잘 이해하는 한 소년이, 거리에서 마차를 모는 남자를 보고, 그가 키의 도움 없이 그렇게 똑바로 운전할 수 있다는 것에 놀라움을 표했다"고 쓰여 있다. 수레의 덜컹거리는 소리는 없었고, 수레가 있었더라도 덜컹거리는 소리는 없었을 것이다. 저녁에 호텔을 지나간 몇몇 승마용 말들은, 작가가 종이에 모래를 듬뿍 뿌리는 것처럼, 단지 모래를 날리는 바스락거리는 소리만 냈을 뿐, 그들의 발굽 소리는 없었다. 의심할 여지없이, 현재는 그곳에 더 많은 말과 수레가 있다. 케이프에서는 썰매를 결코 볼 수 없거나, 적어도 큰 신기한 구경거리이다. 눈이 모래에 흡수되거나 눈 더미로 날아가기 때문이다.

그럼에도 불구하고, 케이프 주민들은 일반적으

로 자신들의 "토양"에 대해 불평하지 않고, 자신들의 생선을 말리기에는 충분히 좋다고 당신에게 말할 것이다.

이 모든 모래에도 불구하고, 우리는 이 거리에 세 개의 집회소와, 거의 그만큼 큰 네 개의 학교 건물을 세웠다. 비록 어떤 것들은 그 안의 땅을 평평하고 단단하게 보존하기 위해 촘촘한 판자 울타리를 둘러 쌌지만 말이다. 많은 집들에서 불과 1피트 이내에 있는 비슷한 울타리들은, 마을에 그렇지 않았을 때보다 덜 쾌활하고 덜 환대하는 모습을 주었다. 그들은 우리에게, 전체적으로, 지난 10년 동안 모래가 진전하지 않았다고 말했다. 소들이 더 이상 마음대로 돌아다니는 것이 허용되지 않고, 모래의 조수를 막기 위해 모든 수단이 동원되고 있기 때문이다.

1727년 프로빈스타운은 그 장려를 위해 "특별한 특권을 부여받았다". 한두 번은 거의 버려졌지만, 지금은 거리의 부지가 높은 가격에 거래된다. 비록 그곳의 소유권은 처음에는 점유와 개량으로 얻어졌고, 여전히 양도 증서만으로 이전되지만, 마을은 주의 재산이다. 그러나 거리의 부지가 그토록 가치 있었음에도 불구하고, 당신은 많은 곳에서 그 위로 돌을 던져, 사람이 여전히 땅, 즉 모래를, 그 위에 불법 점유하거나 개량함으로써 얻을 수 있는 곳까지 던질 수 있었을 것이다.

케이프에서는 돌이 매우 드물다. 나는 내 산책길에서 한두 곳에서 포장과 둑 벽에 사용된 아주 작은 돌 몇 개를 보았지만, 그것들은 너무 희귀해서, 내가 들은 바로는, 배들이 밸러스트용으로 해변에서 그것들을 가져가는 것이 금지되었고, 그래서 그들의 선원들은 밤에 상륙하여 그것들을 훔치곤 했다. 나는 올리언스 아래에서는 정규적인 돌담 한 로드도 듣지 못했다. 그러나 나는 이스트햄에서 한 남자가 "바위"라고 부르는 것들로 새 집의 기초를 다지는 것을 보았는데, 그는 이웃이 여러 해 동안 큰 고생 끝에 모아 마침내 그에게 넘겨주었다고 말했다. 나는 이것이 기록될 만한 가치가 있는 선물이라고 생각했다. 거의 캘리포니아 "바위"의 양도와 맞먹는. 그를 돕고 있던, 그리고 자연을 면밀히 관찰하는 것처럼 보였던 또 다른 남자는, 내가 낯선 사람이고, 아마도 그것을 가져가지 않을 것이라고 보았기 때문에, 그 근처에 있는 "둘레가 42걸음이고 높이가 15피트"인 바위의 위치를 나에게 넌지시 알려주었다. 그러나 나는 케이프 팔뚝의 몇 안 되는 큰 바위들의 위치가 주민들에게 일반적으로 잘 알려져 있다고 의심한다. 나는 심지어 광물학에 대해 약간의 지식을 가진 한 남자를 만났지만, 그가 그것을 어디서 주워들었는지 짐작할 수 없었다. 나는 그가 만약 본토, 예를 들어 코하셋이나 마블헤드를 방문한다면, 그가 깨뜨릴 흥미로운 지질학적 난제들을 만날 것이라고 생각했다.

하이랜드 등대의 우물 돌은 힝엄에서 가져왔지만, 케이프의 우물과 지하실은 일반적으로 벽돌로 지어지는데, 이것 또한 수입된다. 지하실은 우물과 마찬가지로, 모래가 벽을 밀어 넣는 것을 막기 위해 원형으로 만들어진다. 전자는 직경이 9~12피트에 불과하며, 훨씬 더 큰 규모의 지하실에도 벽돌 한 겹이면 충분하기 때문에 매우 저렴하다고 한다. 물론, 만약 당신이 모래 속에 산다면, 뿌리채소를 보관하기 위해 큰 지하실이 필요하지 않을 것이다. 프로빈스타운에서는, 예전에 그들이 모래가 집 밑으로 밀려 들어와 지하실의 모든 흔적을 지워버리도록 내버려 두었을 때, 그들은 하나에 넣을 채소를 재배하지 않았다. 50부셸의 감자를 재배한 웰플리트의 한 농부는, 나에게 그의 집 한쪽 구석 아래에 있는, 직경이 9피트도 채 안 되는, 마치 저수조처럼 보이는 그의 지하실을 보여주었다. 그러나 그는 그의 헛간 아래에도 같은 크기의 또 다른 지하실을 가지고 있었다.

케이프 해안 근처 어디에서든 몇 피트만 파면 민물을 찾을 수 있다. 그러나 우리가 맛본 물은 변함없이 좋지 않았다. 비록 주민들은 그것을 좋다고 불렀지만, 마치 소금물과 비교하는 것 같았다. 트루로에 대한 기록에는, "해안 근처에 판 우물은 썰물 때, 혹은 오히려 소위 '젊은 밀물' 때 마르지만, 밀물이 들어오면서 다시 채워진다"고 쓰여 있다. 모래 속에서 가장 낮은 소금물이, 겉보기에는 민물을 위로 밀어 올리는 것이다. 건조한 계절에 해변에 있는 프로빈스타운 정원의 푸르름에 놀라움을 표하면, 그들은 때때로 조수가 그들에게 습기를 밀어 올린다고 말할 것이다. 대양 한가운데 있는 낮은 모래톱, 아마도 썰물 때만

드러나는 것들조차도, 목마른 선원이 자신을 공급할 수 있는 민물의 저수지라는 것은 흥미로운 사실이다. 그것들은 거대한 스펀지처럼, 그 위에 내리는 비와 이슬을 머금고, 모세관 현상에 의해 주변의 소금물과 섞이는 것을 막는 것처럼 보인다.

    프로빈스타운 항구는—우리가 앉은 자리에서 만의 대부분과 넓은 바다를 내려다보았는데—당연히 유명하다. 그것은 남쪽으로 열려 있고, 바위가 없으며, 결코 얼지 않는다. 그곳에서 보이는 유일한 얼음은 때때로 반스터블이나 플리머스에서 떠내려온다고 한다. 드와이트는 "미국 해안에 만연하는 폭풍은 일반적으로 동쪽에서 오며, 200마일 이내의 바람이 부는 해안에는 다른 항구가 없다"고 말한다. 이 항구와 인접 해역을 매우 세밀하고 철저하게 측량한 J. D. 그레이엄은 "그 용량, 수심, 훌륭한 정박지, 그리고 모든 바람으로부터 제공하는 완벽한 피난처가 결합하여, 우리 해안에서 가장 가치 있는 선박 항구 중 하나로 만든다"고 말한다. 그것은 케이프의 항구이자, 일반적으로 매사추세츠 어부들의 항구이다. 그것은 플리머스 정착보다 적어도 몇 년 전에 항해사들에게 알려져 있었다. 1614년 날짜의 존 스미스 선장의 뉴잉글랜드 지도에는, 그곳이 밀포드 헤이븐이라는 이름을, 매사추세츠 만은 스튜어드 만이라는 이름을 가지고 있다. 찰스 왕자 전하께서 케이프 코드의 이름을 케이프 제임스로 바꾸셨지만, 왕자들조차도 항상 이름을 더 나쁜 것으로 바꿀 힘을 가지고 있지는 않다.

그리고 코튼 매더가 말했듯이, 케이프 코드는 "그 가장 높은 언덕 위에서 대구 떼가 헤엄치는 것이 보일 때까지 결코 잃지 않을 이름이라고 나는 생각한다."

많은 초기 항해사들이 예기치 않게 이 갈고리에 걸려, 만(灣)에 갇힌 자신을 발견했다. 연속적인 지도들에서, 케이프 코드는 프랑스어, 네덜란드어, 그리고 영어 이름들로 뿌려져 나타나는데, 그것이 뉴프랑스, 뉴홀랜드, 그리고 뉴잉글랜드의 일부였기 때문이다. 한 지도에서는 프로빈스타운 항구가 "푸익(보닛?)만"이라고 불리고, 반스터블 만은 "스테이튼 만", 그리고 그 북쪽의 바다는 "마레 델 노르트", 즉 북해라고 불린다. 다른 지도에서는, 케이프 끝이 "스테이튼 훅", 즉 주(州)의 갈고리라고 불린다. 또 다른 지도, 영의 지도에서는, 이것이 "노르트 제", "스테이튼 훅" 또는 "힛 훅"이라고 되어 있지만, 케임브리지의 사본에는 날짜가 없다. 케이프 전체가 "뉴 홀란트"(허드슨의 이름을 따서)라고 불린다. 그리고 또 다른 지도에서는, 레이스 포인트와 우드 엔드 사이의 해안이 "베베시에"라고 불리는 것 같다. 샹플랭의 훌륭한 뉴프랑스 지도, 즉 내가 아는 한 현재 뉴잉글랜드 해안의 가장 오래된 식별 가능한 지도를 포함하는 지도에서는, 케이프 코드가 그 모래의 색깔 때문에 "C. 블랑"(즉, 흰곶)이라고 불리고, 매사추세츠 만은 "베이 블랑슈"라고 불린다. 그곳은 1605년에 드 몽과 샹플랭에 의해 방문되었고, 이듬해에는 푸아트랭구르와 샹플랭에 의해 더 탐험되었다. 후자는 그의 '항해기'에서 이 탐험들에 대한 상세한 기록과 함께, 그 항구들 중 두 곳―말레 바르, 즉 나쁜 여울(노셋 항구?), 지금은 프랑스인들이 캡 바튀리에라고 불렀던 곳에 적용되는 이름, 그리고 포르 포르튄, 즉 채텀 항구로 보이는 곳―의 개별적인 해도와 수심 측량을 함께 제공했다. 이 두 이름 모두 오길비의 '아메리카'에 있는 "노비 벨기" 지도에 복사되어 있다. 그는 또한 야만인들의 풍습과 관습을 상세하게 묘사하고, 야만인들이 프랑스인들을 기습하여 5~6명을 죽이는 장면을 판화로 표현했다. 프랑스인들은 나중에 원주민 몇 명을 죽였고, 복수심에 몇 명을 데려가 포트 로열의 맷돌에서 빻게 하고 싶어 했다.

영어로, 1604년에서 1608년 사이에 프랑스인들이 현재 뉴잉글랜드 해안이라고 불리는 곳을 탐험한 것에 대한 적절하거나 정확한 기록이 없다는 것은 주목할 만하다. 비록 그들이 그때 북미 대륙에서 세인트 오거스틴 북쪽의 최초의 영구적인 유럽인 정착지를 만들었다고 인정되지만 말이다. 만약 사자들이 화가였다면, 그것은 달랐을 것이다. 이 누락은 아마도 샹플랭의 '항해기' 초기 판본이 이 목적을 위해 참조되지 않았다는 사실에 부분적으로 기인할 것이다. 이것은 우리가 뉴잉글랜드의 필그림 이전 역사라고 부를 수 있는 것 중에서, 단연코 가장 상세하고, 내 생각에 가장 흥미로운 장을 포함하고 있으며, 4절판 160페이지에 달한다. 그러나 플리머스 록의 역사가나 웅변가에게는 똑같이 알려지지 않은 것 같다. 뱅크로프트는 드 몽의 원정에 대한 권위자들 중에서 샹플랭을 전혀 언급하지 않으며, 그가 뉴잉글랜드 해안을 방문했다는 말도 하지 않는다. 비록 그가 드 몽의 조타수라는 칭호를 가졌지만, 그는 다른 의미에서 원정의 주도적인 정신이자 역사가였다. 홈스, 힐드레스, 배리, 그리고 샹플랭을 언급하는 우리의 모든 역사가들은 분명히 1632년 판본을 참조하는데, 그 판본에서는 우리 항구 등의 모든 개별적인 해도와 이야기의 약 절반이 생략되어 있다. 저자가 그 후 너무나 많은 땅을 탐험했기 때문에, 그가 했던 일의 일부를 잊을 여유가 있었기 때문이다. 힐드레스는 드 몽의 원정에 대해 말하면서, "그는 2년 전에 프링이 발견했던 페놉스콧 강을 들여다보았다[1605년]"고 말하며, 1604년에 샹플랭이 드 몽을 위해 그 강을 광범위하게 탐험한 것에 대해서는 아무 말도 하지 않는다(홈스는 1608년이라고 말하며 퍼처스를 참조한다). 또한 그는 프링의 항로를 따라 해안을 "말라바르라고 불렀던 케이프 코드까지" 따라갔다고 말한다. (핼리버튼은 1829년에 그보다 먼저 같은 주장을 했다. 그는 그것을 캡 블랑이라고 불렀고, 말레 바르(나쁜 여울)는 케이프 동쪽의 한 항구에 주어진 이름이었다.) 프링은 그곳에 강이 있다는 말은 전혀 하지 않는다. 벨크냅은 웨이머스가 1605년에 그것을 발견했다고 말한다. F. 고지스 경은 그의 이야기(메인 역사 컬렉션, 2권, 19쪽), 1658년에서, 프링이 1606년에 "모든 강과 항구를 완벽하게 발견했다"고 말한다. 이것이 내가 찾을 수 있는 전부이다. 뱅크로프트는 샹플랭이 메인 주에서 더 서쪽에 있는 강들을 발견했다고 말하며, 페놉스콧 강은 이름도 대지 않는다. 그러나 그는 이 강의 거리를 발견한 사람임에 틀림없다(벨크냅, 147쪽 참조). 프링은 영국을 떠난 지 약 6개월 만에 돌아왔고, 케이프 코드의 이 부분(말라바르)을 지나 항해했는데, 그곳에서는 사사프라스가 나지 않았기 때문이다. 반면에 프랑스인들은, 아마도 프링에 대해 들어본 적이 없었을 텐데, 정착지를 찾아 수년 동안 끈기 있게 해안을 탐험하며, 그 항구들을 측량하고 조사했다.

1614-15년의 관찰을 바탕으로 1616년에 출판된 존 스미스의 지도는 많은 사람들에게 뉴잉글랜드의 가장 오래된 지도로 여겨진다. 그것은 이 나라가 뉴잉글랜드라고 불린 후에 만들어진 최초의 지도이다. 그가 그렇게 불렀기 때문이다. 그러나 1613년에 인쇄된 샹플랭의 '항해기'(그리고 1612년의 레스카르보는 그의 항해에 대한 더 이른 기록을 인용한다)에는, 그것이 기독교 세계에 뉴프랑스로 알려졌을 때 만들어진 지도가 있다. '왕을 위한 평범한 선장인 생통주 출신 샹플랭 경이 제작한 뉴프랑스의 지리 지도, —1612년에 제작됨'라고 불리며, 1604년에서 1607년 사이의 그의 관찰을 바탕으로 만들어졌다. 래브라도에서 케이프 코드까지, 그리고 서쪽으로는 오대호까지 뻗어 있으며, 지리적, 민족지학적, 동물학적, 식물학적 정보로 가득 차 있다. 그는 심지어 그 당시 해안의 여러 지역에서 자신이 관찰한 나침반의 편차까지 제공한다. 이것은, 이 책에 포함된, 우리 해안의 항구들과 그 수심에 대한 많은 개

별적인 해도들과 함께―그중에는, 퀴니베퀴(케네벡), 슈아코이트 강(사코강), 르 보 포르, 포르 생루이(케이프 앤 근처), 그리고 우리 해안의 다른 곳들―그러나 1632년 판본에는 없는 것들과 함께, 이것을 뉴잉글랜드와 인접한 북부 해안의, 거의 반세기 후까지 만들어진 것보다 더 완벽한 지도로 만든다. 우리는 거의, 또 다른 프랑스인, 데 바르가 우리를 위해 또 다른 지도를 만들 때까지, 그것이 우리 최근의 해안 측량에 의해서만 대체되었다고 말할 수 있을 것이다. 이 해안의 오랫동안 만들어진 대부분의 지도들은 샹플랭에게 빚을 졌음을 드러낸다. 그는 숙련된 항해사였고, 과학자였으며, 프랑스 왕의 지리학자였다. 그는 대서양을 약 20번 건넜고, 그것을 아무렇지도 않게 여겼다. 종종 오늘날에는 거의 아무도 감히 바다로 나가지 못할 작은 배를 타고. 그리고 한번은 타두삭에서 생말로까지 18일 만에 항해를 마쳤다. 그는 1604년 5월부터 1607년 9월까지, 즉 약 3년 반 동안, 이 근처, 즉 노바스코샤 주 아나폴리스와 케이프 코드 사이에서, 땅과 그 주민들을 관찰하고, 해안 지도를 만들었다. 그리고 그는 항구를 측량하는 자신의 방법을 상세하게 묘사했다. 그 자신의 설명에 따르면, 그의 지도의 일부는 1604년(?)에 새겨졌다. 1606년에 퐁-그라베와 다른 사람들이 프랑스로 돌아갔을 때, 그는 푸아트랭쿠르와 함께 포트 로열에 남았다. "하나님의 도움으로." 그기 말한다. "내가 시작했던 해안의 지도를 완성하기 위해서." 그리고 다시, 존 스미스가 아메리카의 이 지역을 방문하기 전에 인쇄된 그의 책에서, 그는 말한다. "나는 내가 할 수 있는 한 내 의무를 다했다고 생각한다. 만약 내가 본 모든 것을 내 지도에 넣는 것을 잊지 않았고, 다른 어떤 사람이 이전에 그것에 대해 썼을지라도, 내가 한 것처럼 그렇게 상세하게 묘사되거나 발견된 적이 없는 것에 대해 대중에게 특별한 지식을 주었다면 말이다. 그러나 그것은 우리가 지난 10년 동안 발견한 것에 비하면 매우 작은 일이었다."

필그림의 후손들이 일반적으로 기억하지 못하거나, 알지 못하는 것은, 그들의 조상들이 신세계에서 첫 번째 기억에 남는 겨울을 보내고 있을 때, 그들에게는 300마일 떨어진 포트 로열(노바스코샤 주 아나폴리스)에 프랑스인 식민지가 이웃으로 있었다는 것이다(프린스는 약 500마일로 추정하는 것 같다). 그곳에서, 많은 우여곡절에도 불구하고, 그들은 15년 동안 있었다. 그들은 1606년 초에 그곳에 제분소를 지었고, 또한 1606년에 한 개울에서 벽돌과 테레빈유를 만들었다고 윌리엄슨은 말한다. 개신교도였던 드 몽은 그의 목사를 데려왔는데, 그는 종교 문제로 가톨릭 신부와 주먹다짐을 했다. 이 아카디의 창시자들이 필그림들 못지않게 고난을 겪었고, 그들 중 거의 같은 비율—79명 중 35명(윌리엄슨의 메인 주 역사에는 70명 중 36명)—이 1604-5년, 16년 더 이른 첫 겨울에 세인트 크로이에서 죽었음에도 불구하고, 내가 아는 한, 어떤 웅변가도 그들의 기업을 찬양한 적이 없다(윌리엄슨의 메인 주 역사는 상당히 그렇다). 반면에 그들의 후계자들과 후손들이 영국인들의 손에서 겪은 시련은 역사가와 시인 모두에게 주제를 제공했다. (뱅크로프트의 역사와 롱펠로의 에반젤린 참조) 세인트 크로이에 있는 그들의 요새 유적은 지난 세기 말에 발견되었고, 진정한 세인트 크로이, 즉 우리의 경계가 어디인지를 결정하는 데 도움이 되었다.

그 프랑스인들의 묘비는 아마도 엘리자베스 제도 북쪽의 뉴잉글랜드에서 가장 오래된 영국 기념물, 혹은 아마도 뉴잉글랜드 어디에서든 가장 오래된 것보다 더 오래되었을 것이다. 만약 고스놀드의 창고 흔적이 남아 있다면, 그의 견고한 공사는 사라졌기 때문이다. 뱅크로프트는 1837년에 "요새의 폐허를 식별하려면 믿는 눈이 필요하다"고 신중하게 말하며, 1837년에는 요새의 폐허가 없었다고 한다. 찰스 T. 잭슨 박사는 나에게 1827년 지질 조사 중에, 노바스코샤 주 아나폴리스(포트 로열) 맞은편 고트 섬에서, 프리메이슨 문장과 1606년 날짜가 새겨진, 현무암 판으로 된 묘비를 발견했다고 말했다. 이것은 필그림들이 상륙하기 14년 전이다. 이것은 노바스코샤의 핼리버튼 판사에게 남겨졌다.

1613년에는, 필그림들이 자신들의 종교를 즐기기 위해 이곳에 오기 여러 해 전에, 예수회 신부들이 당시 세인트 세이비어라고 불렸던 마운트 데저트에서 야만인들을 개종시키고 있었다. 그들은 1611년에 포트 로열로 건너왔지만, 거의 즉시 영국인들에게 방해를 받았다. 이것은 샹플랭에 따른 것이다. 샤를부아도 같은 말을 한다. 그리고 1611년에 프랑스에서 온후, 1612년에 포트 로열에서 서쪽으로 케네벡까지 해안을 따라 갔고, 종종 포트 로열에서 마운트 데저트로 옮겨졌다.

실제로, 영국인의 뉴잉글랜드 역사는 그것이 뉴프랑스가 아니게 될 때 비로소 시작된다. 비록 캐벗이 북미 대륙을 처음 발견했지만, 1632년에 인쇄된 샹플랭의 '항해기' 판본에서, 영국인들이 한동안 퀘벡과 포트 로열을 점령한 후, 그는 적지 않은 정당성을 가지고 불평한다. "모든 유럽의 공통된 동의는 뉴프랑스가 적어도 위도 35도와 36도까지 뻗어 있다고 나타내는 것이다. 스페인, 이탈리아, 네덜란드, 플랑드르, 독일, 그리고 영국에서 인쇄된 세계 지도에서 볼 수 있듯이, 그들이 아카디, 에체민(메인과 뉴브런즈윅), 알무치코아(매사추세츠?), 그리고 세인트로렌스 대강이 있는 뉴프랑스 해안을 점령하기 전까지는 말이다. 그곳에서 그들은 자신들의 상상에 따라 뉴잉글랜드, 스코틀랜드, 그리고 다른 이름들을 붙였다. 그러나 모든 기독교 세계에 알려진 것을 기억에서 지우기는 쉽지 않다."

캐벗이 단지 사람이 살지 않는 래브라도 해안에 상륙했다는 사실이, 영국에게 뉴잉글랜드나 미국 전체에 대한 정당한 소유권을 부여하지는 않는다. 파타고니아에 대한 것보다 더 그렇지 않다. 그의 신중한 전기 작가(비들)는 그가 보고된 대로 미국 해안을 따라 내려간 것이 어느 항해에서였는지 확신하지 못하며,

아무도 그가 무엇을 보았는지 우리에게 말해주지 않는다. 뉴욕 역사 컬렉션, 1권, 28쪽에서 밀러는 그가 어디에도 상륙한 것 같지 않다고 말한다. 이것과 대조적으로, 베라차니는 뉴잉글랜드 해안의 한 곳에서 15일 동안 머물렀고, 그곳에서 내륙으로 자주 탐험을 나갔다. 1524년에 프란시스 1세에게 보낸 그의 편지에는 "미국 대서양 연안에 대한 현존하는 가장 오래된 원본 기록"이 담겨 있다는 것이 우연이다. 그리고 그때부터 그 북부 지역은 '라 테라 프란체세', 즉 프랑스 땅이라고 불리기 시작했다. 그 일부는 뉴잉글랜드라고 불리기 전에 뉴홀랜드라고 불렸다. 영국인들은 자신들이 우연히 발견한 대륙을 탐험하고 정착하는 데 매우 뒤처져 있었다. 프랑스인들은 북미 대륙을 식민지화하려는 시도(캐롤라이나와 플로리다, 1562-4)와, 그들의 첫 번째 영구 정착지(포트로열, 1605) 모두에서 그들을 앞섰다. 그리고 소유권은, 당연하게도, 헨리 7세 시대부터 영국이 스페인, 포르투갈, 그리고 프랑스의 경우에 주로 존중하고 인정한 것이었다.

프랑스인들의 탐험은 세계에 이 해안들의 첫 번째 가치 있는 지도를 제공했다. 옹플뢰르의 드니는 1506년에 세인트로렌스 만 지도를 만들었다. 1535년에 카르티에가 세인트로렌스 강을 탐험하자마자, 그의 동포들은 몬트리올까지의 그 강에 대한 놀라울 정도로 정확한 해도들을 출판하기 시작했다. 그 후 한 세대 이상 동안 해도에서 당신이 인식하는 것은 플로리다 북쪽의 대륙 거의 전부이다. 비록 베라차니의 조잡한 도면(프랑스 후원으로 만들어짐)이, 그의 항해(1524년) 후 50년 이상이 지난 후에도, 해클루이트에 의해 우리 해안의 가장 정확한 표현으로 여겨졌지만 말이다. 프랑스의 흔적은 뚜렷하다. 그들은 측정하고 수심을 재며 갔고, 집에 돌아왔을 때는 그들의 항해와 탐험에 대해 보여줄 것이 있었다. 캐벗의 해도처럼 그들의 해도가 분실될 위험은 없었다.

그 시대의 가장 뛰어난 항해사들은 이탈리아인이거나 이탈리아계, 그리고 포르투갈인이었다. 프랑스인과 스페인인은, 전자에 비해 항해술이 덜 발달했지만, 영국인보다 더 많은 상상력과 모험 정신을 가지고 있었고, 1751년만큼 늦게까지도 신대륙의 탐험가가 되기에 더 적합했다.

이 정신이 바로 프랑스인들을 북쪽의 오대호와 미시시피 강으로, 스페인인을 남쪽의 같은 강으로 그토록 일찍 이끌었던 것이다. 우리의 국경이 서쪽의 그들의 정착지에 도달하기까지는 오랜 시간이 걸렸고, 보이저(voyageur)나 쿠뢰르 드 부아(coureur de bois)는 여전히 그곳에서 우리의 안내자이다. 프레리(Prairie)는 프랑스어이고, 시에라(Sierra)는 스페인어이다. 플로리다의 오거스틴과 뉴멕시코의 산타페[1582년]는, 둘 다 스페인인에 의해 건설되었으며, 미국에서 가장 오래된 도시로 여겨진다. 가장 나이 많은 사람의 기억 속에서, 앵글로-아메리카인들은 애팔래치아 산맥과 바다 사이, "폭이 200마일도 안 되는 공간"에 갇혀 있었고, 미시시피 강은 조약에 의해 뉴프랑스의 동쪽 경계였다. (존 바트람 경의 여행기와 함께 묶인, 1763년 런던에서 출판된 오하이오 정착에 관한 소책자 참조) 내륙 발견에 관한 한, 영국인들의 모험 정신은 단 하루만 상륙하는 선원들의 정신이었고, 그들의 기업은 상인들의 기업이었다. 캐벗은, 만약 그가 보고된 대로, 아메리카 대륙 발견과 관련하여, 그것이 북쪽으로 향하는 것을 발견했을 때, 그것이 인도로 가는 길에 있어 그에게 큰 실망이었다고 말했다면, 그가 그랬던 것처럼 영국인처럼 말한 것이다. 그러나 우리는 그토록 위대한 발견자의 명성에 흠집을 내기보다는 더하고 싶다.

새뮤얼 펜할로우는 그의 역사서(보스턴, 1726년), 51쪽에서, "포트 로열과 노바스코샤"에 대해 말하면서, 후자에 대해 "그것의 첫 번째 점령은 헨리 7세 왕 치하에 영국 왕실을 위해 세바스찬 코벳 경에 의해 이루어졌다. 그러나 1621년까지는 잠잠했다"고 말한다. 그때 윌리엄 알렉산더 경이 그곳의 특허를 얻어 몇 년 동안 소유했고, 그 후 데이비드 커크 경이 그곳의 소유주였지만, 머지않아, "모든 생각하는 사람들을 놀라게도, 그것은 프랑스인들에게 넘겨졌다."

1633년만큼 늦게까지도, 우리는 매사추세츠 식민지의 첫 번째 총독인 윈스럽이, 잘못된 정보를 얻을 가능성이 가장 적고, 게다가 와추셋 산을 발견했다는 명성(40마일 내륙에서 식별했다)을 가진 그가, 코네티컷 강과 "포토맥" 강이 발원하는 근처의 "오대호"와 "그 수변의 끔찍한 늪"에 대해 이야기하는 것을 본다. 그리고 1642년의 기억에 남는 사건들 중에서 그는 아일랜드인 다비 필드의 "흰 언덕" 원정을 기록하는데, 그 꼭대기에서 그는 동쪽으로 "캐나다 만이라고 판단한 것"을, 서쪽으로 "캐나다 강이 나오는 큰 호수라고 판단한 것"을 보았고, 그곳에서 많은 "모스크바 유리"를 발견했으며, "길이 40피트, 너비 7~8피트의 조각들을 쪼개낼 수 있었다." 뉴잉글랜드의 바로 그 주민들이, 그들에게는 미지의 땅이었던, 100마일 내륙의 시골에 대해 이렇게 꾸며내고 있는 동안—혹은 오히려 언급된 가장 이른 날짜보다 여러 해 전에—캐나다의 첫 번째 총독인 샹플랭은, 전세기의 카르티에[10], 로베르발, 그리고 다른 사람들의 내륙 발견과, 그 자신의 더 이른 항해는 말할 것도 없고, 이미 그들의 숲속 요새에서 이로쿼이족과 전쟁을 벌였고, 오대호까지 침투하여 그곳에서 겨울을 났는데, 필그림이 뉴잉글랜드에 대해 듣기도 전이었다.

1613년에 인쇄된 샹플랭의 '항해기'에는, 1609년 7월, 플리머스 정착 11년 전에, 샹플랭 호수 남쪽 끝 근처에서 그가 캐나다 인디언들을 도와 이로쿼이족과 싸운 전투를 묘사한 판화가 있다. 뱅크로프트는 그가 뉴욕 북서부의 이로쿼이족, 즉 오대 부족에 대한 원정에서 앨곤퀸족과 합류했다고 말한다. 이것이

---

10 카르티에가 본 뉴잉글랜드의 첫 번째, 아니 유일한 부분이 버몬트였다는 것은 주목할 만하다(그는 뉴욕의 산들도 보았다). 1535년 몬트리올 산에서, 고스놀드가 케이프 코드를 보기 67년 전이다. 만약 보는 것이 발견하는 것이라면—그리고 그것이 캐벗이 미국 해안에 대해 알았던 전부라는 것이 증명된 전부라면—그렇다면 카르티에(베라차니와 고메즈는 생략하고)가 일반적으로 그렇게 불리는 고스놀드보다 뉴잉글랜드의 발견자였다.

바로 그 "오대호"인데, 영국인들은 오랜 후에 프랑스인들에게서 어떤 소문을 듣고, "라코니아라는 상상의 주"에 위치시키고, 1630년경 몇 년 동안 그것을 발견하려는 헛된 시도를 했다. (퍼디난도 고지스 경, 메인 역사 컬렉션, 2권, 68쪽.) 토머스 모턴은 이 "오대호"에 대한 장을 가지고 있다. 1632년 날짜의 샹플랭 지도 판본에는 나이아가라 폭포가 나타난다. 그리고 메르 두스(휴런호) 북서쪽의 큰 호수에는 섬이 하나 그려져 있는데, 그 위에는 "'구리 광산이 있는 섬'이라고 쓰여 있다. 이것은 우리 총독의 "모스크바 유리"에 대한 반박으로 충분할 것이다. 이 모든 모험과 발견에 대해, 우리는 해도와 수심 측량뿐만 아니라, 사실과 날짜를 제공하는, 상세하고 충실한 기록을 가지고 있다. 모두 과학적이고 프랑스인답게, 꾸며낸 이야기나 여행담은 거의 하나도 없다.

아마도 케이프 코드는 17세기보다 훨씬 이전에 유럽인들이 방문했을 것이다. 캐벗 자신이 그것을 보았을지도 모른다. 베라차니는 1524년에, 자신의 설명에 따르면, 위도 41도 40분(어떤 이들은 뉴포트 항구라고 추측한다)의 우리 해안에서 15일을 보냈고, 그곳에서 내륙으로 5~6리그를 자주 들어갔으며, 거기서부터 곧장 북동쪽으로 150리그를 항해했는데, 항상 해안이 보이는 곳이었다고 말한다. 해클루이트의 '다양한 항해기'에는 베라차니의 도면에 따라 만들어진 해도가 있는데, 후사는 해글무이브에 의해 그 정확성을 칭찬받았다. 그러나 나는 그 위에서 케이프 코드를 구별할 수 없다. 만약 그것이 블록 섬이라고 생각되는 '클라우디아'에서 서쪽으로 10도 떨어진, 올바른 위도에 있는 'C. 아레나스'가 아니라면 말이다.

'세계 인명 사전'은 우리에게 "1529년에 스페인의 우주지리학자 디에고 리베이로가 그린 고대 필사본 해도는 고메즈[샤를 5세가 파견한 포르투갈인]의 항해에 대한 기억을 보존하고 있다. 그 안에는 뉴욕, 코네티컷, 로드아일랜드 주가 차지하는 장소 아래에, '에티엔 고메즈의 땅, 그가 1525년에 발견했다(Terre d'Etienne Gomez, qu'il découvrit en 1525)'라고 쓰여 있다"고 알려준다. 이 해도는 회고록과 함께 지난 세기에 바이마르에서 출판되었다.

1642년 캐나다에서 로베르발의 조타수였던 장 알퐁스는, 당대 가장 숙련된 항해사 중 한 명으로, 세인트로렌스 강을 항해하는 데 놀라울 정도로 상세하고 정확한 지침을 제공하여, 그가 무엇을 말하는지 알고 있음을 보여준다. 그의 '항해 안내서'(해클루이트에 있다)에서 그는 이렇게 말한다. "나는 노림베그[페놉스콧?]와 플로리다 사이, 42도까지의 만에 가본 적이 있지만, 그 바닥을 탐험하지는 않았고, 그것이 한 땅에서 다른 땅으로, 즉 아시아로 통하는지 알지 못한다." ("J'ai été à une Baye jusques par les 42e degres entre la Norimbegue et la Floride; mais je n'en ai pas cherché le fond, et ne sçais pas si elle passe d'une terre à l'autre.") 이것은 매사추세츠 만을 가리킬 수도 있고, 혹은 조금 더 남쪽의 해안의 서쪽 경사를 가리킬 수도 있다. 그가 "나는 노림베그가 캐나다 강으로 들어간다고 의심하지 않는다"고 말할 때, 그는 아마도 인디언들이 세인트존 강이나 페놉스콧 강, 혹은 심지어 허드슨 강을 통해 세인트로렌스 강에서 대서양으로 가는 경로에 대해 준 어떤 설명을 그렇게 해석하고 있을 것이다.

우리는 이 "노럼베가"라는 나라와 그 대도시에 대한 소문을 여러 곳에서 듣는다. 라무시오의 제3권(1556-65)에 실린 한 위대한 프랑스 선장의 담화에서는, 이것이 그 주민들이 그 땅에 붙인 이름이라고 하며, 베라차니가 그 발견자로 불린다. 1607년의 또 다른 기록에서는 원주민들이 그것, 혹은 그 강을 아군시아라고 불렀다고 한다. 그것은 첨부된 해도에서 섬으로 표현되어 있다. 그것은 옛 작가들에 의해 캐나다와 플로리다 사이의 불확실한 범위의 나라로 자주 언급되며, 해클루이트의 '다양한 항해기'에 있는 베라차니의 도면에 따라 만들어진 지도에서는 케이프 브레튼이 동쪽 끝에 있는 큰 섬으로 나타난다. 이 지도들과 소문들이, 뉴잉글랜드가 섬이라는, 초기 정착민들 사이에 흔했던 개념의 기원이었을지도 모른다. 노럼베가라는 나라와 도시는 오르텔리우스의 지도('세계의 극장', 안트베르펜, 1570년)에서 현재 메인 주가 있는 곳쯤에 나타나며, "R. 그란데"는 페놉스콧 강이나 세인트존 강이 있을 만한 곳에 그려져 있다.

1604년, 샹플랭은 시외르 드 몽에 의해 노럼베그 해안을 탐험하라는 임무를 받고, 페놉스콧 강을 "일오트"에서 22~23리그, 즉 폭포에 막힐 때까지 거슬러 올라갔다. 그는 말한다. "나는 이 강이 많은 조타사와 역사가들이 노럼베그라고 부르는 강이며, 대부분이 크고 넓으며, 수많은 섬이 있고, 그 입구가 위도 43도나 43.5도, 혹은 다른 사람들에 따르면 44도, 그 이상 또는 그 이하라고 묘사한 강이라고 생각한다." 그는 그곳에 큰 도시가 있다고 말하는 "대부분"의 사람들이 그것을 본 적이 없고, 단지 소문을 반복할 뿐이라고 확신하지만, 그 강어귀가 그들의 묘사와 일치하기 때문에 일부는 보았을 것이라고 생각한다.

1607년 날짜 아래 샹플랭은 이렇게 쓴다. "포이트랭쿠르 곶[노바스코샤 주 펀디 만 상류 근처]에서 북쪽으로 3~4리그 떨어진 곳에서, 우리는 매우 오래되고, 이끼로 덮여 있으며, 거의 다 썩은 십자가를 발견했는데, 이것은 예전에 그곳에 기독교인들이 있었다는 명백한 증거였다."

또한 레스카르보의 다음 구절은 16세기에 인근 해안이 유럽인들에게 얼마나 자주 방문되었는지를 보여줄 것이다. 1607년에 포트 로열에서 프랑스로 돌아온 것에 대해 말하면서, 그는 이렇게 말한다. "마침내, 캄소[칸소 해협]에서 4리그 이내에, 우리는 한 항구[노바스코샤]에 도착했는데, 그곳에서는 생장 드 뤼즈 출신의 사발레 선장이라는 훌륭한 노신사가 낚시를 하고 있었고, 그는 우리를 최대한의 예의로 맞이했다. 그리고 작지만 매우 좋은 이 항구에는 이름이 없어서, 나는 내 지리 지도에 사발레라는 이름을 붙였다. [샹플랭의 지도에도 있다.] 이 훌륭한 사람은 우리에게 이 항해가 그가 그 지역으로 한 42번째 항해라고 말했고, 그런데도 뉴펀들랜드인들[테르 뇌비에]은 1년에 한 번만 한다. 그는 자신의 어업에 놀라울 정도로 만족했고, 매일 50크라운어치의 대구를 잡으며, 그의 항해가 1만 프랑의 가치가 있을 것이라고 우리에게 알려주었다. 그는 16명의 남자를 고용하고 있었고, 그의 배는 80톤으로, 10만 마리의 마른 대구를 실을 수 있었다." (누벨 프랑스 역사, 1612년.) 그들은 해안의 바위 위에서 생선을 말렸다.

"이솔라 델라 레나"는 라무시오의 제3권, 1556-65년 판본에 실린 "누오바 프란치아"와 노럼베가 해도에 첨부된 "담화"에 나타난다. 샹플랭은 1604년에 세이블 섬에 "포르투갈인들이 60년 이상 전에 그곳에 데려온 소와 암소들이 풀을 뜯고 있었다"고 말한다. 즉, 1613년보다 60년 전이다. 후기 판본에서는, 세이블 섬에 정착하려다 난파된 스페인 배에서 나온 것이라고 말한다. 그리고 그는 1598년부터 7년 동안 이 섬에 남겨진 드 라 로슈의 부하들이, 그들이 "양껏(en quantie)" 발견한 이 소들의 고기를 먹고 살았으며, 섬에 온 배들의 난파선으로 집을 지었다고 말한다("아마도 길버트의 배일 것이다"). 그곳에는 나무나 돌이 없었기 때문이다. 레스카르보는 그들이 "약 80년 전에 레리 남작과 생 쥐스트가 남겨둔 소들의 젖과 생선을 먹고 살았다"고 말한다. 샤를부아는 그들이 소를 다 먹어치우고 나서 생선을 먹고 살았다고 말한다. 핼리버튼은 그곳에 남겨진 소들에 대해 소문이라고 말한다.

뱅크로프트에 따르면, 레리 남작과 생 쥐스트는 1515년 초에 이미 세이블 섬에 식민지 계획을 제안했다. 샤를부아를 참조한다. 이것들은 내가 인용할 수 있는 몇 가지 예에 불과하다.

케이프 코드는 일반적으로 1602년에 발견되었다고 한다. 우리는 역사가 명확하게 식별하는 최초의 영국인들이 어떤 상황에서, 어떤 관찰과 기대를 가지고 뉴잉글랜드 해안에 접근했는지 자세히 살펴볼 것이다. 아처와 브레레턴(둘 다 고스놀드를 동행했다)의 기록에 따르면, 1602년 3월 26일 구력으로, 바솔로뮤 고스놀드 선장은 콩코드라는 작은 바크선을 타고 영국 팰머스에서 버지니아 북부로 출항했다. 한 기록에 따르면, 그들은 총 "32명이었는데, 그중 8명은 수병과 선원이었고, 12명은 발견 후 배를 타고 영국으로 돌아갈 예정이었으며, 나머지는 인구 증가를 위해 그곳에 남았다." 이것은 "영국인들이 뉴잉글랜드 경계 내에 정착하려는 최초의 시도"로 간주된다. 카나리아 제도를 경유하는 일반적인 경로보다 새롭고 더 짧은 경로를 따라, "이듬해 4월 14일" 그들은 아조레스 제도의 섬인 세인트 메리를 보았다. 그들의 선원들은 수가 적고 "최고는 아니었기 때문에"(나는 그들의 표현을 사용한다), 그리고 그들이 "미지의 해안으로 가고 있었기 때문에", 그들은 "맑은 날씨 외에는 해안에 가까이 다가서는 것을" "너무 대담하게" 여기지 않았다. 그래서 그들은 납으로 첫 번째 육지 발견을 했다. 4월 23일 바다는 노랗게 보였지만, 양동이에 물을 좀 떠

보니, "색깔이나 맛이 바다의 푸른색과 다르지 않았다." 5월 7일 그들은 그들이 아는 이름의 다양한 새들과, 그들의 "영어로는 이름이 없는" 다른 많은 새들을 보았다. 5월 8일 "물이 황록색으로 변했고, 70패덤에서" 그들은 "바닥을 짚었다." 9일, 그들은 납 위에 "많은 반짝이는 돌들"을 발견했는데, "바닥에 어떤 광물질이 있을 것을 약속하는 것 같았다." 10일, 그들은 세인트존스 섬 서쪽 끝 근처라고 생각되는 둑 위를 지나고 있었고, 물고기 떼를 보았다. 12일, 그들은 말한다. "끊임없이 우리 곁을 스쳐 지나가는 바다풀은, 북동쪽으로 움직이는 경로를 가진 것처럼 보였다." 13일, 그들은 "큰 해초 밭, 많은 나무, 그리고 다른 여러 가지 것들이 떠다니는 것을" 관찰했고, "스페인의 남부 곶과 안달루시아에서처럼 해안의 냄새를 맡았다." 금요일, 14일, 이른 아침에 그들은 북쪽, 위도 43도에서 육지를 발견했는데, 분명히 메인 주 해안의 일부였다. 윌리엄슨(메인 주 역사)은 그것이 확실히 쇼울스 섬 중앙 남쪽일 수 없었다고 말한다. 벨크냅은 그것이 케이프 앤 남쪽이라고 생각하는 경향이 있다. 해안을 따라 곧장 항해하다가, 같은 날 12시경, 그들은 닻을 내렸고, "비스케이 작은 배에 돛과 노를 달고"—"쇠 갈고리와 구리 주전자를 가지고"—그들에게 온 여덟 명의 야만인들의 방문을 받았다. 그들은 처음에 이들을 "고난에 처한 기독교인들"로 착각했다. 그들 중 한 명은 "우리 바다 방식대로 만든, 검은 서지로 된 조끼와 바지를 입고, 발에는 양말과 신발을 신고 있었다. 다른 모든 사람들은(파란 천으로 된 바지 한 벌을 입은 한 명을 제외하고는) 벌거벗고 있었다." 그들은 "생장 드 뤼즈의 바스크인들과 거래를 한 적이 있는 것 같았고, 우리가 언어가 부족하여 이해할 수 있었던 것보다 훨씬 더 많이 이해하는 것 같았다"고 영국인들은 말한다. 그러나 그들은 곧 "그들과 그들의 해안을 남겨두고 서쪽으로 돛을 올렸다." (이것은 발견자들에게는 주목할 만한 발견이었다.)

"15일." 가브리엘 아처는 쓴다. "우리는 다시 육지를 보았는데, 그것은 앞으로 나아가고 있었고, 우리가 생각하기에는 섬이었다. 서쪽으로 그것과 본토 사이에 큰 만이 보였기 때문이다. 그 서쪽 끝에 이르러, 우리는 큰 입구를 발견했고, 그것을 숄 호프라고 불렀다. 이 곳 근처에서 우리는 15패덤 깊이에 닻을 내렸고, 거기서 엄청난 양의 대구를 잡았다. 그래서 우리는 이름을 바꾸어 케이프 코드라고 불렀다. 여기서 우리는 청어, 고등어, 그리고 다른 작은 물고기들의 두개골을 엄청나게 많이 보았다. 이곳은 낮고 모래가 많은 여울이지만, 위험은 없다. 또한 우리는 위도 42도에서, 육지 바로 옆, 16패덤 깊이에 다시 닻을 내렸다. 이 곳은 폭이 거의 1마일이고, 북동쪽으로 동쪽으로 뻗어 있다. 선장은 이곳 해안에 상륙하여, 땅이 완두콩, 딸기, 월귤나무 등으로 가득 차 있지만, 그때는 아직 익지 않았다는 것을 발견했다. 해안가의 모래도 다소 깊었다. 우리가 거기서 가져온 땔감은 사이프러스, 자작나무, 위치하젤, 그리고 너도밤나무였다. 한 젊은 인디언이 활과 화살로 무장하고, 귀에 구리판 몇 개를 달고, 이곳 선장에게 왔다. 그는 우리의 일에 기꺼이 돕겠다는 뜻을 보였다."

"16일 우리는 남쪽으로 해안을 따라갔는데, 그곳은 모두 평야였고 풀로 가득했지만, 섬들은 다소 나무가 많았다."

혹은 존 브레레턴의 기록에 따르면, "여기서, 즉 그들이 처음으로 원주민들과 소통했던 곳에서, 그리 좋지 않은 항구에 정박하고, 게다가 날씨를 의심하며, 같은 날 오후 3시경에 우리는 닻을 올리고, 그 날 남은 시간과 다음 날 밤 내내, 신선한 바람을 맞으며 남쪽으로 바다로 나아갔다. 아침에 우리는 거대한 곳에 둘러싸여 있는 자신을 발견했다. 그러나 같은 날 9시경, 해안에서 1리그 이내에 닻을 내리고, 우리는 작은 배의 절반을 내리고, 바솔로뮤 고스놀드 선장, 나 자신, 그리고 다른 세 명이 상륙했는데, 희고 모래가 많으며 매우 가파른 해안이었다. 그리고 그날 오후 내내 머스킷 총을 목에 걸고, 우리가 본 가장 높은 언덕들을 행군했다(날씨는 매우 더웠다). 마침내 우리는 이 곳이 본토의 일부이며, 여러 섬들이 거의 그 주위를 둘러싸고 있다는 것을 알게 되었다. 그래서 저녁 무렵 작은 배로 돌아가면서(그때쯤에는 다른 부분이 해안으로 옮겨져 조립되었기 때문에), 우리는 한 인디언, 적당한 키에 유쾌한 얼굴을 한 젊은 남자를 발견했고, 그와 약간의 친분을 쌓은 후, 우리는 그를 바닷가에 남겨두고 배로 돌아왔다. 그곳에서 5~6시간 부재하는 동안, 우리는 배에 대구를 너무 많이 실어서, 다시 여러 마리를 바다에 던져버렸다. 그리고 확실히 나는 3월, 4월, 5월에는 이 해안에 뉴펀들랜드보다 더 좋은 낚시가 있고, 그만큼 풍부하다고 확신한다. 우리가 해안을 오가며 매일 본 고등어, 청어, 대구, 그리고 다른 물고기들의 떼는 놀라웠다." 등등.

"이곳에서 우리는 이 곳 주위를, 거의 나침반의 모든 방향으로 항해했는데, 해안은 매우 가파르다. 그러나 어떤 해안도 위험에서 자유롭지 않듯이, 나는 이곳이 다른 어떤 곳만큼이나 자유롭다고 확신한다. 땅은 다소 낮고, 훌륭한 숲으로 가득 차 있지만, 어떤 곳은 평평하다."

그들이 케이프의 어느 쪽에 상륙했는지는 명확하지 않다. 만약 브레레턴의 말, "이곳에서 우리는 이 곳 주위를 거의 나침반의 모든 방향으로 항해했다"에서 알 수 있듯이, 안쪽이었다면, 그것은 트루로나 웰플리트의 서쪽 해안이었음에 틀림없다. 케이프를 따라 반스터블 만으로 남쪽으로 항해하는 사람에게, 보이는 유일한 "희고, 모래가 많고, 매우 가파른 해안"은 이 마을들에 있다. 비록 그곳의 둑이 동쪽만큼 높지는 않지만 말이다. 4~5마일 떨어진 곳에서, 그곳의 모래 절벽은 노란 사암으로 된 긴 요새처럼 보인다. 너무나 평평하고 규칙적이기 때문이다. 특히 웰플리트에서는, 대양의 침식에 맞서 자신을 방어하는 육지의 요새이다. 그것들은 마치 칠해진 것처럼 여기저기 붉은 모래로 줄무늬가 있다. 더 남쪽으로 가면 해안은 더 평평하고, 덜 뚜렷하고 갑작스럽게 모래가 많으며, 습지의 여기저기 보이는 약간의 녹색 기운은 선원에게 희귀하고 귀중한 에메랄드처럼 보인다. 그러나 이듬해 프링의 항해 일지(그리고 프링과 함께 있었던 솔턴은 고스놀드를 동행했다)에는, "여기서 출발하여[즉, 새비지 록스에서] 우리는 고스놀드 선장이 전년에 지나쳤던 그 큰 만으로 향했다"고 쓰여 있다."

그래서 그들은 케이프를 돌아 항해하며, 남동쪽 끝을 "포인트 케이브"라고 불렀고, 마침내 마서스 빈야드(지금은 노 맨스 랜드라고 불린다)라는 이름의 섬에 이르렀고, 그들이 잠시 머물렀던 또 다른 섬에는 여왕을 기리기 위해 엘리자베스 섬이라는 이름을 붙였다. 그 후 그렇게 불리게 된 군도 중 하나로, 지금은 인디언 이름인 커티헝크로 알려져 있다. 그곳에서 그들은 작은 창고를 지었는데, 뉴잉글랜드에 영국인들이 지은 최초의 집이었고, 그 지하실은 최근까지도 볼 수 있었는데, 부분적으로는 해변에서 가져온 돌로 만들어졌다. 뱅크로프트는 (1837년 판) 요새의 폐허는 더 이상 식별할 수 없다고 말한다. 남기로 했던 사람들이 불만을 품게 되자, 모두 함께 사사프라스와 다른 상품들을 싣고, 이듬해 6월 18일에 영국으로 출항했다.

이듬해 마틴 프링이 사사프라스를 찾아왔고, 그

---

11 "새비지 록(Savage Rock)"은, 어떤 사람들은 그 이름 때문에, 케이프 앤의 록랜드에서 약 2마일 떨어진 암초인 샐비지스(Salvages)라고 추측했지만, 아마도 메인 주 요크 항구 동쪽 해안 근처의 크고 높은 바위인 너블(Nubble)이었을 것이다. 고스놀드가 처음 발견한 육지는 경험 많은 항해사들에 의해 같은 해안의 케이프 엘리자베스로 추정된다. (매사추세츠 주 글로스터의 역사, 밥슨 참조)

후로 사사프라스가 명성을 잃은 지 오래된 후까지, 그들은 떼를 지어 오기 시작했다.

이것들이 우리가 가지고 있는 케이프 코드에 대한 가장 오래된 기록이다. 만약 케이프 코드가, 어떤 사람들이 추측하듯이, 1004년에 에릭 더 레드의 아들 토르발드가 그린란드에서 남서쪽으로 여러 날 항해한 후 용골이 부러진 바로 그 "키알-아르-네스" 또는 용골 곶과 같은 곳이 아니라면 말이다. 그리고 다른, 어떤 면에서는 덜 신뢰할 만한 필사본에 따르면, 1007년에 토르핀 칼세프네[12]가, 그의 아내 구드리다, 스노레 토르브란드손, 비아르네 그리뇰프손, 그리고 토르할 감라손, 저명한 노르웨이인들과 함께, "160명의 남자와 온갖 종류의 가축(아마도 그중에는 최초의 노르웨이 쥐도 있었을 것이다)"을 실은 세 척의 배를 타고, 오른쪽에 땅을 두고 항해하다가, 해안에 상륙하여 길 없는 사막과 길고 좁은 해변과 모래 언덕을 발견하고, 그 해안을 경이로운 해변이라고 불렀다. 그것들을 항해하는 것이 길게 느껴졌기 때문이다.

아이슬란드 필사본에 따르면, 토르발드가 최초였다. 그렇다면, 아마도 986년에 아이슬란드에서 그린란드로 항해하여 그곳으로 이주한 아버지를 만나러 갔던, 여행에 대한 큰 열망에 사로잡혔던, 비아르네 헤리울프손(즉, 헤리울프의 아들)을 제외하고는 말이다. 그는, 필사본에 따르면, "이전의 모든 겨울처럼, 다

---

12 유능하거나 위대한 사람이 될 것을 약속하거나 운명 지어진 사람; 그는 뉴잉글랜드에서 아들을 낳았고, 그 아들로부터 조각가 토르발센이 후손이라고 한다

음 겨울도 아버지와 함께 보내기로 결심했다." 폭풍에 의해 남서쪽으로 멀리 밀려갔다가, 날이 개자, 멀리서 희미하게 보이는 케이프 코드의 낮은 땅을 보았다. 그러나 이것이 그린란드에 대한 설명과 일치하지 않았기 때문에, 그는 배를 돌려, 해안을 따라 북쪽으로 항해하여, 마침내 그린란드와 그의 아버지에게 도착했다. 어쨌든, 그는 아메리카 대륙의 발견자로 간주될 강력한 주장을 내세울 수 있다.

이 북유럽인들은 강인한 민족이었고, 그들의 젊은 아들들은 바다를 물려받아, 해도나 나침반 없이 그것을 횡단했다. 그리고 그들은 "바람을 타고 항해하는 기술을 처음으로 배운 사람들"이라고 한다. 더욱이, 그들은 문설주를 바다에 던져버리고, 해안에 닿는 곳마다 정착하는 습관이 있었다. 그러나 비아르네, 토르발드, 그리고 토르핀이 위도와 경도를 충분히 명확하게 언급하지 않았기 때문에, 비록 우리가 그들을 숙련되고 모험심 강한 항해사로서 크게 존경하지만, 우리는 당분간 그들이 어떤 곳을 보았는지에 대해 의심을 품을 수밖에 없다. 우리는 그들이 상당히 더 북쪽에 있었다고 생각한다.

시간과 공간이 허락한다면, 나는 다른 여러 훌륭한 사람들의 주장을 제시할 수 있을 것이다. 1609년 레스카르보는 프랑스 선원들이 "거의 모든 유럽을 먹여 살리고 모든 항해 선박에 공급하는 대구" 때문에, 태고적부터 뉴펀들랜드 뱅크스를 자주 찾았다고 주장한다. 그리고 따라서 "가장 가까운 땅의 언어는 절반이 바스크어"라고 한다. 그리고 그는 1510년에 태어난, 바스크인, 브르타뉴인, 노르만인들이 그랜드 뱅크와 인접 섬들을 발견했다고 하는 지 불과 6년 후에 태어난, 학식이 있지만 과장된 프랑스 작가 포스텔을, 그의 '지리 지도'에서 인용하는데, 우리는 그것을 보지 못했다. "이 땅은, 매우 수익성 높은 어업 때문에, 역사의 여명기부터 갈리아인들이 방문하곤 했고, 1600년 이상 전부터 자주 방문되곤 했다. 그러나 도시로 장식되지 않고 황량했기 때문에, 멸시받았다."

그것은 오래된 이야기이다. 밥 스미스가 광산을 발견했지만, 내가 그것을 세상에 알렸다. 그리고 이제 밥 스미스가 자신의 권리를 주장하고 있다.

그러나 포스텔과 그의 환상을 비웃지 말자. 그는 아마도 우리보다 더 잘 알고 있었을 것이다. 그리고 만약 그가 긴 활을 당기는 것처럼 보인다면, 그것은 그가 쏠 길이 멀었기 때문일지도 모른다. 대서양을 가로질러서 말이다. 만약 아메리카가 한 번 발견되었다가 다시 잃어버려졌다면, 우리 대부분이 믿듯이, 그렇다면 왜 두 번은 안 되겠는가? 특히 더 이른 발견에 대한 기록이 거의 없을 가능성이 높기 때문에. 역사가 무엇으로 만들어졌는지 생각해보라. 대부분은 단지 후손들이 합의한 이야기에 불과하다. 며칠 전 체르나야 전투에 얼마나 많은 러시아인이 참여했는지 누가 우리에게 말해줄 것인가? 그러나 의심할 여지없이, 역사가 스크리블러루스 씨는 학교 아이들이 그들의 훌륭한 기억력에 새기도록 명확한 숫자를 정할 것이다. 그렇다면 살라미스에서의 페르시아인의 수는 어떠한가? 내가 읽은 역사가는, 오늘날 언론 기사에서 최근 전투를 묘사하는 사람들이, 세부 사항이 도착하기 전에 그러하듯이, 마지막으로 언급된 사건에서의 양측의 위치와 전술에 대해 그만큼이나 알고 있었다. 나는 만약 내가 인류의 삶을 다시 한번 산다면(나는 돈을 받고도 하지 않을 것이다), 손에 세계사를 들고, 무엇이 무엇인지 구별할 수 없을 것이라고 믿는다.

포스텔이 언급한 날짜보다 더 이른 시기에는, 어쨌든, 케이프 코드는 문명 세계에 완전히 어둠 속에 놓여 있었다. 비록 그때조차도 해는 매일 동쪽 바다에서 솟아올라, 케이프를 굴러, 서쪽 만으로 졌지만 말이다. 그때조차도 그것은 곶과 만이었다. 아, 대구의 곶, 그리고 매사추세츠의 만이었을지도 모른다.

아주 최근, 1620년 11월 11일 구력으로, 잘 알려져 있듯이, 메이플라워 호의 필그림들이 케이프 코드 항구에 닻을 내렸다. 그들은 9월 6일에 영국 플리머스를 떠났고, '모트의 기록'의 말에 따르면, "거친 폭풍 속에서 많은 어려움을 겪은 후, 마침내 하나님의 섭리로, 11월 9일에, 우리는 육지를 발견했는데, 우리는 그것을 케이프 코드라고 생각했고, 그 후 그렇게 판명되었다. 11월 11일에 우리는 만(灣)에 닻을 내렸는데, 그곳은 좋은 항구이자 쾌적한 만이었고, 입구를 제외하고는 둥글게 둘러싸여 있었으며, 입구는 육지에서 육지까지 약 4마일 너비였고, 떡갈나무, 소나무, 주니퍼, 사사프라스, 그리고 다른 향기로운 나무들로 바다까지 둘러싸여 있었다. 그곳은 천 척의 배가 안전하게 정박할 수 있는 항구이다. 그곳에서 우리는 나무와 물로 기운을 차리고, 사람들을 쉬게 했으며, 그동안 우리의 작은 배는 정착지를 찾기 위해 만(灣)을 탐사할 준비를 했다." 그곳에서 우리는 풀러의 호텔에 묵었는데, 필그림 하우스는 우리에게 너무 비싸다고 지나쳤다(나중에 우리는 그렇게 까다로울 필요가 없었다는 것을 알았다). 그리고 우리는 다진 생선과 콩으로 기운을 차렸고, 그 외에도 액체(취하게 하는 것은 아니었다)를 보충했으며, 그동안 우리의 다리는 뒤편을 탐사할 준비를 했다. 필그림들은 더 나아가 말한다. "우리는 얕은 물 때문에 해안에 3/4 영국 마일 가까이 다가갈 수 없었다. 이것은 우리에게 큰 불이익이었다. 우리 사람들이 해안에 상륙할 때, 활 한 번 쏠 거리나 두 번 쏠 거리를 걸어서 상륙해야 했기 때문이다. 이로 인해 많은 사람들이 감기와 기침에 걸렸다. 여러 번 얼음처럼 추운 날씨였기 때문이다." 그들은 나중에 말한다. "그것은 우리에게 많은 약함을 가져왔다." 그리고 의심할 여지없이 그것은 플리머스에서 몇몇의 죽음으로 이어졌다.

프로빈스타운 항구는 해안 근처, 특히 필그림들이 상륙한 상류 부근이 매우 얕다. 다음 여름에 내가 이곳을 떠날 때, 증기선은 부두에 닿을 수 없었고, 우리는 얕은 물속에서 30로드나 되는 거리를 수레에 실려 큰 보트로 옮겨졌고, 그동안 작은 소년들 무리가 우리와 함께 물속을 걸어 다녔다. 그리고 거기서부터 우리는 밧줄을 잡고 증기선으로 갔다. 항구가 해안 주변이 이렇게 얕고 모래가 많기 때문에, 연안선들은 페인트를 칠하기 위해 이곳으로 들어오곤 하는데, 썰물 때 배들이 높고 건조하게 남겨진다.

우연히도, 우리가 그곳에 있었던 일요일 아침, 나는 부두 중 하나의 널빤지 더미 위에서 담배를 피우고 빈둥거리는 남자들 무리에 합류했다(nihil humanum a me, etc.). 그때 우리 주인, 일종의 십일조 징수원 같은 사람이, 배에 페인트를 칠하고 있던 선원들을 막으러 갔다. 우리 무리는 침대에서 막 나온 것처럼 눈을 비비며 온 다른 시민들에 의해 때때로 보충되었다. 그리고 한 노인은 나에게 그곳에서는 일요일에 아주 늦게까지 잠자리에 누워 있는 것이 관습이라고 말했다. 휴식의 날이기 때문이라고. 나는, 내 생각에, 그들이 우리 모두를 위해 남자들이 페인트를 칠하게 내버려 두는 것이 좋을 것이라고 말했다. 그것은 시끄러운 일이 아니었고, 우리의 기도를 방해하지 않을 것이었다. 그러나 무리 속의 한 젊은이가, 입에서 파이프를 빼고, 그것은 그가 인용한 하나님의 법에 대한 명백한 모순이며, 만약 그들이 그런 규정을 가지고 있지 않다면, 배들이 그곳에 들어와 타르를 칠하고, 삭구를 하고, 페인트를 칠할 것이고, 그들은 전혀 안식일이 없을 것이라고 말했다. 이것은 그가 종교의 이름으로 그것을 말하지 않았다면, 충분히 좋은 주장이었다. 다음 여름, 내가 어느 무더운 일요일 오후에 그곳 언덕에 앉아 있을 때, 집회소 창문이 열려 있었는데, 내 명상은 뱃사공처럼 소리치는, 조용한 분위기를 모독하는, 그리고 내가 상상하기로는, 코트를 벗었음에 틀림없는, 한 설교자의 소음에 의해 방해받았다. 이보다 더 역겹거나 낙담시키는 것은 거의 없었을 것이다. 나는 십일조 징수원이 그를 멈추게 하기를 바랐다.

필그림들은 말한다. "우리가 본 중 가장 많은 새들이 있었다."

우리는 그곳에서 다양한 종류의 갈매기 외에는 새를 보지 못했다. 그러나 우리가 본 중 가장 많은 새들은 항구 동쪽의, 물이 약간 덮인 갯벌 위에 있었다. 그리고 우리는 배에서 내린 한 남자가 그들을 쏘기 위해 해안을 따라 기어가는 것을 보았지만, 그들은 모두 일어나 큰 흩어진 무리로 날아가 버렸다. 그에게는 너무 빨랐다. 그들은 분명히 저녁을 먹었지만, 그는 먹지 못했다.

필그림들(또는 그들의 보고자)이 케이프의 이 부분을, 숲이 우거졌을 뿐만 아니라, 깊고 훌륭한 토양을 가지고 있다고 묘사하고, 모래라는 단어는 거의 언급하지 않는다는 것은 주목할 만하다. 지금 여행자를 놀라게 하는 것은 땅의 불모지와 황량함이다. 그들은 "땅 또는 흙은 모래 언덕이며, 네덜란드의 사구와 매우 비슷하지만, 흙의 껍질은 한 삽 깊이로, 훌륭한 검은 흙"이라고 발견했다. 우리는 흙이 껍질을 잃었다는 것을 발견했다. 만약, 실제로, 그것이 껍질을 가졌었다면 말이다. 그리고 말할 만한 토양이 없었다. 우리는 프로빈스타운에서, 늪을 제외하고는, 화분을 채울 만큼의 검은 흙도 보지 못했다. 그들은 그것이 "떡갈나무, 소나무, 사사프라스, 주니퍼, 자작나무, 호랑가시나무, 포도나무, 일부 물푸레나무, 호두나무로 모두 숲이 우거져 있었고, 숲은 대부분 개방되어 있고 덤불이 없어, 걷거나 타기에 적합했다"고 발견했다. 우리는 마을 동쪽 끝의 작은 낮은 숲과, 그 마당의 몇몇 관상수를 제외하고는, 나무라고 부를 만큼 높은 것을 거의 보지 못했다. 뒤쪽 모래 언덕에는 위 종류의 작은 표본 몇 개만 있었을 뿐이다. 그러나 그것은 모두 빽빽한 관목 숲이었고, 그 위에 큰 나무는 없었으며, 걷거나 타기에는 매우 부적합했다. 땅의 대부분은 노란 모래의 완벽한 사막이었고, 바람에 의해 파도처럼 잔물결이 일었으며, 그 안에는 여기저기 약간의 해변풀만 자랐다. 그들은 이스트 하버 크릭 상류를 막 지나자, 나뭇가지와 덤불이 그들의 "바로 그 갑옷을 조각조각 찢었다"고 말한다(우리가 호기심에 덤불 속으로 들어갔을 때, 우리가 입었던 갑옷에도 같은 일이 일어났다). 혹은 그들은 "덤불, 나무 덩굴, 그리고 긴 풀로 가득 찬" 깊은 계곡에 이르렀고, "민물 샘을 발견했다."

대부분의 경우 우리는 나뭇가지나 덤불은커녕, 만약 우리가 원한다면 우리 옷을 찢을 만한 관목조차 보지 못했고, 양은 양털을 만들 만큼의 풀을 찾더라도, 양털을 조금도 잃지 않을 것이다. 우리는 오히려 해변풀과 가난뱅이 풀을 보았고, 단지 표면을 물들일 만큼의 수영이만 보았다. 나는, 그렇다면, 우드게일(Woodgaile)로 그들이 베이베리를 의미한다고 생각한다.

모든 기록은 한 세기 전에 케이프의 이 부분이 비교적 숲이 우거졌다는 것을 확인하는 데 동의한다. 그러나 이러한 측면에서 큰 변화가 있었음에도 불구하고, 나는 우리가 이러한 문제에 대한 필그림들의 미숙함을 어느 정도 감안해야 한다고 생각하지 않을 수 없다. 그것이 그들로 하여금 녹색을 보게 만들었기 때문이다. 우리는 이곳의 나무들이 크거나 토양이 깊었다고 믿지 않는다. 그들의 기록은 부분적으로는 사실일 수 있지만, 일반적으로는 거짓이다. 그들은 비유적으로뿐만 아니라 문자 그대로, 케이프의 한쪽 면만 보았다. 그들은 그 불안한 항해 끝에 어떤 땅에든 도착한 것을 기뻐했기 때문에, 자연스럽게 그 땅의 아름다움과 매력을 과장했다. 모든 것이 그들에게는 장미색으로 보였고, 주니퍼와 사사프라스 향이 났다. 6년 전에 이 해안에 있었던 존 스미스 선장이 한 일반적이고 즉흥적인 설명과는 매우 다르다. 그는 세상을 너무 많이 보아 과장하거나, 심지어 그 일부에 오래 머물지 않는, 늙은 여행가, 항해사, 그리고 군인처럼 말한다. 1616년에 인쇄된 그의 '뉴잉글랜드에 대한 설명'에서, 플리머스라고 불리게 된 애코맥에 대해 말한 후, 그는 이렇게 말한다. "케이프 코드가 다음으로 나타나는데, 그것은 단지 관목 소나무, 허트[즉, 월귤나무], 그리고 그런 쓰레기로 뒤덮인 높은 모래 언덕의 곶일 뿐이지만, 모든 날씨에 훌륭한 항구이다. 이 곳은 한쪽은 본해에 의해, 다른 쪽은 큰 만에 의해, 낫 모양으로 만들어졌다." 샹플랭은 이미 이렇게 썼다. "우리는 그것을 캡 블랑(흰 곶)이라고 명명했는데, 그것들이 그렇게 보이는 모래와 사구(sables et dunes)였기 때문이다."

필그림들이 플리머스에 도착했을 때, 그들의 보고자는 다시 말한다. "땅은 흙의 껍질이 한 삽 깊이이다."—그것이 흙 껍질에 대한 그들의 비법인 것 같다.—"어떤 곳은 훌륭한 검은 흙이고 기름지다." 그러나, 어떤 사람들은 '모트의 기록'의 일부 저자로 여기는 브래드퍼드 자신에 따르면, 이듬해 포춘 호를 타고 온 사람들은 "케이프 코드 항구에 들어와, 벌거벗고 불모지인 곳 외에는 아무것도 보지 못했을 때" 다소 기가 죽었다. 그들은 곧 플리머스 토양의 좋음에 대한 자신들의 실수를 깨달았다. 그러나 마침내, 몇 년 후, 그들이 선택한 장소의 빈약함에 완전히 만족했을 때, "대부분은." 브래드퍼드는 말한다. "나우셋이라고 불리는 곳으로의 이주에 동의했다." 그들은 모두 함께 지금의 이스트햄인 나우셋으로 이주하기로 합의했는데, 그것은 프라이팬에서 불 속으로 뛰어드는 격이었다. 그리고 플리머스의 가장 존경받는 주민들 중 일부는 실제로 그곳으로 이주했다.

필그림들이 현대 개척자의 자질을 거의 가지고 있지 않았다는 것은 인정해야 한다. 그들은 미국 오지 사람들의 조상이 아니었다. 그들은 즉시 도끼를 들고 숲으로 들어가지 않았다. 그들은 가족이자 교회였고, 비록 모래 위일지라도, 신세계를 탐험하고 식민지화하는 것보다 함께 있는 것에 더 열심이었다. 위에서 언급한 무리가 이스트햄으로 이주했을 때, 플리머스 교회는, 브래드퍼드의 표현을 빌리자면, "늙고, 자식들에게 버림받은 늙은 어머니처럼" 남겨졌다. 비록 그들이 12월 9일(구력)에 플리머스 항구의 클라크 섬에 상륙했고, 16일에 모두 플리머스로 왔으며, 18일에 본토를 돌아다녔고, 19일에 그곳에 정착하기로 결정했지만, 프랜시스 빌링턴이 선장의 동료 중 한 명과 함께, 그가 나무 꼭대기에서 발견하고 큰 바다로 착각했던, 약 2마일 떨어진, 지금은 "빌링턴 해"라고 불리는 웅장한 연못이나 호수를 보러 간 것은 1월 8일이었다. 그리고 3월 7일 "카버 씨와 다른 다섯 명이 훌륭한 낚시터로 보이는 큰 연못으로 갔다." 이 두 지점 모두, 아무리 시골이 야생적이라도, 평범한 오후 산책의 범위 내에 있다. 물론, 그들은 처음에는 건물 짓는 일에 바빴고, 많은 궂은 날씨 때문에 그 일에 방해를 받았다. 그러나 캘리포니아나 오리건으로 가는 이민자 무리는, 손에 든 일이 그보다 적지 않고, 더 적대적인 인디언들이 있었음에도 불구하고, 첫 오후에 그만큼의 탐험을 할 것이고, 시외르드 샹플랭은 야만인들과의 면담을 구하고, 코네티컷까지 시골을 조사하고, 빌링턴이 그의 나무에 오르기 전에 그곳의 지도를 만들었을 것이다. 혹은 그들을 단지 1603년에 펀디 만 주변에서 구리를 찾던 프랑스인들과 비교해보라. 인디언 안내인과 함께 작은 개울을 거슬러 올라가며. 그럼에도 불구하고, 필그림들은 훨씬 더 웅장한 기업의 개척자이자 개척자들의 조상이었다.

    이때쯤 우리는 작은 증기선 나우숀 호가 항구로 들어오는 것을 보았고, 그 휘슬 소리를 들었으며, 부두에서 그녀를 만나기 위해 언덕에서 내려왔다. 그래서 우리는 케이프 코드와 그 주민들에게 작별을 고했다. 우리는 후자의 태도를, 우리가 본 얼마 안 되는 것을, 매우 좋아했다. 그들은 특히 솔직하고 유머가 넘쳤다. 노인들은 마치 대기의 짠맛에 의해 보존된 것처럼, 놀라울 정도로 잘 보존되어 보였고, 한번 착각한 후에는, 우리가 우리 조부모의 동년배와 이야기하고 있는지, 아니면 우리 또래와 이야기하고 있는지 결코 확신할 수 없었다. 그들은 주의 다른 어떤 지역의 주민들보다 더 순수하게 필그림의 후손이라고 한다. 우리는 "때때로, 반스터블에서 법정이 열릴 때, 그들은 재판할 범죄자가 단 한 명도 없고, 감옥은 문을 닫는다"고 들었다. 우리가 그곳에 있었을 때는 "임대 중"이었다. 아주 최근까지 올리언스 아래에는 정규 변호사가 없었다. 그렇다면 누가 뒤편을 따라 있는 몇몇 정규 식인 상어에 대해 불평하겠는가?

    트루로의 목사 중 한 명에게, 내가 어부들이 겨울에 무엇을 하는지 물었을 때, 그는 그들이 여름에는 열심히 일하지만, 방문하고, 둘러앉아 이야기를 나누는 것 외에는 아무것도 하지 않는다고 대답했다.

그러나 그들이 얻는 휴가는 길지 않다. 나는 그들의 이야기를 듣기 위해 겨울에 그곳에 가보지 못한 것이 유감이다. 거의 모든 케이프 사람은 어떤 배의 선장이다. 적어도 자신의 일을 책임지는 모든 사람은 그렇다. 비록 모든 사람이 그런 것은 아니지만, 어떤 머리는 알파 프리바티브의 힘을 가지고 있어, 자연이 그들을 통해 이루고자 하는 모든 노력을 부정하기 때문이다. 대부분의 사람들은 단지 하사관일 뿐이다. 이웃들이 선장이라고 부르는 사람과 이야기하는 것은 가치가 있다. 비록 그의 배가 오래전에 침몰했고, 그가 이빨로 부서진 파이프의 돛대에 매달려 있을 뿐이며, 지금은 비유적인 의미에서만 반쯤 취해 있을지라도 말이다. 그는 결국 자신의 칭호에 대한 권리를 증명할 것이 거의 확실하다. 적어도 한두 가지 좋은 이야기를 할 수 있다.

대부분의 경우 우리는 마을들의 뒤편만 보았지만, 우리 이야기는 그 범위 내에서는 사실이다. 우리는 만(灣) 쪽을 더 많이 다룰 수도 있었겠지만, 우리는 대서양에서 눈을 가장 크게 뜨는 경향이 있었다. 우리는 케이프가 본토보다 열등하거나 단지 동등한 특징들을 보고 싶지 않았고, 오직 그것이 독특하거나 우월한 특징들만 보고 싶었다. 우리는 그 마을들이 그들을 만나러 가는 사람에게 앞에서 어떻게 보이는지 말할 수 없다. 우리는 그들 뒤의 바다를 보러 갔다. 그것들은 단지 우리가 서 있던 뗏목이었고, 우리는 그것에 붙어 있던 따개비와, 그 위에 새겨진 몇몇 조각들을 주목했다.

　　부두를 떠나기 전에, 우리는 호텔에서 보았던 한 승객과 알게 되었다. 우리가 그에게 프로빈스타운에 어느 길로 왔는지 물었을 때, 그는 세인트 존 호가 난파된 바로 그 폭풍 속에서, 토요일 밤에 우드 엔드에 밀려왔다고 대답했다. 그는 메인 주에서 목수로 일하다가, 목재를 실은 스쿠너를 타고 보스턴으로 가는 길이었다. 폭풍이 몰아치자, 그들은 프로빈스타운 항구로 들어가려고 애썼다. "어둡고 안개가 자욱했어요." 그가 말했다. "그리고 우리가 롱 포인트 등대를 향해 항해하고 있을 때, 갑자기 우리 근처의 육지를 보았어요. 우리 나침반이 고장 나서, 몇 도나 오차가 났거든요[선원은 항상 자기 나침반 탓을 한다]. 하지만 해안에 안개가 끼어 있어서, 우리는 그것이 실제보다 더 멀리 떨어져 있다고 생각하고 계속 나아갔고, 즉시 모래톱에 부딪혔어요. 선장이 말했어요. '우리는 모두 죽었다.' 내가 선장에게 말했어요. '이제 다시 이쪽으로 부딪히게 하지 마세요. 똑바로 앞으로 향하게 하세요.' 선장은 잠시 생각하더니, 앞으로 향하게 했어요. 파도가 우리를 완전히 덮쳤고, 내 숨을 거의 멎게 할 뻔했어요. 나는 움직이는 삭구에 매달렸지만, 다음번에는 고정된 삭구에 매달리는 법을 배웠어요." "글쎄, 익사한 사람은 있었나요?" 내가 물었다. "아니요. 우리는 모두 자정에, 피부까지 젖고, 거의 얼어 죽을 뻔한 채로, 우드 엔드의 한 집에 무사히 도착했어요." 그는 그 후 호텔에서 체커를 두며 시간

을 보낸 듯했고, 그 게임에서 키 큰 동료 투숙객을 이
긴 것을 자축하고 있었다. "그 배는 오늘 경매에 부쳐
질 예정이에요." 그가 덧붙였다. (우리는 그것을 광고하는 전
령의 종소리를 들었다.) "선장은 그것 때문에 좀 우울해하지
만, 나는 그에게 기운 내라고, 곧 다른 배를 얻을 것
이라고 말해요."

그 순간, 선장이 부두에서 그를 불렀다. 그는 마
치 시골에서 막 온 사람처럼 보였고, 우드척 가죽으
로 만든 모자를 쓰고 있었다. 그리고 이제 내가 그의
이야기 일부를 들었으니, 그는 유난히 궁핍해 보였
다. 배 없는 선장, 단지 큰 외투 하나뿐! 그리고 그것
도 아마 빌린 것일 것이다! 개 한 마리도 그를 따르
지 않았다. 단지 그의 칭호만이 그에게 붙어 있었다.
나는 또한 선원 중 한 명을 보았다. 그들은 모두 같은
모양의 모자를 쓰고 있었고, 자연스럽게 매부리코 같
은 얼굴에 더해, 마치 파도―"콤버"―가 그들을 덮친
것처럼, 기가 죽은 표정을 하고 있었다. 우리가 우드
엔드를 지날 때, 우리는 해안에 쌓여 있는, 그들의 배
의 화물이었던 목재 더미를 보았다.

여름에 롱 포인트 근처에서는 보통 뉴욕 시장용
바닷가재를 해안 바로 앞의 작은 배에서 잡는 모습
을 볼 수 있다. 혹은 오히려, 바닷가재가 스스로 잡히
는 것이다. 그들은 미끼가 놓인 그물에 스스로 달라
붙어, 그렇게 끌어올려지기 때문이다. 그들은 신선한
것을 한 마리에 2센트에 판다. 사람은 바닷가재를 덫
으로 잡기 위해, 바닷가재보다 조금 더 알면 된다. 고

등어 떼는 자정 이후로 계속해서 바다로 나가고 있었고, 우리가 케이프를 떠날 때, 우리는 돛을 단 많은 배들 가까이를 지나가며, 이전보다 더 가까이서 볼 수 있었다. 대여섯 명의 붉은 셔츠를 입은 남자와 소년들이, 우리를 보기 위해 난간에 기대어 있었고, 선장은 우리의 질문에 답하여, 그가 잡은 통의 수를 외쳤다. 모든 선원들은 증기선을 보기 위해 멈추고, 환영이나 조롱의 소리를 지른다. 한 배에서는 큰 뉴펀들랜드 개가 난간에 발을 얹고, 그들 중 누구보다도 높이 서서, 현명한 표정을 지었다. 그러나 개보다 더 나은 일을 하는 것으로 보이고 싶지 않았던 선장은, 그의 코를 때려 아래로 보냈다. 이것이 인간의 정의이다! 나는 그가 저 아래에서 인간의 정의에서 신의 정의로 효과적인 호소를 하고 있는 것을 들을 수 있다고 생각했다. 그는 둘 중 훨씬 더 깨끗한 가슴을 가졌음에 틀림없다.

여전히, 만(灣) 건너 우리 뒤 몇 마일 떨어진 곳에서, 우리는 케이프 코드 주위를 맴도는 고등어잡이 배들의 흰 돛을 보았다. 그리고 그들이 모두 선체만 보일 정도로 멀어지고, 케이프의 낮은 끝도 사라졌을 때, 그들의 흰 돛은 여전히 그것이 가라앉은 곳 주위, 양쪽에서, 마치 바다 위의 도시처럼 나타나, 케이프 코드 항구의 희귀한 특성을 선포했다. 그러나 케이프 끝이 완전히 가라앉기 전에, 그것은 바다 위에 평평하게 놓인 얇은 땅 조각처럼 보였고, 나중에는 그 위 안개에 비친 모래톱의 단순한 반사처럼 보였다. 그 이름은 소박한 진실을 암시하지만, 만약 그것이 보는 이에게 주는 인상을 묘사한다면 더 시적일 것이다. 어떤 곳들은 특히 암시적인 이름을 가지고 있다. 예를 들어, 스코틀랜드 북서쪽 끝인 래스 곶이 있다. 낮게 깔린 하늘 아래 물 위로 어둡게 멀리 놓인 곳에 얼마나 좋은 이름인가!

오늘 아침 해안은 온화했지만, 물 위에서는 바람이 차고 살을 에는 듯했다. 7월의 가장 더운 날이라도, 그리고 항해가 단 4시간만 지속될지라도, 가장 두꺼운 옷을 가져가라. 당신은 녹은 빙산 위를 떠다니게 될 것이기 때문이다. 다음 해 6월 25일에 내가 증기선을 타고 보스턴을 떠났을 때, 해안은 꽤 따뜻한 날이었다. 승객들은 가장 얇은 옷을 입고 있었고, 처음에는 우산 아래 앉아 있었다. 그러나 우리가 만(灣)에 완전히 나갔을 때, 코트만 입은 사람들은 추위에 시달렸고, 조타실의 피난처와 굴뚝의 온기를 찾았다. 그러나 우리가 프로빈스타운 항구에 접근했을 때, 나는 폭이 1~2마일에 불과한, 그 낮고 좁은 모래 띠가 주변 수 마일의 공기 온도에 얼마나 큰 영향을 미치는지 깨닫고 놀랐다. 우리는 우리의 얇은 코트가 다시 유행하는 무더운 대기 속으로 들어갔고, 주민들이 땀을 뻘뻘 흘리고 있는 것을 발견했다.

플리머스의 매노멧 곶과 시추에이트 해안을 한쪽으로 멀리 남겨두고, 한두 시간 동안 육지가 보이지 않은 후, 다소 안개가 끼었기 때문에, 우리는 미놋의 암초에서 다시 코하셋 바위들에 가까워졌고, 시추

에이트 가장자리에 있는 큰 투펠로 나무를 보았다. 그것은 산형 식물처럼, 주변 숲 위로 높이 돔을 들어 올려, 육지와 물 위 여러 마일 동안 눈에 띄었다. 여기에는 당시 미완성이었던, 붉게 칠해진 달걀 껍데기 모양의 새로운 철제 등대가 있었고, 파도 위에 떠 있는 바다 괴물의 알처럼, 철제 기둥 위에 높이 놓여 있었다. 인광을 발하도록 운명 지어진. 우리가 만조 때 그곳을 지날 때, 우리는 물보라가 껍데기까지 거의 튀어 오르는 것을 보았다. 한 남자가 그 달걀 껍데기 안에서, 해안에서 1마일 떨어진 곳에서, 밤낮으로 살아야 했다. 다음 여름에 내가 그곳을 지났을 때, 그것은 완성되었고 두 남자가 그 안에 살고 있었으며, 한 등대지기는 그들이 최근 폭풍에 그것이 흔들려 식탁에서 접시가 떨어질 정도였다고 그에게 말했다고 했다. 파도 꼭대기에서 이렇게 잠자리를 만든다고 생각해보라! 굶주린 늑대 떼처럼, 파도가 항상, 밤낮으로, 당신을 노려보고, 때때로 당신에게 달려들어, 마침내 당신을 잡을 것이 거의 확실하다. 그리고 그 모든 항해자들 중 아무도 당신을 구하러 올 수 없다. 그러나 당신의 불빛이 꺼지면, 그것은 당신의 생명의 불빛도 꺼졌다는 신호가 될 것이다. 파도에 대한 작품을 쓰기에 얼마나 좋은 장소인가! 이 등대는 모든 눈의 중심이었다. 모든 승객은 적어도 30분 동안 그것을 지켜보았다. 그러나 배에 속한 한 흑인 요리사는, 내가 그의 숙소에서 여러 번 나와 화려하게 접시를 옆으로 비우는 것을 보았는데, 우리가 이 등대 바로 옆, 40로드도 채 안 되는 거리에 있고, 우리 모두가 그것을 응시하고 있을 때, 우연히 나와서, 팔을 뒤로 젖히다가, 그것을 보고, 놀라며 외쳤다. "저게 뭐요?" 그는 이 배에서 1년 동안 일했고, 매주 평일 이 등대를 지나갔지만, 바로 그 지점에서 접시를 비울 기회가 없었기 때문에, 전에 그것을 본 적이 없었다. 등대를 보는 것은 조타수의 일이었다. 그는 부엌 불을 돌보았다. 그것은 세계를 일주한 일부 사람들이 얼마나 적게 볼 수 있는지를 암시했다. 당신은 아직 해를 볼 적절한 시간에 나올 기회가 없었던 사람들이 있다는 것을 거의 쉽게 믿을 것이다. 만약 당신이 평생을 언덕 바로 아래에서 보낸다면, 언덕 꼭대기에 등대가 놓여 있더라도 무슨 소용이 있겠는가? 그것은 말 아래에 있는 것이나 마찬가지일 것이다. 이 등대는, 잘 알려져 있듯이, 1851년 4월 폭풍에 휩쓸려갔고, 그 안에 있던 두 남자와 함께, 다음 날 아침에는 해안에서 그 흔적을 전혀 볼 수 없었다.

헐(미국 매사추세츠 주에 있는 해안 마을) 출신의 어떤 사람은 나에게 몇 년 전에 미놋의 암초에 흰 떡갈나무 기둥을 세우는 것을 도왔다고 말했다. 그것은 직경이 15인치, 높이가 41피트였고, 바위에 4피트 박혔으며, 네 개의 버팀줄로 고정되었지만, 단 1년밖에 서 있지 못했다. 같은 장소 근처에 통나무집처럼 쌓아 올린 돌은 8년 동안 서 있었다.

7월에 멜로즈 호를 타고 만(灣)을 건널 때, 우리는 바람을 이용하기 위해 가능한 한 오래 시추에이트 해안을 따라갔다. 만 멀리(이 해안 앞바다)에서, 우리는 아마도 검은 오리일, 이 근처에서 부화한 어린 오리 떼를 놀라게 했는데, 우편선이 그 항해 중에 자주 방해했던 것이다. 처음으로 항해를 하는 한 동네 사람은, 우리가 만 한가운데 있을 때, 조타수 뒤로 천천히 걸어가, 거기 앉기 전에, 바다를 내다보며, 빌린 표현을 사용한 사람치고는 가능한 한 독창적으로 말했다. "이곳은 대단한 나라로군요." 그는 목재 상인이었고, 나는 나중에 그가 막대기로 주돛대의 직경을 재고 그 높이를 추정하는 것을 보았다. 나는 같은 여행에서 올라타 호를 타고 돌아왔는데, 그것은 매우 잘생기고 빠른 범선이었고, 다른 두 척의 우편선, 멜로즈 호와 프롤릭 호와 동시에 프로빈스타운을 떠났다. 처음에는 바람이 거의 불지 않았고, 우리는 한 시간 동안 롱 포인트 근처에서 함께 빈둥거렸다. 난간에 머리를 기대고, 15피트 깊이의 잔잔한 물속에서 큰 모래 원과 물고기들을 지켜보았다. 그러나 케이프를 벗어난 후, 우리는 플라잉 지브를 달았고, 선장이 예언했듯이, 곧 우리 동료들에게 뒤꿈치를 보여주었다. 케이프 근처, 북쪽으로 6~8마일 떨어진 곳에 증기선이 있었는데, 큰 배를 보스턴으로 끌고 가고 있었다. 그 연기는 바다 위로 수 마일 동안 완전히 수평으로 뻗어 있었고, 갑작스러운 방향 변화로, 우리가 느끼기 전에 바람의 변화를 경고했다. 증기선은 배에서 매우 멀리 떨어져 보였고, 선장의 망원경을 자주 사용했지만, 배들이 연결되어 있다는 것을 의심하지 않았던 몇몇 젊은이들은, 그들이 그렇게 여러 시간 동안 거의 같은 거리를 유지하는 것에 놀라움을 표했다. 그러자 선장은 무뚝뚝하게, 아마도 그들이 결코 더 가까워지지 않을 것이라고 말했다. 바람이 부는 동안, 우리는 증기선과 보조를 맞추었지만, 마침내 바람은 거의 완전히 멎었고, 플라잉 지브가 모든 일을 했다. 우리가 미놋의 암초에 있는 등대선을 지났을 때, 멜로즈 호와 프롤릭 호는 10마일 뒤에서 겨우 보였다.

모든 성인들의 이름을 딴 섬들을 생각해보라. 밤송이나 성게처럼 요새로 가득 차 있지만, 경찰은 아일랜드인 두 명이 그중 하나에서 사적인 권투 시합을 하는 것을 허락하지 않을 것이다. 그것은 정부의 독점이기 때문이다. 모든 큰 항구들은 권투 자세를 취하고 있고, 당신은 그들의 가슴의 따뜻함을 느끼기 전에, 두 줄의 돌 주먹 사이를 신중하게 항해해야 한다.

버뮤다는 그 이름의 스페인 배가 그곳에 난파되어 발견되었다고 한다. "그때까지." 존 스미스 경은 말한다. "6천 년 동안 이름이 없었다." 영국인들은 버지니아로 가는 첫 항해에서 그것들을 우연히 발견하지 못했다. 그리고 그곳에 있었던 최초의 영국인은 1593년에 그곳에 난파되었다. 스미스는 말한다. "알려진 어떤 곳도 더 좋은 벽이나 더 넓은 해자를 가지고 있지 않다." 그러나 1612년에 약 60명의 사람들과 함께 그곳을 처음 개척했을 때, 같은 해에 첫 번째 총독은 "8~9개의 요새를 짓고 기초를 놓았다." 말하자면, 다음에 그곳에 난파될 첫 번째 배의 선원들을 맞이할 준비를 하기 위해서이다. "자선 오두막"을 그만큼 짓는 것이 더 현명했을 것이다. 이것들이 바로 골치 아픈 버뮤다이다.

우리의 큰 돛은 있는 공기를 모두 잡았고, 우리의 낮고 좁은 선체는 가능한 한 마찰을 적게 일으켰다. 조류를 거슬러 항구로 올라오면서, 우리는 모든 것을 스쳐 지나갔다. 낚시 여행에서 돌아오는 몇몇 젊은이들이, 우리가 이렇게 꾸준히 그들을 지나갈 때, 그들의 작은 배 옆으로 와서, 절하며, 가능한 한 최고의 우아함으로 말했다. "우리는 포기합니다." 그러나 때로는 우리는 거의 멈춰 서 있었다. 선원들은 우리가 전진하는지 후퇴하는지를 확인하기 위해 해안의 (두) 물체를 지켜보았다. 항구에서는 휴일 저녁 같았다. 동부 증기선이 음악과 환호와 함께 우리를 지나갔는데, 마치 그들이 무도회에 가는 것 같았지만, 그들은 데이비의 사물함으로 가고 있었을지도 모른다.

우리가 그 지점을 지날 때, 나는 한 소년이 몇몇 소녀들에게 닉스의 동료 이야기를 하는 것을 들었다. 그것은 거기에 매달린 한 선원의 이름이라고, 그는 말했다. "만약 내가 유죄라면, 이 섬은 남을 것이고, 만약 내가 무죄라면, 그것은 씻겨나갈 것이다." 그리고 지금은 모두 씻겨나갔다!

다음(?)은 조지 섬의 요새였다. 이것들은 서투른 장치들이다. 우리의 장점이 아니라 우리의 약점이다.

울프는 어둠 속에서 북미에서 가장 강력한 요새를 지나가 그것을 점령했다.

나는 마침내 배가 롱 워프 끝 근처, 부두의 제자리에 놓이는 기술에 감탄했다. 촛불 시간이었고, 내 눈은 우리를 향해 튀어나온 부두들을 구별할 수 없었지만, 그것은 배들로 빽빽하게 들어찬, 고른 해안선처럼 보였다. 당신은 롱 워프에서 4분의 1마일 이내를 짐작할 수 없었을 것이다. 그럼에도 불구하고, 우리는 그들 사이의 틈새로 날아갈 예정이었다. 미로 속으로 곧장 항해하며. 주돛이 내려가고, 지브만이 우리를 끌고 간다. 이제 우리는 배들에서 4로드 이내에 있고, 이미 몇몇 외부인들을 피했다. 그러나 그것은 여전히 돛대, 삭구, 그리고 선체의 미로일 뿐, 틈은 보이지 않는다. 지브가 내려가지만, 우리는 여전히 전진한다. 선장은 한 손은 키에, 다른 한 손은 야간 망원경을 들고 선미에 서 있다. 그의 아들은 뱃머리에 서서 눈을 부릅뜨고 있다. 승객들은 충돌을 예상하며, 심장이 입까지 올라온 것을 느낀다. "거기 공간이 보이나?" 선장이 조용히 묻는다. 그는 5초 안에 결정을 내려야 한다. 그렇지 않으면 저 배의 뱃머리를 부수거나, 자신의 것을 잃을 것이다. "네, 선생님, 여기 우리 자리가 있습니다." 그리고 3분 더 지나, 우리는 두 척의 더 큰 배 사이의 작은 틈새에, 부두에 단단히 묶여 있다.

그리고 이제 우리는 보스턴에 있었다. 롱 워프 끝까지 내려가 퀸시 마켓을 지나간 사람은 누구나 보스턴을 본 것이다.

보스턴, 뉴욕, 필라델피아, 찰스턴, 뉴올리언스, 그리고 나머지는 바다로 튀어나온 부두들의 이름이다(상인들의 상점과 주택으로 둘러싸여 있다). 화물을 싣고 내리기에 좋은 장소들이다(다른 나라의 산물을 내리고 우리 자신의 수출품을 싣기 위해). 나는 많은 통과 무화과 통, 우산 막대기용 나무 더미, 화강암과 얼음 덩어리, 엄청난 양의 상품, 그리고 그것들을 포장하고 운반하는 수단을 본다. 많은 포장지와 끈, 많은 상자와 통과 트럭, 그리고 그것이 보스턴이다. 통이 많을수록, 보스턴이 더 많다. 박물관과 과학 학회와 도서관은 우연이다. 그들은 운송비를 절약하기 위해 모래 주위에 모인다. 부두 쥐와 세관원, 그리고 통 속에서 재산을 찾는, 몰락한 시인들. 그들의 더 좋거나 더 나쁜 강연회, 설교, 그리고 의술, 이것들 또한 우연이며, 공유지의 산책로는 항상 하찮은 것이다. 내가 보스턴에 갈 때, 나는 자연스럽게 도시를 곧장 통과하여(가는 길에 시장을 들러), 롱 워프 끝까지 내려가, 멀리 내다본다. 나는 뒷골목에 사촌이 없기 때문이다. 그리고 거기서 나는 메인, 펜실베이니아, 그리고 해안을 따라, 그리고 내륙에서 온, 셔츠 소매 차림의 많은 시골 사람들과, 그 외에 몇몇 외국인들이, 시골 장터에서처럼, 짐을 싣고 내리고, 그들의 마차를 조종하는 것을 본다.

그해 10월 우리가 보스턴에 도착했을 때, 내 신발에는 프로빈스타운 모래가 한 줌 들어 있었고, 콩코드에서는 여러 날 동안 내 페이지에 모래를 뿌릴 만큼 충분히 남아 있었다. 그리고 나는 일주일 후까지, 마치 조개껍데기 속에 사는 것처럼, 바다가 포효하는 소리를 듣는 것 같았다.

내가 묘사한 장소들은 동네 사람들에게는 낯설고 멀게 보일지도 모른다. 실제로, 보스턴에서 프로빈스타운까지는 영국에서 프랑스까지의 두 배나 멀다. 그러나 기차에 올라타면, 6시간 만에 당신은 그네 개의 널빤지 위에 서서, 고스놀드가 발견했다고 하는, 그리고 내가 너무나 서투르게 묘사한, 그 곳을 볼 수 있다. 만약 당신이 내가 처음 조언했을 때 출발했다면, 당신은 모래 속에 있는 우리의 발자국을, 여전히 선명하게, 그리고 노셋 등대에서 레이스 포인트까지, 약 30마일 내내 이어지는 것을 볼 수 있었을 것이다. 우리는 매 걸음마다 케이프에 인상을 남겼지만, 우리는 그것을 알지 못했고, 비록 우리의 이야기가 당신의 마음에 아무런 인상을 남기지 않았을지라도 말이다. 그러나 우리의 이야기가 무엇인가? 그 안에는 포효도, 해변새도, 토우 천도 없다.

우리는 이제 종종 해변에서의 사람들의 삶을 생각하기를 좋아한다. 적어도 날씨가 맑은 한여름에는 말이다. 모래 위, 해변풀과 베이베리 속에서의 그들의 햇볕 가득한 삶, 그들의 동반자는 소 한 마리, 그들의 재산은 표류목 한 줌이나 해변 자두 몇 개, 그리고 그들의 음악은 파도 소리와 해변새의 울음소리이다.

우리는 대양을 보러 갔고, 그곳은 아마도 우리

해안의 모든 곳 중에서 가기에 가장 좋은 곳일 것이다. 만약 당신이 배를 타고 간다면, 이 해안을 떠나고 접근하는 것이 어떤 것인지 경험할 수 있을 것이다. 당신은 도중에 폭풍제비를 볼 수도 있을 것이다. '바다 위를 달리는 자'라 불리며 파도 위를 달려가는 그 새를 말이다. 만약 날씨가 조금만 흐리다면, 항해 중간에 육지를 보지 못할 수도 있다. 나는 대서양 연안주에, 본토에 붙어 있으면서, 그렇게 길고, 동시에 그렇게 곧으며, 개울이나 만, 민물 강이나 습지에 의해 완전히 끊기지 않은 다른 해변이 어디에 있는지 알지 못한다. 비록 지도에는 맑은 곳이 있을지 모르지만, 도보 여행자는 그것들이 개울과 습지로 교차되어 있다는 것을 발견할 가능성이 높기 때문이다. 확실히, 내가 묘사한 것과 같은, 이중의 길이 있는 곳은 없다. 해변과 둑, 그것은 동시에 당신에게 육지와 바다를, 그리고 때로는 두 바다를 보여준다.

 그 후 방문한 롱아일랜드의 그레이트 사우스 비치는 입구 없이 더 길지만, 그것은 문자 그대로 섬에서 몇 마일 떨어진, 노출된, 단순한 모래톱이며, 대양의 공격 앞에서 쇠퇴하는 대륙의 가장자리가 아니다. 비록 거친 둑이 없어 야생적이고 황량하지만, 내 눈에는 케이프 코드의 웅장함의 절반밖에 가지고 있지 않으며, 상상력은 그 남쪽 모습에 만족하지 않는다. 우리 대서양 연안의 다른 긴 해변들 중, 내가 선원들에게서 들은 것은, 저지 해안의 바네갓과, 버지니아와 노스캐롤라이나 사이의 커리턱이다. 그러나 이것들은, 마지막 것과 마찬가지로, 해안에서 떨어져 있고, 석호에 의해 본토와 분리된, 낮고 좁은 모래톱이다. 게다가, 남쪽으로 갈수록, 조수는 약해지고, 해안에 다양성과 웅장함을 더하는 것을 멈춘다. 우리 나라의 태평양 쪽에서도 의심할 여지없이 좋은 산책로를 찾을 수 있을 것이다.

최근 그곳에 거주하는 한 작가는 우리에게 "디스어포인트먼트 곶(또는 컬럼비아 강)에서 플래터리 곶(후안 데 푸카 해협)까지의 해안은 거의 남북으로 뻗어 있으며, 두 개의 만, 네다섯 개의 강, 그리고 바다로 튀어나온 몇 개의 곶을 제외하고는, 아름다운 모래 해변 위를 거의 전체 길이를 여행할 수 있다"고 말한다. 그곳에서 발견되는 일반적인 조개류는, 케이프 코드의 것들과 동일한 종은 아니더라도, 종종 상응하는 유형인 것 같다. 그러나 내가 묘사한 해변은 마차가 다니기에는 충분히 단단하지 않고, 도보로 탐험해야 한다. 한 마차가 지나가면, 뒤따르는 마차는 그 바퀴 자국에 더욱 깊이 빠진다. 그것은 현재 명성만큼이나 이름도 없다. 노셋 항구 남쪽 부분은 보통 채텀 해변이라고 불린다. 이스트햄 부분은 노셋 해변이라고 불리고, 웰플리트와 트루로 앞바다는 뒤편, 또는 때로는 아마도 케이프 코드 해변이라고 불린다. 나는 노셋 항구에서 레이스 포인트까지 끊임없이 뻗어 있는 부분이 케이프 코드 해변이라고 불려야 한다고 생각하며, 그렇게 말한다.

방문객들에게 가장 매력적인 지점 중 하나는 웰

플리트 북동부인데, 그곳에서는 (나는 건강과 습관이 괜찮은 남녀를 위한) 숙소를 해변에서 반 마일 이내에서 구할 수 있을 것이다. 그곳은 시골과 바닷가를 가장 잘 결합한다. 비록 대양은 보이지 않지만, 그 가장 희미한 속삭임은 들리고, 당신은 언덕 하나만 오르면 그 가장자리에 서 있는 자신을 발견하게 될 것이다. 헤링 연못의 유리 같은 표면에서, 파도가 결코 부서지기를 멈추지 않는 큰 대서양 연못까지는 한 걸음이다. 혹은 아마도 트루로의 하이랜드 등대가 이 지역과 경쟁할 수 있을 것이다. 그곳에서는 대양과 만(灣)의 더 끊임없는 전망이 있고, 여름에는 둑 가장자리에서 항상 약간의 바람이 불어, 주민들은 더운 날씨가 무엇인지 알지 못하기 때문이다. 전망에 관해서는, 등대지기는, 그의 가족 중 한 명 이상과 함께, 식사 후마다 둑 가장자리로 걸어 나가 멀리 내다본다. 마치 그들이 평생 그곳에 살지 않았던 것처럼. 요컨대, 그것은 질리지 않을 것이다. 그리고 당신은 당신의 벽에 그 그림 대신 어떤 그림을 걸겠는가? 그러나 숙녀들은 현재 블록과 태클의 도움 없이는 그곳 둑을 내려갈 수 없다.

대부분의 사람들은 안개가 잦고, 대기가 짙은 경향이 있는 더운 날씨에 해변을 방문하며, 바다의 매력은 어느 정도 상실된다. 그러나 나는 가을이 가장 좋은 계절이라고 생각한다. 그때는 대기가 더 투명하고, 바다를 내다보는 것이 더 큰 즐거움이기 때문이다. 맑고 상쾌한 공기, 그리고 가을과 겨울의 폭풍조차도, 우리가 바다가 주도록 만들어진 인상을 얻기 위해 필요하다. 10월에, 날씨가 견딜 수 없을 정도로 춥지 않고, 풍경이 가을빛을 띠고 있을 때, 내 생각에, 오직 케이프 코드 풍경만이 띠는 그런 색조, 특히 머무는 동안 폭풍을 겪는다면, 나는 그것이 이 해안을 방문하기에 가장 좋은 때라고 확신한다. 가을에는, 심지어 8월에도, 사색적인 날들이 시작되고, 우리는 어디든 유익하게 걸을 수 있다. 게다가, 밤에 피난처를 찾아야 하는 외부의 추위와 쓸쓸함은, 산책에 모험 정신을 불어넣는다.

이 해안이, 정말로 바닷가를 방문하고 싶어 하는 뉴잉글랜드인들을 위한 휴양지가 될 때가 올 것이다. 현재는 유행하는 세계에 전혀 알려져 있지 않으며, 아마도 그들에게 결코 마음에 들지 않을 것이다. 만약 방문객이 찾는 것이 단지 텐핀 앨리, 혹은 순환철도, 혹은 민트 줄렙의 바다라면—만약 그가 뉴포트에서 어떤 사람들이 그러하듯이, 소금물보다 포도주를 더 많이 생각한다면—나는 오랫동안 그가 여기서 실망할 것이라고 믿는다. 그러나 이 해안은 지금보다 더 매력적이지는 않을 것이다. 유행하는 그런 해변들은, 나는 거의 말할 수 있듯이, 바다가 모래를 옮겨 하루 만에 만들어지고 사라진다. 린과 낸터스켓! 그들이 그렇게 아늑하게 자리 잡고 있는 만(灣)을 만드는 것은 바로 이 벌거벗고 구부러진 팔이다. 샘과 폭포가 무엇인가? 여기는 샘 중의 샘, 폭포 중의 폭포이다. 가을이나 겨울의 폭풍이 그것을 방문하기에 가장 좋은 때이다. 등대나 어부의 오두막이 진정한 호텔이다. 사람은 거기에 서서 모든 아메리카를 뒤로할 수 있다.

옮긴이의 말

소로가 걸었던 해변은 끝없는 사색의 장소였다.

그에게 케이프 코드는 단순한 여행지가 아니었다. 그것은 인간의 시간과 자연의 시간이 교차하는 경계선이자, 문명과 황야가 맞닿는 지점이었다. 그는 그 경계 위를 걸으며, 인간이 자연 속에서 어떤 존재로 머물 수 있는지를 묻는다.

케이프 코드의 풍경은 결코 아름답지 않다. 바람은 차갑고, 모래는 무정하며, 바다는 끊임없이 무언가를 삼키고 토해낸다. 그러나 소로는 그 무심한 세계 속에서 오히려 평화를 찾는다. 그는 등대의 불빛처럼 덧없는 인간의 생을 대양의 영원함과 나란히 놓으며, 그 대비 속에서 경건한 감정을 발견한다. 자연은 그에게 신의 책이었고, 그는 그 책의 한 페이지를 조심스럽게 읽어 내려갔다.

이 책을 집필할 당시, 소로는 이미 『월든』을 통해 숲 속의 고독과 자급자족을 실험한 뒤였다. 그러나 케이프 코드에서의 시선은 전혀 다른 방향을 향한다. 숲이 내면으로 향하는 고요한 공간이었다면, 해변은 외부 세계로 열린 사유의 장이다. 그는 인간이 자연의 일부로서 어디까지 이를 수 있는지를 시험하며, 기대한 파도와 사라지는 모래, 부서진 배와 떠밀려온 고래의 뼈를 통해 문명의 덧없음과 생명의 순환을 함께 바라본다.

번역을 하는 동안 여러 번 바다의 냄새를 떠올렸다. 소로에게 바다는 단순한 배경이 아니라, 인간의 본질을 비추는 거울이었다. 그는 바다에서 고독을, 모래에서 덧없음을, 등대의 불빛에서 꺼지지 않는 희망을 읽었다.

그래서 이 책의 제목을 『인간이라는 해변』이라 붙였다. 소로가 케이프의 모래 위에서 본 것은 단지 자연의 한 장면이 아니라, 인간 존재 자체였다. 인간은 바다와 육지 사이에서 끊임없이 흔들리고, 밀려오고, 사라지며, 다시 새겨지는 존재이다. 우리는 자연과 문명 사이의 불안한 경계에 서 있으며, 그 어느 쪽에도 완전히 속하지 못한다. 해변은 그 불안정한 존재의 은유이자, 소로가 시대를 넘어 남긴 사유의 장소다.

『인간이라는 해변』은 인간이 자연을 정복하기 이전의 세계, 혹은 다시 그 겸허함을 되찾아야 하는 세계를 보여준다. 그는 우리에게 묻는다. "바람이 불고, 파도가 부서지는 이곳에서, 너는 무엇을 믿고 서 있는가?"

이 책은 소로 사상의 마지막 장에 놓인 여정이다. 『월든』이 자연 속으로 들어가 본질을 탐구한 내면적 여행이었다면, 『인간이라는 해변』은 자연과 문명의 경계에서 그 관계를 성찰하는 외부적 탐험이다. 그는 1849년부터 1857년까지 네 차례 케이프 코드를 여행하며 관찰과 사유를 기록했고, 그 결과물은 여행

기이자 산문시이며, 철학적 묵상록이 되었다.

이 작품에서 소로의 시선은 늘 이중적이다. 그는 인간이 자연의 일부임을 잊지 않으려 하지만, 동시에 인간이 자연으로부터 얼마나 멀어졌는지도 인식한다. 난파선의 잔해와 고래의 뼈, 그리고 끊임없이 이동하는 모래 언덕은 모두 인간의 유한함을 상기시키는 상징이다. 그러나 그 절망의 풍경 속에서도 그는 평화를 본다. 그것은 인간이 자연을 통제할 수 없음을 받아들이는 데서 오는, 깊은 자유의 감정이다.

이 지점에서 『월든』과 『인간이라는 해변』은 다시 만난다. 숲의 고요 속에서 자유를 찾았던 그는, 거센 바람 속에서도 여전히 자유로운 인간으로 선다. 그 자유는 완결된 자아가 아니라, 불안정한 균형 위에서 깨어 있는 의식이다. 이 책은 숭고와 허무, 생명과 소멸, 자연과 문명이 교차하는 사유의 장이며, 바다의 리듬처럼 끊임없이 변하는 인간 내면의 초상이다.

바다는 단 한순간도 같은 모습을 유지하지 않는다. 그것은 인간의 마음과 닮았다. 소로가 해변 위에서 발견한 것은 자연의 무한함이 아니라, 인간 존재의 유한함이 어떻게 그 안에서 빛날 수 있는가에 대한 탐구였다.

오늘날 우리는 그가 살던 시대보다 훨씬 빠른 속도로 자연을 소비하고 있다. 그렇기에 『인간이라는 해변』은 단순한 자연기행이 아니라, 문명이 소음 속에서 다시 자연의 언어를 되찾으려는 하나의 시도이자, 우리 시대의 사유를 위한 안내서다.

"바다는 여전히 우리 곁에 있다. 그러나 우리는 그 바다를 바라볼 만큼의 고요함을 가지고 있는가?"

이 질문이야말로, 소로가 이 책을 통해 우리에게 남긴 진정한 유산일 것이다.

2025년, 10월
마이너스

인간이라는 해변

초판 1쇄 발행 2025년 10월 30일

지 은 이	헨리 데이비드 소로
옮 긴 이	마이너스
펴 낸 이	송누리
편　　 집	강영은
디 자 인	강영은
마 케 팅	김경래, 최승윤
펴 낸 곳	해밀누리
등록번호	제2024-000196호
등록일자	2024년 8월 16일
주　　 소	서울, 마포구 성지길 25-11, 지층 1190호 (합정동)
메　　 일	haemilnuli@gmail.com
I S B N	979-11-7505-207-9　　03840

* 이 책에 대한 출판·판매 등의 모든 권한은 해밀누리에 있습니다.
  간단한 서평을 제외하고는 해밀누리의 서면 허락 없이 이 책의 내용을
  복사·인용·촬영·녹음·재편집하거나 전자문서 등으로 변환할 수 없습니다.
* 책값은 뒤표지에 있습니다.
* 잘못된 책은 구입처에서 교환해 드립니다.